高级经济地理学系列教材

国际贸易地理学

International Trade Geography

贺灿飞 著

商务印书馆
创于1897 The Commercial Press

图书在版编目（CIP）数据

国际贸易地理学/贺灿飞著. --北京 ：商务印书馆, 2025. --（高级经济地理学系列教材）. --ISBN 978-7-100-25012-2

Ⅰ. F742

中国国家版本馆 CIP 数据核字第 20259XL807 号

高级经济地理学系列教材

国际贸易地理学

贺灿飞 著

商 务 印 书 馆 出 版

（北京王府井大街 36 号邮政编码 100710）

商 务 印 书 馆 发 行

北京中科印刷有限公司印刷

ISBN 978 - 7 - 100 - 25012 - 2

2025 年 7 月第 1 版　　开本 787×1092　1/16

2025 年 7 月北京第 1 次印刷　　印张 17 1/2

定价：88.00 元

高级经济地理学系列教材
丛　书　序

从2004年春季学期起，我一直在北京大学为硕士生和博士生开设“经济地理学进展”课程，旨在系统性地介绍经济地理学的发展历史与前沿进展。与大多数进展类课程教学方式不同，我负责独立讲授这门课，同时要求学生参与文献阅读和课堂讨论。这种参与式研究生课程在欧美大学非常普遍，需要教师和学生阅读大量经典文献，追踪最新进展，才能就理论问题和热点问题开展讨论与交流，做到真正的“教学相长”。

过去几十年，世界政治经济形势跌宕起伏，新自由主义兴起，信息技术革命爆发，新兴经济体崛起，经济全球化趋势显现；随后，全球金融危机、贸易保护主义、新冠疫情、俄乌冲突接踵而至，显著地重塑着世界经济地理格局。世界政治经济的剧烈变动为经济地理学创造了众多新议题，催生了诸多新的理论视角和研究范式。在此过程中，经济地理学不断经历思潮转向，从科学转向到政治经济学转向，从区域主义到新区域主义，从制度转向到文化转向、关系转向和演化转向。自改革开放以来，中国渐进式推动体制机制改革，积极融入经济全球化，建立社会主义市场经济模式，调动各级政府、社会力量和企业以经济建设为中心，推动城市化、工业化和信息化，促使社会经济快速发展，人民生活水平显著提升，直至全面建成小康社会。近年来，中国经济从快速增长模式转向高质量发展模式。改革开放培育了市场力量，引入了全球力量，激活了地方力量，多重力量共同重塑中国当代经济地理格局。中国经济地理学者发扬学科传统，投身如火如荼的社会经济建设，以“经世”而“致知”，推动学科不断发展，贡献了中国智慧，从而确立了经济地理学在中国地理学的独特地位。

经过十多年课程教学，我积累了大量经济地理学文献素材，了解学科发展历史脉络，熟悉学科的理论方法、范式演变。2017 年初，我萌生了撰写一本供研究生阅读的经济地理学教材的想法，目的就是以系统的学科知识进步来展示当代经济地理学的发展演变，为人文地理学、城市和区域经济学、城市与区域管理学等学科的研究生及科研人员展示经济地理学科前沿，提供文献参考。随后，《高级经济地理学》于 2021 年 4 月在商务印书馆出版。该书在系统展示经济地理学的发展历程和方法论演变基础上，基于经典文献充分展示两种“新经济地理学”，即经济地理学的社会转向和经济学的新经济地理学，进而系统梳理当代经济地理学三个主要流派，即演化经济地理学、政治经济地理学与全球生产网络。随后基于国内外文献，按照经济地理学主要研究领域逐一展开，最后收束于中国经济地理学的讨论。

第一模块为第一至四章，系统梳理了经济地理学的总体演化脉络。

第二模块为第五至七章，综合分析了当代经济地理学的三个主要学术流派，即演化经济地理学、政治经济地理学与全球生产网络。

第三模块为第八至十四章，重点介绍了当代经济地理学的主要研究领域。

第四模块为第十五至十七章，重点介绍了全球化与跨国公司的最新研究进展。第十七章介绍了国际贸易理论及其最新进展，梳理了贸易与地理的关系以及贸易地理研究。

第五模块为第十八至二十章，重点介绍了区域经济发展与空间治理。

《高级经济地理学》是中国地理学界为数不多的研究生教材，特色鲜明，着意创新。

第一，学术前沿性。该书把握了当代经济地理学科发展的最新动向，系统梳理了近 40 年来经济地理学的最新理论与实证成果。经济地理学近 40 年来发展的核心前沿是经济地理学的制度、文化、关系与演化转向以及新经济地理学。该书不仅用前七章系统阐述了经济地理学在研究方法、研究范式和社会转向趋势的最新发展，还在后文的主题介绍中将制度、文化与社会这些“软”的因素贯穿其中。与此同时，经济地理学还结合时间和空间两个维度来探讨经济地理学的格局演变。在实证成果的综述中，采取博采古今、重在当代的处理方式，重点展示当代经济地理实证研究成果。该书大量引用国内外经济地理学的前沿研究成果。全书共计引用中外文献 3 543 篇，平均每章约 180 篇，为读者提供了最新文献以供其扩展阅读。

第二，知识系统性。该书将投入与产出、微观与宏观、企业与区域、地方与全球、传统研究与新兴领域等内容充分贯穿于各章节中。例如在全球生产网络章节中，从跨国公司这一微观主体的地方视角出发，介绍其在全球范围内组织研发、设计、生产、贸易与销售的行为特征，从而形成了全球视角下宏观层面的全球生产网络组织模式。在关注产业集群等传统领域的同时，也关注到全球技术人才与精英阶层不断向全球顶级城市集中，一些国家与地区消费迅速增长，工业化和城市化快速推进，进而产生了大量资源与环境问题，随之引出环境经济地理学议题的新兴领域。

第三，内容广泛性。该书突出经济地理学发展历程与研究视角变化。全书共二十章，囊括了当代经济地理学主要研究领域，选题广泛。全书从西方经济地理学发展历程出发，介绍了经济地理学研究方法和理论转向。在此基础上，有针对性地选取了过去 40 年变化最为显著的经济领域，对其空间过程与特征进行深入剖析，详细介绍了在全球化上升期，金融、创新、产业、消费、劳动力、环境等领域的空间演变特征。最后，将重点上升到区域、国家和全球维度。

第四，学科交叉性。该书以经济地理学研究为导向，纳入经济学、管理学、商学、区域科学、社会学等相关学科文献，这种融会贯通一方面可以反映经济地理学学科的开放性和交叉性，另一方面，也可以从其他学科吸收营养，从而对经济地理现象进行全方位透视。例如，在介绍产业地理学时，基于主流经济学分析产业区位因素，引入管理学和社会学等分析产业集群与集聚现象；在分析金融地理现象时则引入主流经济学和政治经济学，强调制度与文化因素作用。这一尝试不仅拓展了经济地理学研究边界，也有助于对经济地理现象进行更深入系统的分析。

第五，中西一体性。介绍西方理论，讲好中国故事。在梳理西方经济地理学进展的同时，大部分章节都讨论了中国经济地理格局的影响机制、演化过程及其内在规律，基于中国视角审视西方理论，批判西方理论。最后一章更是聚焦中国经济地理研究现状，讨论了中国经济地理的研究特色并展望未来发展之路，进行了中西方经济地理学科的对话尝试。近年来中国经济发展转向投资驱动和创新驱动，经济结构不断调整与升级。随着中国经济发展进入新常态，转向高质量发展，经济发展机制更为多元，各类社会现象产生了复杂的社会经济环境效应。经济地理学科的综合性、交叉性、空间性以及重视非经济因素等特性，能够为理解中国经济高质量发展提供更为系统综合的分析框架和研究视角。

自《高级经济地理学》一书出版以来，同行朋友和学生反响热烈，不吝好评，远超预期，很多学校将该书选为人文地理学研究生教材或者必读书目，产生了良好的学术影响。该书被评为2024年北京大学优秀教材。虽然全书将近百万字，每一章涵盖经济地理学的一个重要领域，但是鉴于篇幅限制，针对每个领域的介绍其实并不系统和深入。实际上，经济地理学是个博大精深的交叉学科，涵盖广泛，大多数读者不需要精读全部章节，只需要深入系统地了解其中几个领域即可。同时，近年来，伴随金融危机、新冠疫情和俄乌冲突的出现，世界经济形势急剧变化，出现很多新的经济现象，经济地理学面临诸多新问题。对此，学者们开始不断调整研究视角，使得不同理论流派呈现融合趋势，以解释日趋复杂的经济地理现象。鉴于此，有必要充分展示经济地理学中每一个主要领域的知识进步，并追踪和更新最近研究进展。在与商务印书馆科技室李娟主任多次讨论后，我决定针对经济地理学主要领域开展深入系统的文献调研，将原书的主要章节分别拓展成15万字左右的高级阅读物，以高级经济地理学系列教材丛书出版。在丛书设计中，我将原书的第八章和第九章整合成产业地理，将第七章和第十五章整合成全球化地理，将第十八章和第十九章整合成区域经济发展。

丛书工作量巨大，我邀请了学术团队全员参与创作，成员包括朱晟君、毛熙彦、李伟、胡绪千、任卓然、李振发、张玮、李诗韵、盛涵天、邢祖哥、张培风、李文韬、徐青文、张一帆、罗业典、何德洁和张慧新等。本丛书试图展示经济地理学主要领域系统化、结构化的知识进步，但是限于作者水平，丛书内容的深度和广度有待进一步深化与拓展，不足之处还望广大读者与学界同人批评指正！

贺灿飞

2024年3月

目　　录

图 目 录

表 目 录

绪　论

国际贸易是国家之间的商品和服务交易，是发生在有一定地理距离（包括经济距离、文化距离、心理距离、制度距离、政治距离等）的市场之间的交易。国际贸易是一种典型的经济地理现象。自然地理和人文地理因素不仅影响国际贸易的规模、结构与方向，还影响贸易企业出口决策和市场选择决策。将国际贸易与地理结合起来是国际贸易研究的应有之意，通过引入实质性空间视角，弥补国际贸易理论空间性的不足。自亚当·斯密（Adam Smith）和大卫·李嘉图（David Ricardo）提出绝对与相对优势理论以来，国际贸易理论历经新古典资源禀赋理论、技术差距理论、需求相似理论到新贸易理论和新新贸易理论，其分析尺度从宏观到微观，从产业间到产业内，从国家间贸易到企业贸易，基本目标是解释国家与国家之间为什么会发生贸易，什么企业能够克服沉没成本并成功出口，揭示国际贸易的微观机制。

现有国际贸易理论不能系统性地解释国际贸易的地理格局，忽视了距离以及贸易双方地理属性的重要性。即使是宏观层面的理论模型，也是割裂地分析两个国家之间的商品贸易，不能透视国际贸易的网络化特性。新贸易理论以及新新贸易理论在探讨中往往忽视了地理因素对贸易的影响，未能充分解答以下经济地理问题：哪些产品从特定国家出口至其他国家？哪些国家从特定国家进口特定产品？位于何地的企业选择向哪些市场出口？企业如何扩大其国际市场？此外，国际贸易理论是以国家作为分析的基本空间单元，没能探究国家内部企业区位的地方性和差异性。贸易主体是发生在贸易双方国家内部位于特定地区的企业，企业是嵌入在本地社会经济制度环境中的行为主体，贸易行为无疑受到企业所在地区环境的影响。在经济全球化时代，地方通过资本、知识、服务、商品等与全球市场紧密联系，从而实现全球-地方互动，然而这种互动不完全由经济因素决定，文化、政治、外交、制度等都会发挥作用。

经济地理学综合性空间思维强调超越经济视角审视经济现象，认为贸易嵌入在贸易双方社会、经济、文化、政治、制度环境中，强调以多维度变量解释国际贸易格局；经济地理学将国家和地区间贸易视为全球市场相互依赖的重要体现，并认为这种贸易联系是全球联系中最重要的网络，强调以网络方法和网络思维探究国际贸易；经济地理学重视多样化贸易主体和地方异质性的互动与演化关系，不仅仅探究企业如何出口，更要探究企业如何进入某个特定市场，如何拓展哪些市场，探讨出口市场进入与退出动态问题等；经济地理学强调经济活动的空间性、空间相关性与依赖性，地理尺度转换与联系以及有形边界和无形边界的影响。当然，经济地理学也关心国际贸易对地方的社会经济与环境效应。因此，将地理与贸易联系起来，引入综合思维、空间思维、网络思维，强调多主体和地方异质性的分析范式，是国际贸易研究中不可或缺的理论力量，对于提高对贸易理论与实践的普遍认识具有重要作用。

本书基于当前国际贸易的国内外研究成果，梳理了国际贸易的发展历程、理论脉络和研究文献，总体上可以分为三个部分。第一部分包括第一章到第四章，属于总览概括部分，总结综述国际贸易理论及其实证研究的发展；第二部分包括第五章到第九章，属于专题介绍部分，分别针对国际贸易网络、区域一体化、地方影响和环境效应等贸易地理研究中的热点话题展开专题介绍与讨论，并综合梳理中国对外贸易的经济地理学研究；第三部分包括第十章，属于延伸扩展部分，从风险化、绿色化、区域化、网络化、数字化方面介绍国际贸易地理研究的当前热点与未来展望。以下是各章主要内容：

第一章主要介绍世界贸易与中国贸易的发展历程。其中，世界贸易发展跨越了从“地理大发现”到两次工业革命、从战后经济秩序重建到互联网技术革命的漫长时代，与之相比较，中国对外贸易的发展则聚焦于改革开放以来取得的贸易成就。

第二章主要介绍经济学的国际贸易理论演进脉络。国际贸易理论始于亚当•斯密，涵盖了从古典贸易理论的绝对优势理论、相对优势理论到新古典贸易理论的赫克歇尔-俄林理论（H-O 理论），再到新贸易理论和新新贸易理论。

第三章主要介绍经济学视角下的国际贸易研究，总结地理因素如何对国际贸易产生影响。在古典经济学的“生产—流通—消费”范式下，地理因素体现为生产环节的机会成本、流通环节的贸易成本、消费环节的市场需求，从而以这三种渠道作用于国际贸易。

第四章主要介绍经济地理学视角下的国际贸易研究，探讨地理学可以在什么方面对国际贸易研究做出贡献。与传统国际贸易研究不同，地理学关注国际贸易中的地理格局，更善于探索世界贸易的空间分布和空间结构，在空间异质性、多主体互动、综合性思维、多尺度和跨尺度视角等方面具有独特贡献。而传统国际贸易理论的同质化视角无法反映现实世界的空间结构，需要充分刻画地理与贸易的多尺度异质性，考察二者之间复杂的互动关系。

第五章主要介绍国际贸易网络的理论与实证研究。理论方面，网络的属性特征与形成机制在贸易网络研究中具有相应内涵，得到了较好的应用；实证方面，国际贸易网络的相关研究经历了“由简单到复杂”的演变过程，按照尺度的大小可以大致分为世界贸易网络研究、区域和产品贸易网络研究、节点国家贸易网络研究三个阶段。

第六章主要介绍区域一体化的相关研究。首先介绍区域一体化的概念，然后回顾区域一体化理论的演进过程，总结区域一体化的经济效益和相关地理研究，最后简要介绍欧盟、北美自由贸易区等代表性区域一体化组织的概况，梳理中国参与区域一体化的历史进程。

第七章主要介绍国际贸易的空间效应与非空间的一般效应，重点突出其空间差异性，并梳理其地方效应机制。已有研究主要聚焦于贸易对创新的影响、贸易对韧性的影响、贸易对制度的影响等一般效应，以及贸易对集聚的影响、贸易对不平衡的影响、贸易对产业演化的影响，并在机制研究方面引入了综合性思维与全球-地方互动视角，提出了规模经济效应、竞争效应、出口与进口溢出效应等多种可能途径。

第八章主要介绍国际贸易的环境效应，包括环境效应理论与具体环境问题。理论方面，在国际贸易与环境的关系问题上至少存在两种完全相反的看法，分别以污染避难所假说和波特假说为代表，表示反对和支持国际贸易；实证方面，当前学术界对于贸易环境效应的关注具体在于隐含碳排放问题、隐含污染转移问题和隐含资源消耗问题等方面。

第九章主要介绍中国的对外贸易研究内容与成果。作为全球化进程中最大的受益国之一，中国在对外贸易研究方面吸引了众多国内外学者的关注。本章从中国对外贸易水平、中国对外贸易格局、中国对外贸易的影响因素以及中国对外贸易的经济与环境效应四个方面对中国的对外贸易研究进行回顾。

第十章主要介绍国际贸易地理研究的最新进展与未来方向。首先从贸易的风险化、绿色化、区域化、网络化、数字化等角度总结分析国际贸易地理研究的前沿内容，然后在此基础上介绍相关的热点话题，最后指出未来学科发展需着力在风险应对机制、环境规制协同、区域价值链重构、网络分析方法创新以及数字贸易理论构建等方向上实现突破。

总而言之，本书先总览概括国际贸易及其理论与实证研究的大致情况，再专题介绍当前国际贸易研究的热点话题与最新进展，最后梳理中国的国际贸易地理研究，以多角度、全方位的视角对国际贸易地理学的相关研究进行了梳理与分析，以期使读者能够全面深入地掌握国际贸易地理学研究思路与内容。

参与本书初稿撰写的还有我的学生罗业典、何德洁和张慧新。限于作者的学识和能力，本书同样存在着诸多不足之处，研究深度和广度有待进一步深化与拓展。针对本书的局限与缺陷，还望广大读者与学界同人能够批评指正。

贺灿飞

2024 年 10 月

第一章　国际贸易发展历程

第一节　引言

贸易自由化与经济全球化相伴而行，如果说经济全球化是21世纪世界经济格局最主要的特征之一，贸易自由化则无疑是经济全球化最重要的一项内容。目前经济全球化发生过三轮浪潮（图1-1）：①第一轮全球化浪潮发生在1840—1914年，工业革命带来了蒸汽机、铁路等运输工具，极大降低了货物贸易成本，导致企业生产和消费者消费的空间分离。②第二轮全球化浪潮发生在1945年到20世纪末，在此期间，飞机、计算机、光纤等技术的出现引发了信息和通信技术革命，进一步降低了货物贸易的交通运输成本和通信成本，产品生产的条块化、地区化以及产品贸易的全球化成为这个阶段国际贸易的主要特征。③进入21世纪之后，第三轮全球化浪潮方兴未艾，主要表现为互联网技术的快速发展大大降低了人们面对面交流的成本，商品贸易进一步发展，服务贸易也同商品贸易一样快速增长。随着科学技术的飞速发展和交通运输的日益便捷，跨国贸易愈发成为各国家、各地区经济发展的必然选择。全球贸易网络正式建立，各国间的商品、服务、资本和劳动力流动日益频繁；跨国公司越来越多地将生产基地和供应链拓展至全球范围，以实现资源优化和成本降低；多边贸易协定和区域贸易协定进一步促进了贸易自由化与便利化的进程，为全球贸易提供了更加稳定和可预测的法律与政策环境。

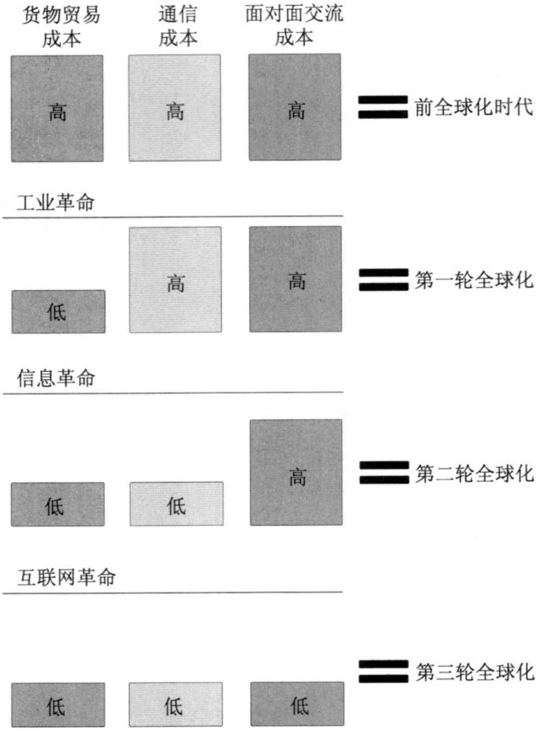

图 1-1　三轮经济全球化浪潮

资料来源：根据鲍德温（Baldwin，2012）绘制。

然而我们也需要认识到，当前贸易自由化也面临着一系列挑战。首先，贸易保护主义抬头，贸易摩擦频发，不仅给全球经济增长蒙上阴影，也加剧了国际关系的紧张程度。其次，全球贸易不平衡问题凸显，发达国家和发展中国家之间的贸易差距日益扩大，引发了全球贫富分化和地区不平衡发展的担忧。同时，贸易自由化也对环境和可持续发展提出了严峻挑战，大规模的跨国贸易活动加剧了资源耗竭和环境污染，迫使各国共同面对生态危机。为了实现更加公平、包容、可持续的贸易自由化和经济全球化，国际社会需要进一步加强合作，促进全球经济实现更加均衡和可持续的发展。本章从经济地理学视角出发，分别介绍世界与中国的国际贸易发展历程，并基于当前国际贸易状况介绍世界与中国的贸易地理结构，以便为后续章节解析国际贸易地理学做基础认识的铺垫。

第二节 世界贸易发展历程

一、世界贸易发展趋势

世界贸易的发展演变是人类经济活动发展的历史见证。从 15 世纪末、16 世纪初的“地理大发现”以来，真正意义上的全球贸易已经走过 500 多年的历程。起初国际贸易主要以产业间贸易为主，世界各国通过海上航线构建起连接东西方的贸易网络，使得不同地区的粮食、肉类、能源矿产、手工制品等商品得以交流互通。随后两次工业技术革命推动了全球范围内的生产及组织方式变革，贸易产品开始向复杂工业制造品演进，国际贸易逐渐转向产业内贸易。紧接着在原有的国际分工模式基础上，跨国公司的海外扩张和技术扩散引发了世界各地产业结构调整，商品、服务、资本、技术、信息和知识等要素的流动性进一步增强，空间配置效率进一步优化。尤其是 20 世纪 50 年代以来，随着信息技术的飞速发展和全球价值链（Global Value Chain，GVC）的形成，产品内贸易成为国际贸易的新趋势。企业不再完整地生产和销售整件产品，而是将产品生产分解为多个地区间、多家企业间的生产制造、贸易流通、加工组装的一系列价值链环节，同时更加注重产品设计、品牌营销和售后服务等价值链高附加值环节，因此国际贸易也逐渐转向以产品的创新、差异化和个性化为核心。时至今日，国际贸易已经不再局限于商品的简单交换，而是涵盖了更广泛的价值链嵌入和生产要素流动，成为全球经济增长和发展的重要引擎。对于国际贸易的阶段划分，从经济发展的历史上看可以大致分为四个阶段：

1. 国际贸易的形成阶段：产业间贸易（15 世纪末至 19 世纪 50 年代）

最早期的国际贸易可以追溯到奴隶社会和封建社会。在“地理大发现”以前，全球范围内主要有两大国际贸易区，一是西方的地中海贸易区，二是东方的东亚贸易区。尽管起源于西汉的丝绸之路将东方的中国与西方的欧洲连通，由此开始了通过丝绸之路进行的丝绸、茶叶、香料等商品贸易，然而受到地理位置和交通方式的限制，早期的国际贸易主要是在两大贸易区内进行的区域性贸易。在 15 世纪末期以前，东西方社会生产力比较低，“自给自足”的自然经济占据支配地位，商品经济不发达，并没有形成真正的世界贸易。

国际贸易正式形成于“地理大发现”时代。15 世纪末至 16 世纪初的“地理大发现”催生了殖民扩张和世界贸易，大大刺激了欧洲的工业生产，促进了专为交换而生产的专业化分工形式和以分工交换为基础的市场经济的形成（斯塔夫里阿诺斯，1992）。18 世纪的第一次工业革命进一步刺激着工业产能的扩张和技术的更新，使社会生产力产生了巨大的飞跃，国际贸易规模显著增长。工业革命的影响是深远的：提高了劳动生产力，促进了交通发展，促使世界从单一的农业社会转向以工业生产为主的现代经济，整个世界市场被纳入资本主义市场经济的发展轨道（朱丽君、阎孟伟，2003）。工业革命后国际贸易出现了爆发式的发展，欧洲各国的经济结构也随之发生了剧烈变化，农业在国民经济中的比重迅速下降，工业的比重大大增加，而且形成了英法等宗主国与殖民地、半殖民地之间的单方面自由贸易，冲击了殖民地国家的市场。

从“地理大发现”到第一次工业革命，世界各国的贸易联系日益紧密。这一时期的国际贸易有两个基本特点：首先，各国以产业间贸易为主要分工模式和贸易模式。各国根据自身资源和技术优势专注于特定产业的生产，并通过国际贸易来相互补充和交换产品，例如英国从印度进口棉花并向印度出口纺织品等。其次，各国的生产技术差异成为决定分工模式的重要因素。国际贸易主要在发达殖民国家与其殖民地、半殖民地之间形成，最终形成了一个以西欧和北美国家生产及出口制成品、其余国家生产及出口初级产品并进口欧美制成品的国际分工与世界贸易格局。

2. 国际贸易的发展阶段：产业内贸易（19 世纪 50 年代至 20 世纪 50 年代）

19 世纪后半叶，伴随着第二次工业革命的兴起，人类从蒸汽时代进入电气时代，国际分工与国际贸易也进入了一个新时期。第二次工业革命以发电机、电动机、内燃机等技术的发明及广泛应用为特征，石油勘探和开采技术、发电技术、照明技术、电信技术、化学产品等工业在第二次工业革命中逐步建立起来，在促进资本主义经济发展的同时，也促使国际分工发生了新变化，各国间的产业分工更加明确、精细。这一时期的国际贸易出现了被称为“产业内贸易”的新特点，指的是两个或多个国家都生产并出口同一类产品的现象。例如，美国和德国的汽车产业几乎在同一时间发展起来并分别向对方市场出口，美国的福特、通用汽车和德国的奔驰汽车等都是彼时全球最大、最知名的汽车品牌。

产业内贸易一般出现在汽车等差异化产品领域，原因主要在于这类日常工业消费品的技术要求高、行业内存在大量垄断性大企业、欧美等发达国家的高收入水平支撑了高消费需求等。这一时期的国际贸易格局也发生了巨大变化：产业内贸易主要发生在欧美发达国家之间，包括经由第二次工业革命迅速崛起壮大的德国、美国两个国家；垄断组织控制了国际贸易，尤其在第二次世界大战前，国际卡特尔控制了世界贸易的主要市场。

3. 国际贸易的深化阶段：产品内贸易（20 世纪 50 年代至 21 世纪初）

20 世纪 50 年代后，以电子、合成材料、原子能、航天、生物技术为代表的新的科技革命形成了科技发展的新高潮，引领了新一轮的全球化浪潮，开启了国际贸易的新阶段（李坤望、刘重力，2000；裴长洪、王万山，2009）。由于这场新的科技革命产生了一系列的高技术新产业，社会分工趋向于更加复杂化、专业化、精细化，国际分工开始向产品内分工的方向发展。产品内分工意味着多个地区、多家企业共同构成一条产品生产链，为同一件产品的最终完成分别承担原材料、零部件、中间品的加工、组装、集成等工序，往往伴随着专业化零部件和中间品的生产以及产品的贸易与流通。在产品内分工与贸易背景下，许多企业共同构成一条完整的产品链条，原材料的提供商、零部件生产商处于产品链条的上游，而制造、组装、销售、市场等环节处于产品链条的下游。这种贸易与分工模式是建立在技术进步、运输通信发展与产品生产越来越“模块化”的基础上，国家之间的联系进一步交织在一起，形成密不可分的融合性的分工关系。产品内贸易的典型例子是苹果手机和波音飞机，尽管这两个产品一个是小巧的日用消费品、一个是庞大的工业“巨无霸”，但是它们共同的特点是集成了成千上万个零部件与子系统，涉及世界范围内数百家供应商企业与制造工厂，由一众国际化企业合作贸易完成。从这两个简单例子可以看出，20 世纪 50 年代后的国际贸易脱离了传统的以整件产品为贸易对象的模式，国际贸易格局借助全球价值链、全球生产网络（Global Production Network，GPN）等新视角才得以更好地被大家理解。

4. 国际贸易的调整阶段（21 世纪初以来）

相比于高歌猛进的 20 世纪 80—90 年代的全球化浪潮，21 世纪以来的国际贸易发展似乎略显坎坷。一方面，互联网技术的又一次突破式创新与世界贸易组织（World Trade Organization，WTO）的正式成立，将上一轮的全球化浪潮推至一个新的高峰，国际贸易自由化趋势空前高涨。随着以信息技术产业为中心的高新技术产业逐渐占据世界经济的主导地位，世界经济呈现出明显的信息化和知识化趋势。1995 年 WTO 成立，主张大幅削减关税和其他非关税壁垒，扩大商品贸易自由化，标志着全球多边贸易体系的巩固以及自由贸易新时期的开始。由此，国际贸易在 21 世纪早期快速增长。另一方面，以 2008 年世界金融危机为标志，欧美等主要经济体长期增长乏力，国际贸易连年衰退。在后金融危机时期，传统发达国家的经济增长前景长期暗淡，世界经济增长重心向新兴经济体转移。然而欧美经济体的相对衰退导致各国民族主义盛行，在国际经贸规则控制之下的贸易保护主义逐渐显现趋势，世界经济发展不稳定因素增加，多边贸易体系及全球化前景堪忧。

关于世界贸易水平的具体数据，一般认为至少起步于第二次世界大战以后，得益于关税及贸易总协定（General Agreement on Tariffs and Trade，GATT）的成立。根据 GATT 数据（图 1–2），1979—1980 年世界贸易额年均增长率高达 24.2%。随着发达经济体经济经历滞胀危机，1981—1983 年世界货物贸易陷入衰退，年均增长率降至–3.1%。20 世纪 80 年代中后期以来，随着新技术革命的深入发展，以美国为首的发达国家逐渐走出经济滞胀，1983—1990 年世界货物贸易额年均增长率为 8.2%。20 世纪 90 年代初期，发达国家经济进入衰退周期，原社会主义阵营国家在政治剧变后经济快速下滑。随着 1995 年 WTO 成立，世界贸易自由化进程日益加快，2002—2008 年世界货物贸易额保持多年高速增长，年均增长率 14.6%，是同期世界 GDP 年均增长率的 3 倍。然而 2008 年金融危机重创了世界经济及贸易（张亚斌、范子杰，2015），世界货物贸易额在 2009 年下滑了 22.59%，此后增长乏力。纵览 1978—2022 年世界货物贸易额及增长率，可观察到贸易发展的典型特征有：①世界货物贸易额基本呈周期性波动上涨，波动性与全球经济形势、多边贸易合作形势有一定关系；②后金融危机时期，世界货物贸易长期增长乏力，多年出现负增长；③中国货物贸易出口额增长率在绝大多数年份高于世界水平，仅在 2008 年金融危机以来的部分年份低于世界水平，表现出改革开放以来极强的出口增长动力。

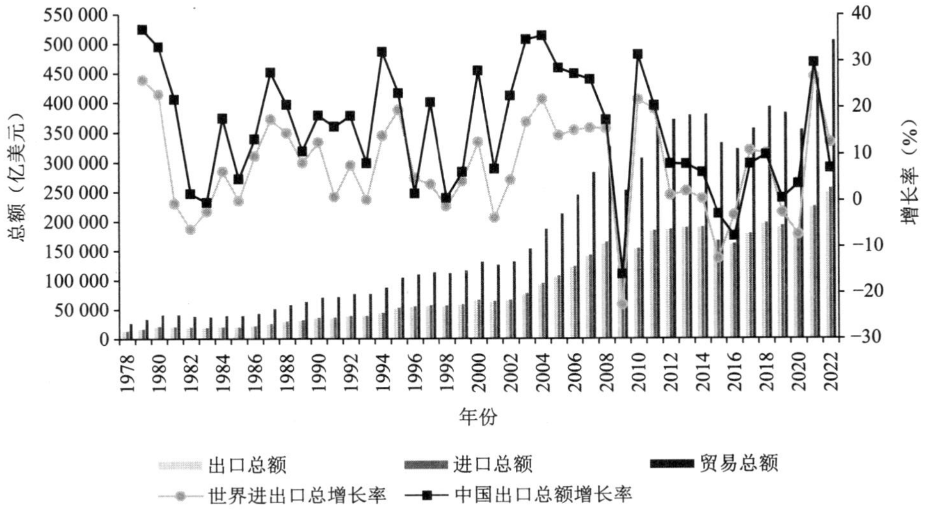

图 1-2　1978—2022 年世界及中国贸易额与增长率情况

资料来源：根据 GATT 数据绘制。

二、世界贸易地理格局

当前国际贸易格局的主要趋势是多元化、多极化，从发达国家间的“北北贸易”逐渐走向发达国家与新兴市场国家间的“南北贸易”，新兴经济体尤其是中国在世界贸易体系中扮演的角色越来越重要。国际贸易主要角色可以分为发达经济体、新兴经济体、发展中经济体三大类，其出口情况对比如图 1-3 所示。1978—1990 年，新兴和发展中经济体出口相对弱势，出口占比从 24.80% 下降至 18.51%，出口额年均增长率为 6.21%，而同时期发达经济体的出口额年均增长率则高达 9.56%。1990 年以后，新兴和发展中经济体出口逐渐强势，出口比重开始上升，从 1991 年的 18.21%上升至 2022 年的 44.12%，年均增长率为 9.82%，而同期发达经济体出口额年均增长率仅为 5.42%。

进一步地，采用国际货币基金组织（International Monetary Fund，IMF）分类，将所有国家和地区分为发达经济体、新兴和发展中亚洲经济体、新兴和发展中欧洲经济体、中东和中亚、拉丁美洲和加勒比地区、撒哈拉以南非洲共六大类，其出口情况对比如图 1-4 所示。为方便观察，将发达经济体占比放在右纵轴，

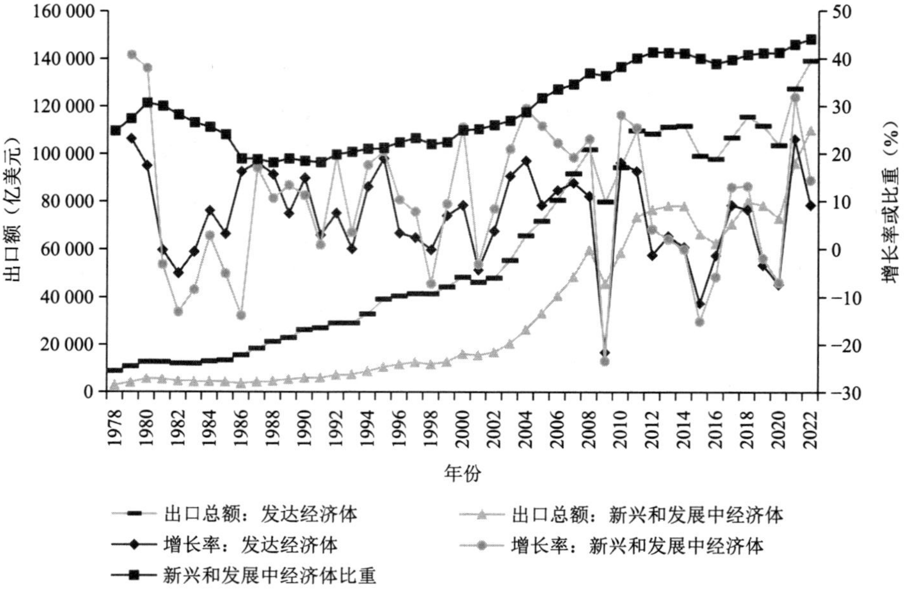

图 1-3　1978—2022 年发达经济体以及新兴和发展中经济体出口情况

资料来源：根据 IMF 数据绘制。

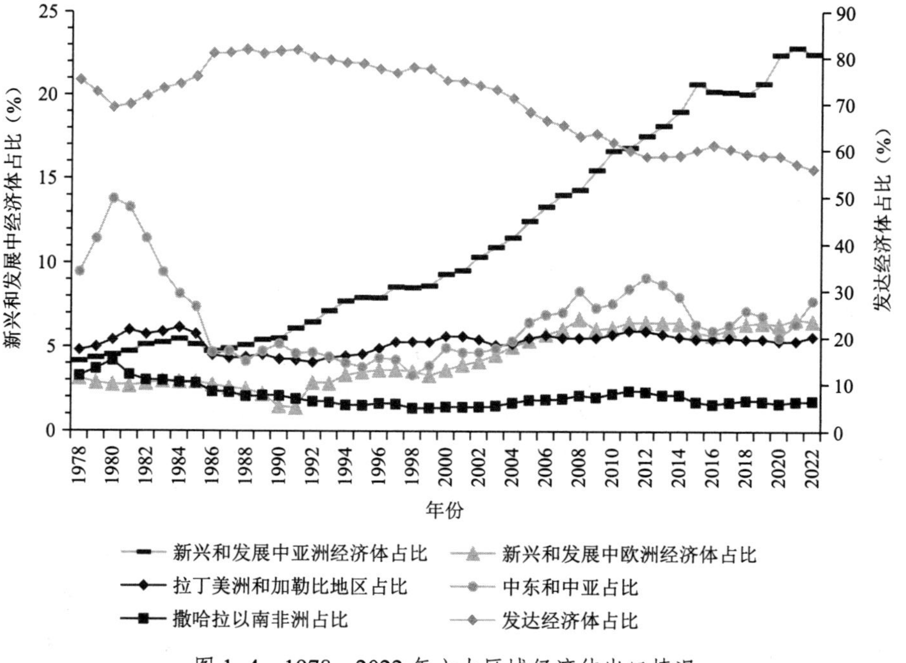

图 1-4　1978—2022 年六大区域经济体出口情况

资料来源：根据 IMF 数据绘制。

新兴和发展中经济体占比放在左纵轴。从图中可以看出，大多数新兴和发展中经济体出口占比变化不大，仅有新兴和发展中亚洲经济体取得显著增长，从1978年的4.14%上升至2022年的22.45%；其他四类经济体出口额占比变化不大，其出口额占比之和1978年为20.65%，2022年为21.67%。

更进一步地，选取若干代表性年份截面展示世界主要经济体的进出口情况。首先，选取1992年和2022年作为代表年份绘制各经济区域经济体出口额树状图，如图1–5和图1–6所示。从图中可以看出，发达经济体出口额占世界比重整体下降，仅韩国等少数经济体占比有所上升，而新兴和发展中经济体出口占比显著上升。在新兴和发展中经济体中，增长最明显的是亚洲的中国、印度、泰国，欧洲的波兰、土耳其以及俄罗斯等国家。然后，选取1978年、1994年、2007年、2014年、2022年五个代表年份，对各经济体进口额及出口额进行排序，展示前十名经济体的变化，如表1–1所示。纵向对比可以发现，美国在1978年、1994年两个代表年份中，出口额和进口额均位列第一，且首位度有上升趋势，2007年美国出口额被德国和中国超过。横向对比可以发现，排序前列的经济体基本为传统资本主义强国，其中美国、德国、日本、法国地位最为稳固。

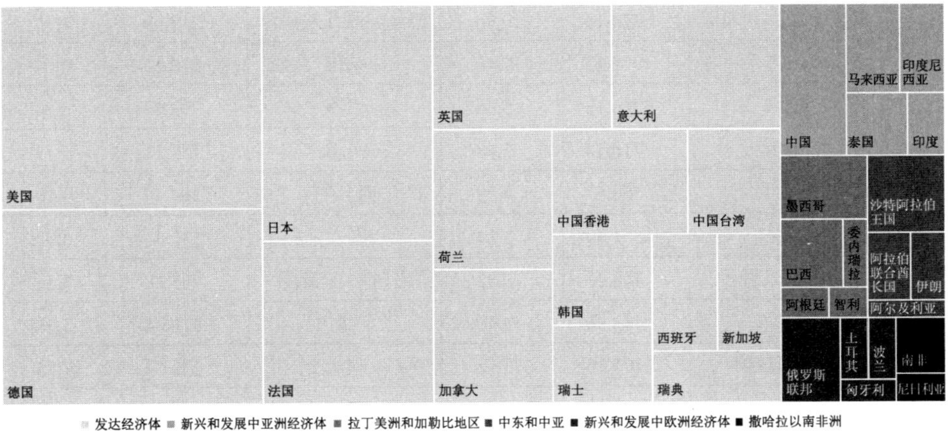

图1–5 1992年各经济体出口额情况

资料来源：根据IMF数据绘制。

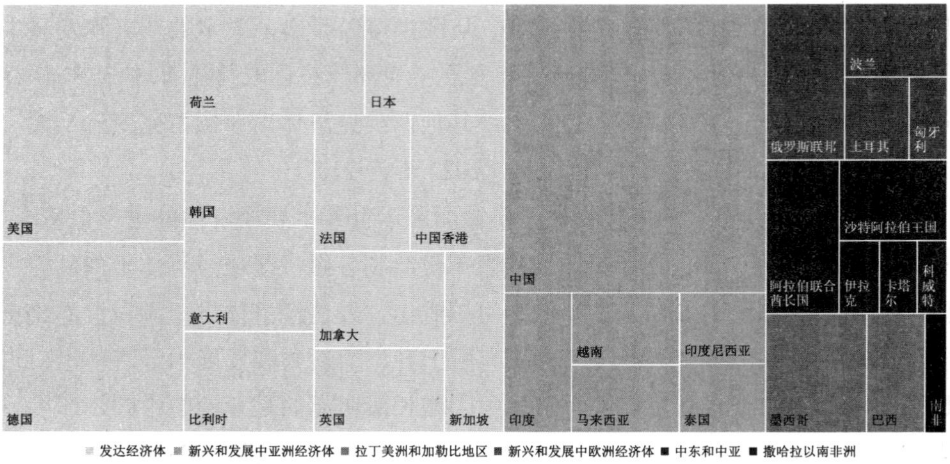

图 1–6　2022 年各经济体出口额情况

资料来源：根据 IMF 数据绘制。

表 1–1　1978—2022 年贸易规模前十大经济体

年份	出口规模前十大经济体	出口额（亿美元）	出口额占比（%）	进口规模前十大经济体	进口额（亿美元）	进口额占比（%）
1978	美国	1 436.63	10.99	美国	1 830.93	13.48
	德意志联邦共和国	1 424.16	10.90	德意志联邦共和国	1 213.09	8.93
	日本	975.43	7.46	法国	820.12	6.04
	法国	766.16	5.86	日本	793.43	5.84
	英国	716.14	5.48	英国	784.31	5.77
	意大利	560.53	4.29	意大利	564.44	4.16
	荷兰	501.49	3.84	荷兰	530.41	3.90
	比利时-卢森堡	448.76	3.43	比利时-卢森堡	483.88	3.56
	加拿大	443.96	3.40	加拿大	418.84	3.08
	沙特阿拉伯	407.16	3.12	瑞士	238.04	1.75
1994	美国	5 123.37	11.84	美国	6 890.30	15.56
	德国	4 271.00	9.87	德国	3 815.39	8.62
	日本	3 956.00	9.14	日本	2 747.42	6.20
	法国	2 333.07	5.39	法国	2 282.82	5.15

续表

年份	出口规模前十大经济体	出口额（亿美元）	出口额占比（%）	进口规模前十大经济体	进口额（亿美元）	进口额占比（%）
1994	英国	1 987.97	4.59	英国	2 239.55	5.06
	意大利	1 900.05	4.39	意大利	1 679.75	3.79
	加拿大	1 662.55	3.84	中国香港	1 658.78	3.75
	中国香港	1 514.65	3.50	加拿大	1 481.85	3.35
	荷兰	1 458.25	3.37	荷兰	1 305.12	2.95
	中国	1 210.06	2.80	中国	1 156.14	2.61
2007	德国	13 288.41	9.47	美国	20 171.21	14.08
	中国	12 200.60	8.70	德国	10 593.08	7.39
	美国	11 625.38	8.29	中国	9 561.15	6.67
	日本	7 143.27	5.09	英国	6 799.18	4.74
	法国	5 397.31	3.85	日本	6 222.43	4.34
	意大利	5 002.03	3.57	法国	6 113.64	4.27
	荷兰	4 776.41	3.41	意大利	5 118.23	3.57
	英国	4 540.05	3.24	荷兰	4 213.68	2.94
	比利时	4 317.44	3.08	比利时	4 130.36	2.88
	加拿大	4 198.82	2.99	西班牙	3 912.37	2.73
2014	中国	23 422.93	12.35	美国	24 125.47	12.68
	美国	16 205.32	8.54	中国	19 592.33	10.29
	德国	14 942.14	7.88	德国	12 071.93	6.34
	日本	6 902.03	3.64	日本	8 122.08	4.27
	荷兰	6 724.10	3.55	英国	6 941.26	3.65
	法国	5 813.93	3.07	法国	6 766.17	3.56
	韩国	5 730.91	3.02	中国香港	6 007.65	3.16
	意大利	5 297.97	2.79	荷兰	5 895.70	3.10
	中国香港	5 241.30	2.76	韩国	5 255.64	2.76
	英国	5 107.89	2.69	加拿大	4 753.19	2.50
2022	中国	35 935.23	14.43	美国	33 758.19	13.17
	美国	20 642.78	8.29	中国	27 161.51	10.60
	德国	16 575.77	6.66	德国	15 707.52	6.13

续表

年份	出口规模前十大经济体	出口额（亿美元）	出口额占比（%）	进口规模前十大经济体	进口额（亿美元）	进口额占比（%）
2022	荷兰	9 667.08	3.88	荷兰	8 983.10	3.50
	日本	7 469.20	3.00	日本	8 972.42	3.50
	韩国	6 835.85	2.75	英国	8 239.36	3.21
	意大利	6 570.39	2.64	法国	8 182.60	3.19
	比利时	6 352.45	2.55	韩国	7 313.70	2.85
	法国	6 178.55	2.48	印度	7 204.41	2.81
	中国香港	6 099.25	2.45	意大利	6 892.56	2.69

资料来源：根据 WTO 数据绘制。

由前文及图表所示，20 世纪 70—80 年代以来，新兴经济体尤其是以中国为代表的亚洲新兴经济体出口份额高速增长，是近几十年来世界贸易地理格局最显著的变化。2000 年传统贸易网络中三个较大的区域贸易中心是美国、德国和日本，而到 2017 年时中国取代了日本，通过最终产品贸易成为全球增值出口的贸易中心。当前国际贸易主要集中在三大区域：一是以美国为贸易中心的北美区域，包括美国、加拿大、墨西哥在内的美加墨自由贸易区；二是以中国为贸易中心的亚洲区域，特别是以东亚中日韩三国为主的贸易区域；三是以德国为贸易中心的欧洲区域，主要包含大部分欧盟国家。中国与亚洲邻国如日本、韩国等联系密切，与另外两大枢纽国家美国和德国以及其他新兴国家也有重要联系。

第三节　中国对外贸易发展历程

一、中国对外贸易发展趋势

自改革开放以来，中国对外贸易不断取得瞩目发展（裴长洪、刘洪愧，2017；徐复，2011），同时也面临着新形势和新挑战（洪俊杰、商辉，2018；石广生，2013），外贸空间格局不断演变（贺灿飞，2017）。通过分析中国经济转型的全球化过程，本节将改革开放四十余年中国对外贸易格局演化划分为四个阶段：1978—1991 年为起步探索阶段，标志是设立经济特区、开发上海浦东新区；1992—2000 年为缓慢增长阶段，标志是建立市场经济、承接产业转移；2001—2008 年为高速发展阶段，标志是加入 WTO；2009 年以来为稳定发展阶段，标志是 2008 年金融危机后世界贸易长期低迷，并遭遇新冠疫情带来的冲击与挑战（图 1–7）。

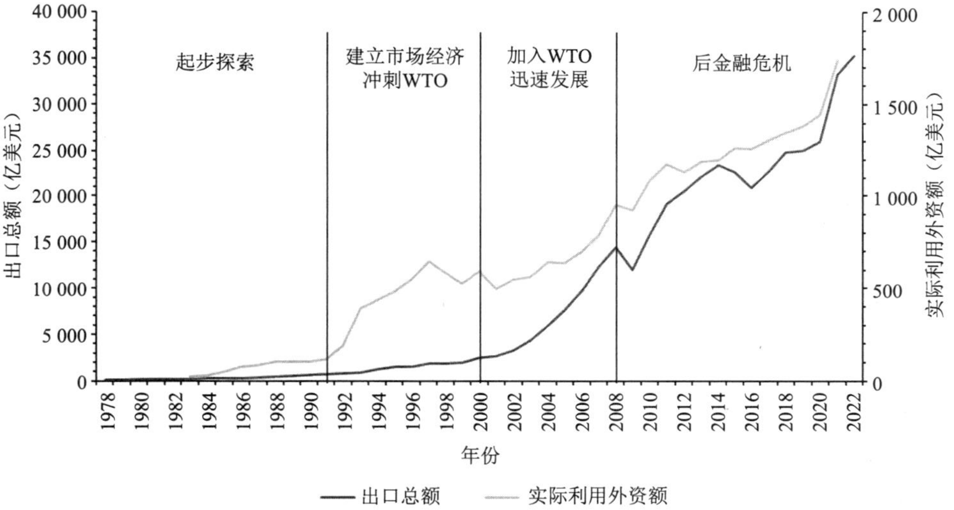

图 1–7　1978—2022 年中国出口总额与实际利用外资额

资料来源：根据国家统计局数据绘制。

1. 起步探索阶段：1978—1991 年

从新中国成立到改革开放的近三十年间，中国采取的是内向型发展战略，表现出明显的贸易保护特征，使得中国失去了参与国际分工的机会。改革开放初期，为了积极融入经济全球化，中国对外贸易体制开始发生重大变革，将内向型战略转变为外向型战略。中国采取了一系列措施推动对外贸易发展，主要体现在三个方面：①试办经济特区、保税区等点状开放区域，并在国内梯度开放；②探索贸易方式创新，在沿海（特别是珠三角地区）施行加工装配等“三来一补”业务，推动加工贸易发展，使中国开始融入国际分工体系；③对高度集中的外贸计划体制进行改革，推进外贸承包经营责任制，中国与大多数国家和地区的贸易关系向正常化发展（傅自应，2008）。

改革开放的第一个十年是中国对外贸易的起步阶段，主要特征是贸易总额较低，贸易起点非常低。1978 年，中国对外贸易进出口总额为 206.4 亿美元，其中出口为 97.5 亿美元，进口为 108.9 亿美元，而同年世界货物出口总额为 13 069 亿美元。中国出口额只占世界出口总额的 0.75%，居世界第 34 位。但是在一系列贸易促进措施的共同作用下，中国对外贸易开始了缓慢起步与探索。1980—1991 年，中国进出口总额年均增长率为 12.2%，高于世界贸易的平均增长水平（图 1–8）。到 1991 年，中国出口总额占世界比重达到 2.1%，居世界第 13 位，对外贸易有了明显起色。

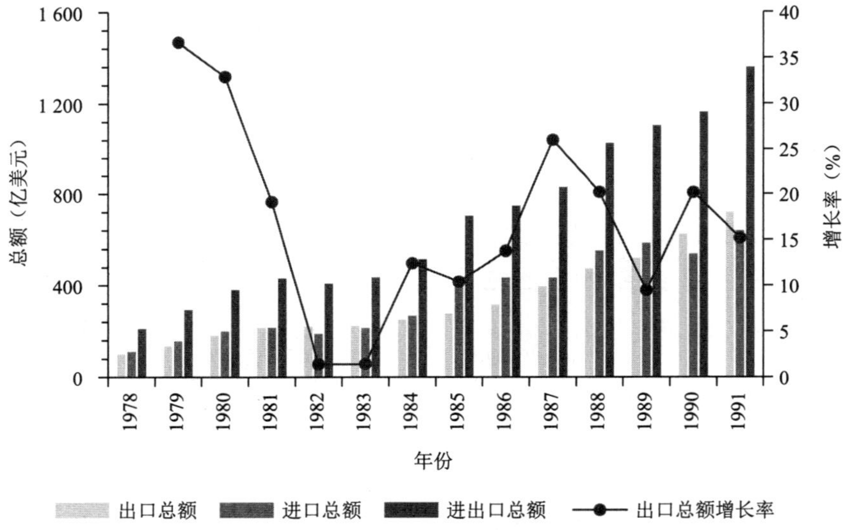

图 1–8　1978—1991 年中国进出口总额与出口总额增长率

资料来源：根据国家统计局数据绘制。

2. 缓慢增长阶段：1992—2000 年

1991 年中国提出逐步建立与完善社会主义市场经济体制，1992 年邓小平南方谈话确立了社会主义市场经济体制的改革方向，中国的对外开放和进出口贸易进入新阶段。在开放目标上，中国把握住了发达国家先进制造业转移的历史机遇；在开放区域上，由经济特区到沿海、沿江、沿边，再到内陆，中国基本上形成了全方位对外开放的地理格局。这一时期对外开放的最大成就是成功建设了承接国际资本和国际产业转移的平台，在长三角、珠三角地区形成了国际制造业加工中心，中国制造开始走向世界市场。但是同时期中国经济也存在一定问题，主要的经济问题是 1997 年亚洲金融危机导致外贸市场需求萎靡，阻碍了中国对外贸易的进一步扩张。在积极和消极因素的共同作用下，中国对外贸易增长表现出一定的波动性，但是整体表现稳健。

缓慢增长阶段整体上依旧维持前一阶段的增长速度，贸易总额稳定增长，贸易结构没有发生太大变化。该阶段中国进出口总额年均增长率为 14.1%，高于世界平均水平。中国对外贸易既保持了稳定增长，也受到了危机冲击，进出口增长率并非一直保持在高位，而是出现了大幅波动。1997 年亚洲金融危机席卷日本、韩国、中国港澳台地区及东盟国家，市场需求萎缩，严重影响中国对外贸易的发展；1998 年中国出口额增长率仅为 0.5%，创下多年最低值；而到 2000 年，出口额增长率又恢复到 27.8%的高速增长，经济迅速复苏（图 1−9）。总体而言，该阶段中国对外贸易在波动中稳健增长，到 2000 年出口额占世界出口总额的比重上升至 3.9%，居世界第七位。

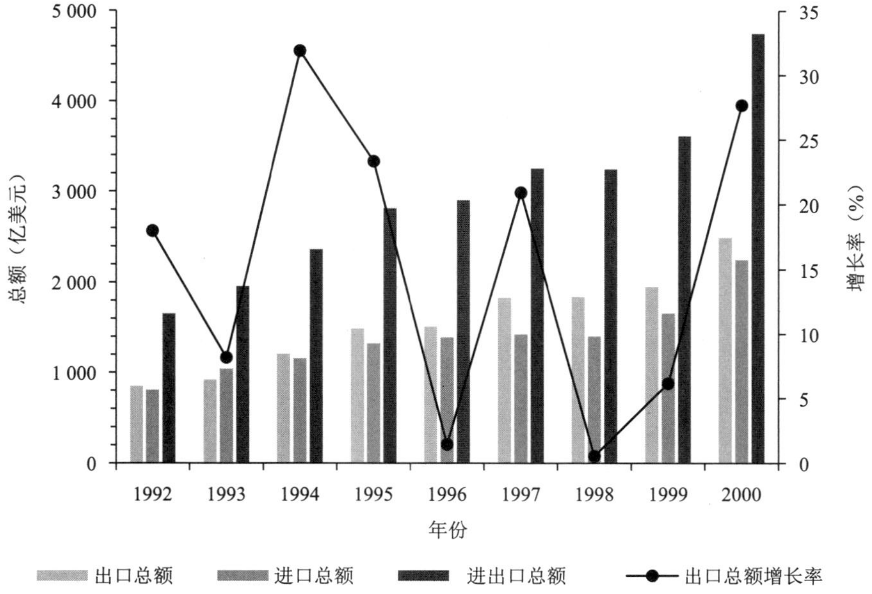

图 1−9　1992—2000 年中国进出口总额与出口总额增长率

资料来源：根据国家统计局数据绘制。

3. 高速发展阶段：2001—2008 年

经过长期谈判，2001 年中国正式加入 WTO，标志着对外开放进入经济全球化阶段，迎来了高速发展时期。这一时期中国对外贸易进入高速发展的新阶段，主要特征是三个重要转变：①由有限范围和有限领域的开放转变为全方位开放；②由以试点为特征的政策主导下的开放转变为法律框架下可预见的开放；③由单方面为主的自我开放转变为与 WTO 成员之间的相互开放。与此同时，WTO 各成员方也对中国产品进一步开放市场，为中国货物出口创造了良好的条件。与前两个阶段相比，中国进一步发挥成本低、规模大、质量合格的生产优势，不但出口规模强劲增长，而且贸易顺差显著扩大。2001—2008 年中国出口额年均增长率达到 24.7%，而同期世界货物贸易总额年均增长率仅为 12.3%。另外，同期中国贸易顺差年均增长率达到了惊人的 44.6%，可见这一时期中国出口增长的强劲（图 1-10）。在新一轮的产业升级和转移浪潮中，以信息技术产业为先锋，全球产业链正不断延伸并日益全球化。中国凭借数十年来的迅猛发展，已经在人力资本、基础设施和国内市场等方面积累了显著的优势，具备了承接国际产业转移的坚实基础。总体而言，加入 WTO 为中国出口创造了良

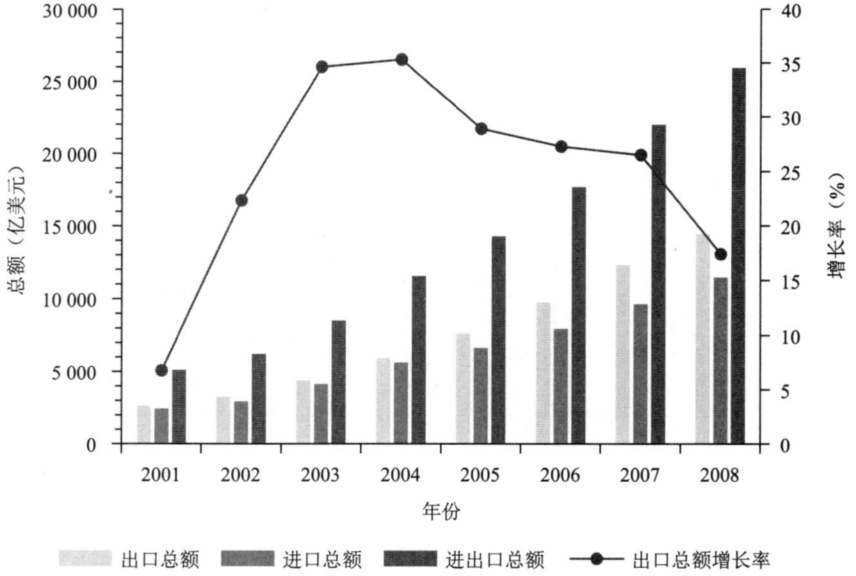

图 1-10　2001—2008 年中国进出口总额与出口总额增长率

资料来源：根据国家统计局数据绘制。

好的条件，使中国的对外贸易进入了高速发展阶段，到 2008 年出口额占世界出口总额的比重上升至 8.8%，居世界第二位，仅次于德国。

4. 稳定发展阶段：2009 年以来

2009 年至今是中国对外贸易规模增长与结构调整并重的一个时期。2008 年金融危机引起了国际市场需求萎缩，导致许多国家对外贸易严重下降，打断了中国对外贸易的高速发展进程，迫使中国对外贸易从数量增长向质量提升转化，从高速发展向稳定发展过渡。

金融危机使中国面临贸易下降的风险，也为中国提供了贸易赶超与角色转换的机遇。危机伊始，中国出口总额增长率出现负增长，众多出口行业面临严重困境。2009 年的对外贸易总额由 2008 年的 2.59 万亿美元下降到 2.21 万亿美元，下降幅度为 14.9%；出口总额由 1.45 万亿美元下降到 1.20 万亿美元，下降幅度为 16.9%。但是中国在金融危机中比西方发达国家更快地调整了过来，贸易占全球比重进一步上升，2009 年出口规模超过了德国，居世界第一位。2009—2017 年中国出口总额年均增长率为 6.1%，而同期世界货物贸易额年均增长率仅为 1.9%（图 1-11），中国正在逐步从全球化的被动接受者转变为全球贸易的积极参与者和引领者。

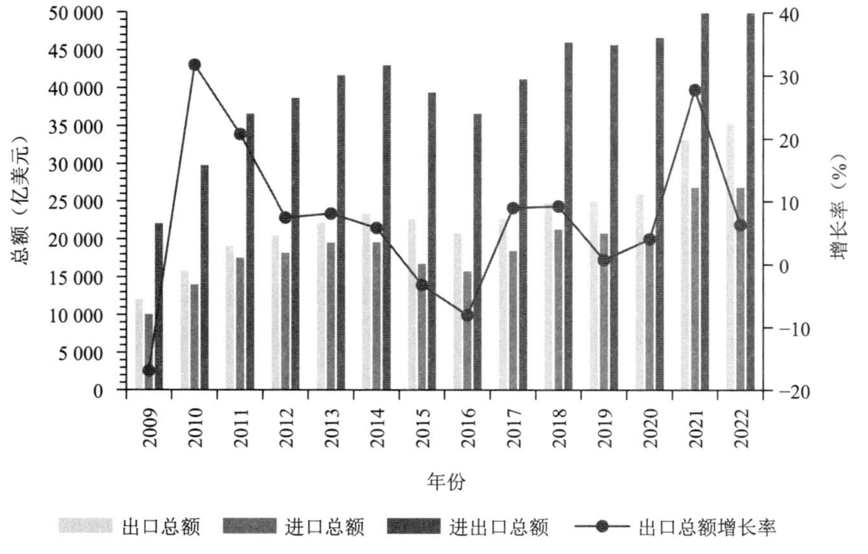

图 1-11　2009—2022 年中国进出口总额与出口总额增长率

资料来源：根据国家统计局数据绘制。

金融危机以来，中国一直在调整产业结构与贸易结构。一方面，中国积极推进产业升级，加强了对高附加值、高科技产品的产业培育，出口产品结构进一步向工业制成品转换；另一方面，中国努力扩大与新兴市场国家的贸易往来，逐渐将贸易伙伴网络从发达国家向发展中国家拓展。以共建“一带一路”倡议为标志，中国正在走向主动推动经济全球化的时代，加强与东盟等发展中国家的贸易合作，出口全球占比进一步上升至2020年的14.6%。但是我们也需要认识到，后金融危机时代国际贸易不确定性增强，中美贸易摩擦、新冠疫情、俄乌冲突、巴以冲突等都对全球产业链造成了严重冲击，同样给中国的对外贸易带来了挑战。

二、中国对外贸易地理格局

改革开放加深了中国与世界各国的贸易联系，使中国逐渐融入全球贸易体系，成为世界贸易网络中不可或缺的重要一环。改革开放初期，中国的贸易伙伴仅有44个国家和地区，主要由美欧日等发达国家和地区构成。随着改革开放的深入，中国与世界各国家和地区的贸易关系有了突飞猛进的发展，进出口市场逐渐多元化。到2020年中国的贸易伙伴已经增加到228个国家和地区，其中不但包含美国、欧洲等发达市场，还逐渐拓展至东南亚、非洲、拉丁美洲等新兴市场，覆盖世界绝大多数国家和地区。中国的对外贸易地理结构日益复杂，欧盟、美国、东盟、日韩、“金砖国家”等成为中国主要贸易伙伴。

中国向各大洲的出口格局呈现明显的三级梯队结构：亚洲是最主要的第一梯队，欧洲与北美洲是仅次于亚洲的第二梯队，非洲、南美洲、大洋洲是出口水平较低的第三梯队（图1-12、图1-13）。亚洲是中国最主要的出口市场，中国对亚洲的出口占比常年稳定保持在50%左右，主要原因是地理距离近、语言文化联系紧密，有利于中外企业之间开展商业合作和贸易往来。除了亚洲以外，欧洲与北美洲是中国出口市场的第二梯队，主要是由于经济原因：一方面，欧洲、北美洲消费能力强，对中国商品的需求量大；另一方面，欧洲、北美洲产业发达但劳动力成本高，需要中国为其提供廉价组装产品。中国对非洲、南美洲、大洋洲的出口占比相对较低，但是近年来呈现上升趋势，展现了中国外贸出口市场的多元化策略。

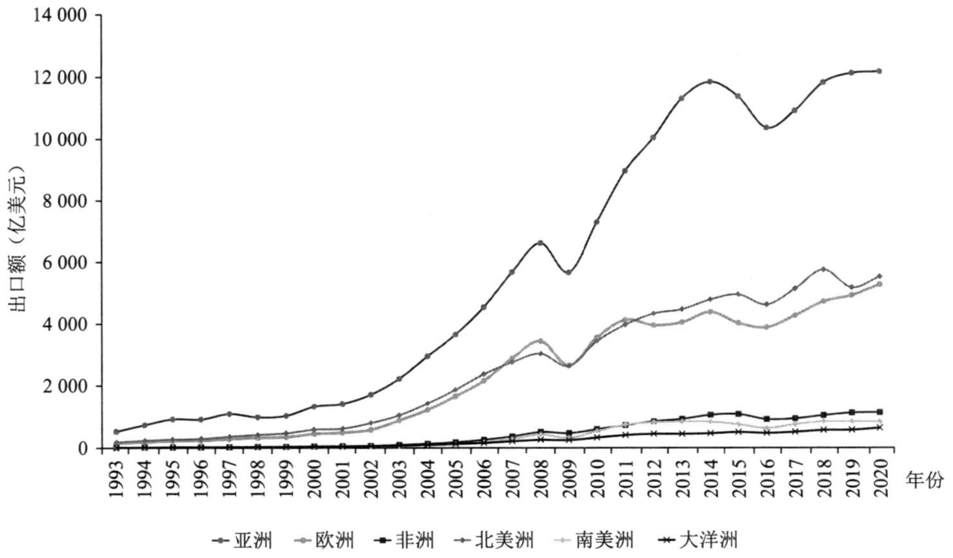

图 1-12　1993—2020 年中国对各大洲出口额

资料来源：根据 UN Comtrade 数据绘制。

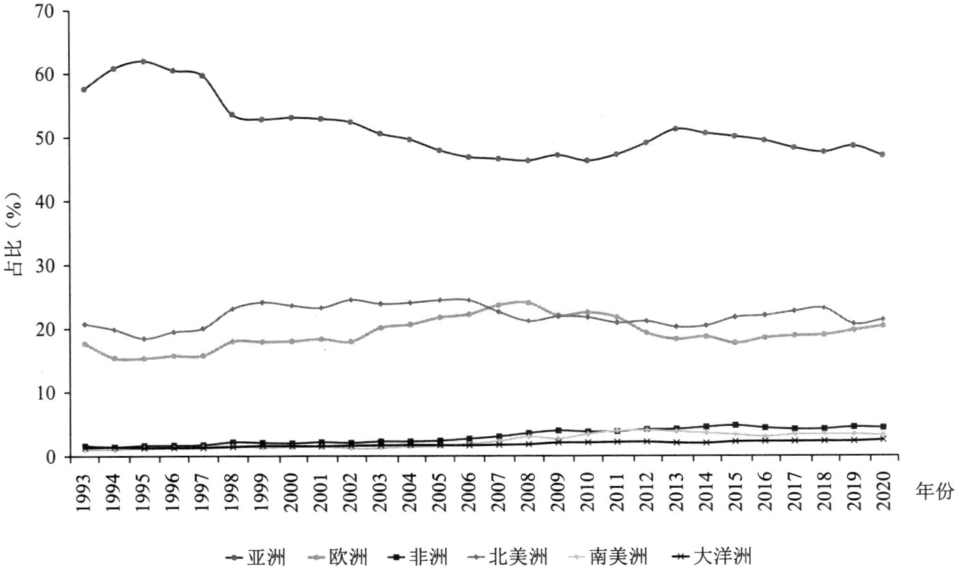

图 1-13　1993—2020 年中国对各大洲出口比重

资料来源：根据 UN Comtrade 数据绘制。

中国从各大洲的进口格局与出口类似，也是以亚洲为主的三级梯队结构，但是欧洲和北美洲的地位相对于出口而言有所下降，与第三梯队的差距较小（图 1−14、图 1−15）。中国最主要的进口来源地是亚洲，既包含日本、韩国、新加坡等发达国家，也包含马来西亚、印度尼西亚、泰国等发展中国家。主要原因在于产业分工：中国进口的大部分产品都是原材料和零部件，原材料主要由马来西亚等发展中国家提供，零部件和中间品则主要由日韩等发达国家提供，这种亚洲国家之间的分工合作有助于降低成本、提高效率，导致了中国对亚洲的高进口占比。中国从欧美地区的进口规模明显小于对其的出口规模。现阶段，中国对欧美高端制造业产品的进口需求与对发展中国家原材料、能源、自然资源的进口需求相差无几。除了从欧美进口机械设备、化工原料、食品饮料等产品以外，中国也非常需要从非洲和南美洲进口大豆、铜等资源。

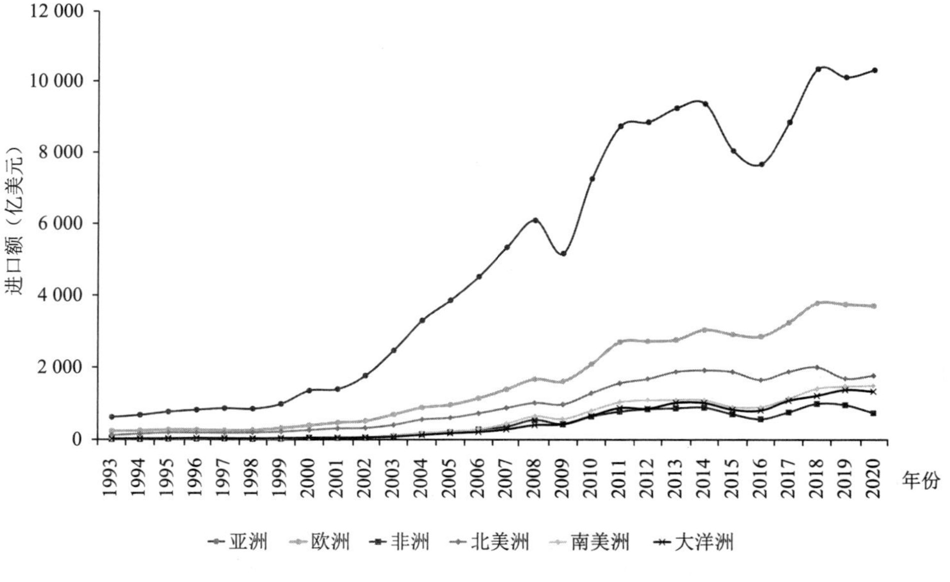

图 1−14　1993—2020 年中国从各大洲进口额

资料来源：根据 UN Comtrade 数据绘制。

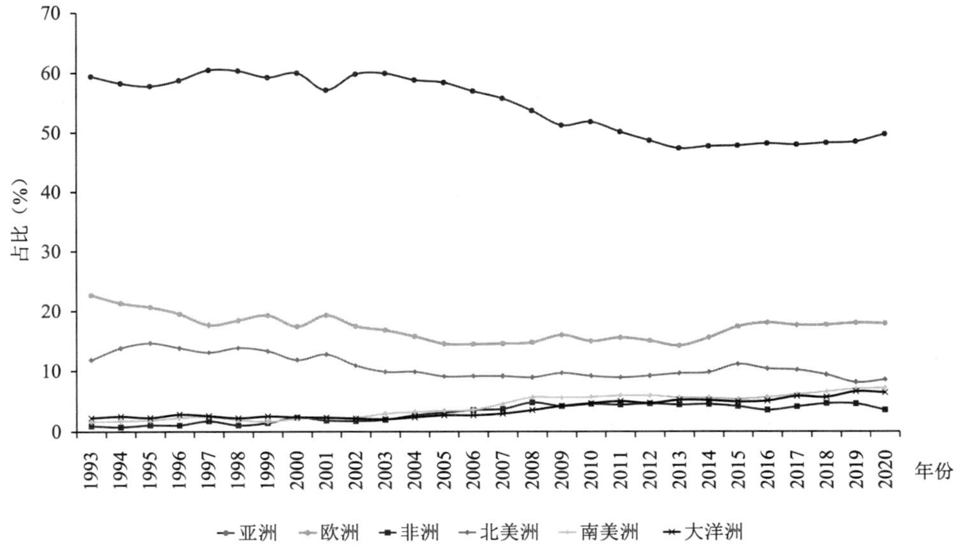

图 1–15　1993—2020 年中国从各大洲进口比重

资料来源：根据 UN Comtrade 数据绘制。

进一步地，选取 1978 年、1994 年、2007 年、2014 年、2022 年五个代表年份展示中国进口及出口的十大贸易伙伴（表 1–2）。在出口市场方面，中国香港、日本始终排在出口额前三的位置，1994 年美国超越罗马尼亚后，出口额前三的国家和地区均为美国、中国香港、日本。中国出口市场高度依赖发达国家和地区，美国、欧盟、日韩始终处于前列，其余主要出口伙伴皆位于亚洲国家和地区。在进口市场方面，中国由于对高新技术产品及资源产品需求大，因此进口来源地集中于技术领先的日本、德国、美国、韩国，以及自然资源丰富的俄罗斯、巴西、泰国等。对比出口和进口市场分布可以看出，1978—2022 年中国重要的进口和出口贸易伙伴基本一致，日本、德国、美国、韩国、中国台湾多年位居进口额前五位。总体而言，在四十余年的对外贸易发展过程中，中国的贸易伙伴数量不断增长，出口与进口市场不断多元化。

表 1-2　1978—2022 年中国进口与出口十大贸易伙伴

年份	出口国家（地区）	出口额（亿美元）	占比（%）	进口国家（地区）	进口额（亿美元）	占比（%）
1978	中国香港、澳门	26.68	27.36	日本	31.05	28.51
	日本	17.19	17.63	德意志联邦共和国	10.30	9.46
	罗马尼亚	3.96	4.06	美国	7.21	6.62
	英国	3.70	3.80	澳大利亚	7.15	6.57
	德意志联邦共和国	3.26	3.34	加拿大	5.74	5.27
	美国	2.71	2.78	罗马尼亚	3.69	3.39
	新加坡	2.48	2.54	瑞士	2.99	2.75
	朝鲜	2.31	2.37	英国	2.96	2.72
	苏联	2.30	2.36	法国	2.47	2.27
	法国	1.78	1.83	朝鲜	2.24	2.05
1994	中国香港	323.61	26.74	日本	263.27	22.77
	日本	215.79	17.83	中国台湾	140.86	12.18
	美国	214.61	17.73	美国	138.94	12.02
	德国	47.61	3.93	中国香港	94.42	8.17
	韩国	44.02	3.64	韩国	73.18	6.33
	新加坡	25.58	2.11	德国	71.37	6.17
	英国	24.14	1.99	俄罗斯	34.95	3.02
	荷兰	22.67	1.87	意大利	30.69	2.65
	中国台湾	22.42	1.85	新加坡	24.92	2.16
	意大利	15.91	1.31	澳大利亚	24.52	2.12
2007	美国	2 326.77	9.06	日本	1 339.42	14.01
	中国香港	1 844.36	5.11	韩国	1 037.52	10.85
	日本	1 020.09	8.36	中国台湾	1 010.27	10.57
	韩国	560.99	4.60	美国	693.91	7.26
	德国	487.14	3.99	德国	453.83	4.75
	荷兰	414.18	3.39	马来西亚	286.97	3.00
	英国	316.56	2.59	澳大利亚	258.40	2.70
	新加坡	296.20	2.43	菲律宾	231.18	2.42
	俄罗斯	284.66	2.33	泰国	226.65	2.37
	印度	240.11	1.97	俄罗斯	196.89	2.06

续表

年份	出口国家（地区）	出口额（亿美元）	占比（%）	进口国家（地区）	进口额（亿美元）	占比（%）
2014	美国	3 960.63	16.91	韩国	1 901.09	9.70
	中国香港	3 630.77	15.50	日本	1 629.21	8.32
	日本	1 493.91	6.38	美国	1 590.61	8.12
	韩国	1 003.33	4.28	中国台湾	1 520.07	7.76
	德国	727.03	3.10	德国	1 050.13	5.36
	荷兰	649.29	2.77	澳大利亚	976.31	4.98
	越南	637.30	2.72	马来西亚	556.52	2.84
	英国	571.41	2.44	巴西	516.53	2.64
	印度	542.17	2.31	沙特阿拉伯	485.08	2.48
	俄罗斯	536.77	2.29	南非	445.68	2.27
2022	美国	5 775.17	16.22	中国台湾	2 369.37	8.74
	中国香港	2 939.10	8.25	韩国	1 990.16	7.34
	日本	1 723.45	4.84	日本	1 843.95	6.81
	韩国	1 609.75	4.52	美国	1 769.35	6.53
	越南	1 438.76	4.04	澳大利亚	1 421.34	5.25
	荷兰	1 174.71	3.30	俄罗斯	1 143.80	4.22
	印度	1 172.00	3.29	德国	1 108.75	4.09
	德国	1 158.05	3.25	马来西亚	1 098.39	4.05
	马来西亚	917.19	2.58	巴西	1 093.69	4.04
	中国台湾	816.26	2.29	越南	879.43	3.25

资料来源：根据《中国统计年鉴》数据绘制。

第四节　小结

贸易自由化与经济全球化已经成为当今世界经济的主要特征之一。从“地理大发现”到两次工业革命，从战后经济秩序重建到互联网技术革命，国际贸易越来越深刻塑造着现代社会的经济面貌，越来越成为这个星球上最重要、最独特的经济景观。时至今日，国际贸易已经成为经济学与地理学最重要的研究话题之一。

20 世纪以来，世界经济贸易经历了多轮增长和衰退的周期性调整，基本呈现波动上涨的趋势。其中，在 20 世纪 80 年代初期西方发达国家经济滞胀、90 年代末期亚洲金融危机以及 2008 年世界金融危机这三个时段，世界货物贸易陷入明显衰退；反观 20 世纪 80 年代中期以及 21 世纪第一个十年，在这两个时段，世界货物贸易蓬勃发展。

中国对外贸易的发展反映出20世纪80年代以来国际贸易格局的重要变化。改革开放以来，中国经历了起步探索、缓慢增长、高速发展、稳定发展四个贸易发展阶段，逐渐成长为全球贸易的积极参与者与引领者，在 21 世纪初取代日本成为世界贸易体系的一大核心，与另外两个枢纽国家德国、美国一起奠定了当今世界贸易的基本格局。改革开放以来，中国贸易地理格局的基本特点是对外贸易进出口市场逐渐多元化。中国主要出口市场为亚洲、欧洲、北美洲，同时非洲、拉丁美洲、大洋洲的占比显著提高；中国的进口情况与出口情况基本相似，主要进口市场在亚洲，日本、德国、美国、韩国、中国台湾是中国大陆主要进口贸易伙伴。

随着中国经济发展进入新常态，经济发展模式转向高质量发展。2008 年金融危机以来，在国际贸易保护主义抬头的背景下，全球贸易格局出现诸多新变化：中美经贸摩擦加剧，贸易“脱钩”现象发生；以中国为代表的亚太地区份额上升，由中国引领的共建“一带一路”等区域性贸易加快发展；新冠疫情打破了原有的全球价值链格局，全球价值链面临重组，全球贸易的不确定性进一步放大；欧盟出台碳关税政策，国际贸易的环境效益正逐渐被全球关注；俄乌冲突、巴以冲突等地区性冲突破坏了地区安定，削弱了国际市场的信心。总体而言，后金融危机时代的诸多问题与现象不断冲击着原有的国际贸易体系，这对中国而言既是国际贸易稳定发展的挑战，也是突破现有格局引领新时代潮流的机遇。中国应逐步推进内涵式发展，持续优化进出口产品结构，实现贸易市场的多元化，以期在国际贸易网络中发挥更大的组织作用。

参考文献

[1] Baldwin, R. E., 2012. Global Supply Chains: Why They Emerged, Why They Matter, and

Where They are Going. *Global Value Chains in a Changing World*, WTO.
[2] 对外经济贸易大学：《全球价值链发展报告（2019）》，对外经济贸易大学出版社，2019 年。
[3] 傅自应："站在历史新起点提高对外开放水平"，《国际商务财会》，2008 年第 7 期，第 5—10 页。
[4] 贺灿飞：《转型经济地理研究》，经济科学出版社，2017 年。
[5] 洪俊杰、商辉："中国开放型经济发展四十年回顾与展望"，《管理世界》，2018 年第 10 期，第 33—42 页。
[6] 李坤望、刘重力：《经济全球化：过程、趋势与对策》，经济科学出版社，2000 年。
[7] 裴长洪、刘洪愧："中国怎样迈向贸易强国：一个新的分析思路"，《经济研究》，2017 年第 5 期，第 26—43 页。
[8] 裴长洪、王万山：《共和国对外贸易 60 年》，人民出版社，2009 年。
[9] 强世功：《全球化与世界帝国》，2023 全球数字经济论坛专题论坛，2023 年。
[10] 石广生：《中国对外经济贸易改革和发展史》，人民出版社，2013 年。
[11]〔美〕斯塔夫里阿诺斯著，吴象婴、梁赤民译：《全球通史：1500 年以后的世界》，上海社会科学院出版社，1992 年。
[12] 徐复：《中国对外贸易（第 2 版）》，清华大学出版社，2011 年。
[13] 于志达：《国际贸易地理》，清华大学出版社，2010 年。
[14] 张亚斌、范子杰："国际贸易格局分化与国际贸易秩序演变"，《世界经济与政治》，2015 年第 3 期，第 30—46+156—157 页。
[15] 朱丽君、阎孟伟："世界市场、世界历史与全球化"，《新视野》，2003 年第 3 期，第 47—49 页。

第二章　国际贸易理论

第一节　引言

国际贸易理论是解释国际贸易模式、分析国际贸易效应的理论，随着国际贸易实践的发展而不断演进。自大航海时代以来，国际贸易先后经历了产业间贸易、产业内贸易、产品内贸易等不同形式的演变，国际贸易理论也先后形成了古典贸易理论、新古典贸易理论、新贸易理论、新新贸易理论等不同观点与解释。如图 2-1 所示，国际贸易发展的三个阶段是：早期，国际贸易表现为产业间贸易，这种模式得到了以绝对优势和比较优势为核心的古典贸易理论的充分解释，而以要素禀赋为核心的新古典贸易理论则进一步解释了比较优势的来源；中期，国际贸易以产业内贸易为主，此时，新贸易理论以垄断竞争市场、规模报酬递增和产品差异化为基本假设，为国际贸易提供了新的解读；后期，国际贸易聚焦以企业为核心的产品内贸易，于是以企业异质性为特征的新新贸易理论诞生，开创了国际贸易理论发展的新思路和新视角。

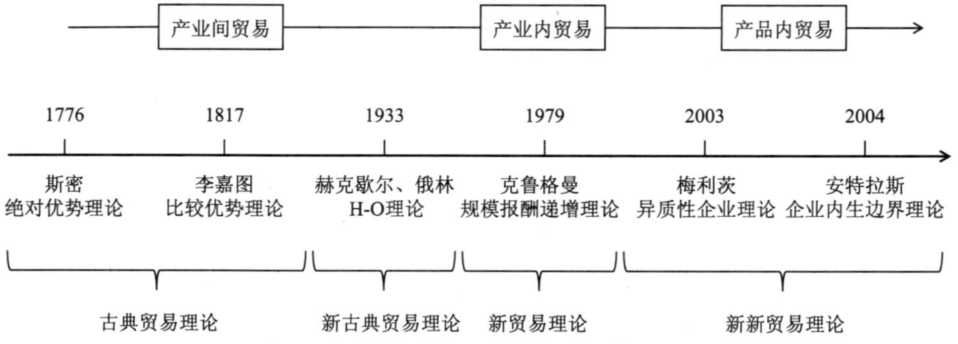

图 2-1　国际贸易与国际贸易理论发展脉络

本章回顾国际贸易理论的演进过程，比较这些理论在解释国际贸易行为时的侧重点和逻辑，并适当介绍理论的拓展和延伸。

第二节　古典贸易理论

一、绝对优势理论

国际贸易理论的渊源可以追溯到15世纪末的重商主义学说。重商主义是西欧封建制度向资本主义过渡时期资产阶级早期经济思想的集中体现，主要思想是“货币差额论”与“贸易差额论”，认为所有购买都会减少货币，所有售卖都会增加货币，一个国家（地区）进口值超过出口值时其货币即失去平衡，应当采取国家干预政策来控制商品进口，禁止货币输出以积累货币财富。因此，一个国家（地区）在对外贸易中必须坚持扩大出口、减少进口甚至不进口的原则，这样才能使贵金属或者货币流入，增加一个国家（地区）的财富。

15世纪至17世纪中叶，西欧封建社会开始没落，而资本主义生产方式逐渐扩张，以货币关系为基础的商品经济飞速发展，商业活动范围随着地理大发现而不断扩展（Pugel，2009）。在此背景下，重商主义学说已不能满足资本主义社会发展的需要，表现出局限性；与之相反，自由贸易学说表现出先进性，推动了古典贸易理论的形成。1776年，英国古典经济学家亚当·斯密出版了《国民财富的性质和原因的研究》，提出了绝对优势理论，对自由贸易的合理性与可行性进行论证（Smith，1776）。斯密的绝对优势理论被公认为国际贸易理论的起点，其本人也被公认为自由贸易理论的先驱。

斯密强调国际贸易的根本动机是绝对优势，即两国生产成本的绝对差异。根据绝对优势理论，两个国家按照绝对成本差异进行分工，生产并出口本国生产成本低的产品、进口本国生产成本高的产品。通过国际分工与国际贸易，两个国家都可以实现财富的整体增加，这就是自由贸易的好处。概括来说，绝对优势理论主要包括三方面的观点：

（1）商品交换与社会分工。人类可以从商品交换中得到绝对利益，商品交换推动社会分工，进而促进劳动生产率的快速提升。

（2）国际分工。斯密进一步把社会分工扩大到国际范围，认为国际分工应当建立在先天自然优势和后天技术优势之上。每个国家（地区）都有适宜生产某些特定产品的绝对有利条件，国家（地区）间应按照这种生产条件进行专业化生产，彼此进行商品交换，这样可以最大化资源、资本和劳动的利用率，从而提高生产率，积累更多物质财富。

（3）自由贸易。市场是一只“看不见的手”，能够支配生产和交换的全过程，实现利益最大化。相应地，斯密主张自由贸易主义，反对贸易保护，“应该停征一切税，例如关税、消费税……应该准许和一切国家通商和自由贸易”。

二、比较优势理论

绝对优势理论在亚当·斯密的时代确实担负了批判重商主义、倡导自由贸易的使命，在当时具有先进性，但是在解释国际贸易成因时却缺乏普适性，无法满足工业革命后英国发展的需要。一方面，工业革命解放了英国的工业生产力，英国各行业绝对优势明显；另一方面，绝对优势理论认为绝对优势是国际分工与国际贸易的来源，难以适应英国工业资产阶级最大限度扩展市场的需要。因此，在“绝对优势”思想指导下，尽管英国形成了进口原材料和出口制成品的巨大需求，成为名副其实的“世界工厂”，然而以《谷物法》为代表的贸易保护法案限制了原料进口，损害了资产阶级利益。在这种情况下，英国古典经济学家大卫·李嘉图的比较优势理论应运而生。

李嘉图于1817年出版了《政治经济学及赋税原理》，提出了比较优势理论。比较优势理论沿用了绝对优势理论的方法，假设完全竞争与规模报酬不变，并且以劳动作为唯一的投入要素，建立在劳动价值论的基础之上，即生产商品所需的劳动力与劳动生产率有关。而与绝对优势理论不同的是，比较优势理论认为比较优势才是国际分工与国际贸易的来源：即使一个国家在每种产品上都不具备绝对优势，也一定在某种产品上具备比较优势，两国仍然可以通过国际贸易获利，只要双方各自选择自己具备比较优势的产品进行专业化生产即可。李嘉图认为，每个国家（地区）应集中力量生产那些有利程度较大或不利程度较小的产品，并通过国际贸易进行商品交换，即国际贸易遵循“两利取其重，两害取其轻”的原则。比较优势理论清晰解释了国际贸易的成因，更符合当时英国一家独大的贸易格局。

斯密的绝对优势理论与李嘉图的比较优势理论是古典贸易理论的代表，标志着国际贸易理论体系的建立。古典贸易理论之所以“古典”，是因为其分析模型是古典模型，以完全竞争和规模报酬不变为基本假设。古典贸易理论认为代表生产技术差异的劳动生产率差异是国际贸易的起因，首次阐明了自由贸易的合理性和有效性。

基于比较优势的古典贸易理论后来还有一些新的发展：多恩布施（Dornbusch）、费雪（Fischer）和萨缪尔森（Samuelson）三人将原有的2×2×2的比较优势理论模型拓展到了两个国家（地区）、两种要素和多种产品，将产品的种类连续化，在多产品情景下对比较优势理论的结论进行比较静态分析，构建了DFS模型（Dornbusch *et al.*，1977）；伊顿（Eaton）和科图姆（Kortum）进一步将两个国家（地区）、多种产品的模型拓展到多个国家（地区）和多种产品，在模型中创造性地将各国家（地区）生产技术设定为引力模型形式，并解释了技术差异和各国家（地区）之间的贸易成本对国际贸易的影响，被称为EK模型（Eaton and Kortum，2002）。他们的开创性研究引发了后来一系列基于结构方法和反事实评估的定量研究。

第三节 新古典贸易理论

一、H-O理论

尽管李嘉图的比较优势理论被多次证明是正确的，但是它没有解释劳动生产率和比较优势的差异，也不能指明国际贸易对生产要素获利的影响。在这两个问题上，赫克歇尔（Heckscher）和俄林（Ohlin）给予了更清晰的解答。1919年，赫克歇尔发表了“对外贸易对国民收入的影响”一文，揭示了要素禀赋与国际贸易之间的关系。1933年，赫克歇尔的学生俄林出版了《地区间贸易和国际贸易》，全面阐述了要素禀赋与国际贸易的关系，并因此于1977年获得诺贝尔经济学奖。赫克歇尔和俄林提出的理论通常被称为要素禀赋理论或赫克歇尔-

俄林理论（H-O 理论），是新古典贸易理论的代表，该理论以多生产要素代替古典贸易理论的单一生产要素假设，具有更强的解释力与适用性。

H-O 理论的主要思想是，一个国家（地区）资源禀赋的相对丰裕程度决定了该国家（地区）不同产品的生产成本。不同于古典贸易理论，H-O 理论认为劳动并不是唯一的生产要素，资本、土地和其他生产要素都是重要的投入要素。不同商品的生产需要不同的生产要素配置，各国家（地区）生产要素禀赋不同，造成了生产成本的差异。因此，生产成本可以由生产中使用的要素比例和一个国家（地区）的要素禀赋来决定。

H-O 理论的逻辑思路可以概括为：一方面，由生产成本所决定的商品价格差异是国际贸易发生的直接原因，而要素价格差异决定了各国家（地区）商品生产成本的差异；另一方面，各国家（地区）的要素禀赋不同，决定了各国家（地区）要素价格的差异，所以各地区的要素禀赋差异是地区间或国家间进行贸易的前提。因此，一个国家（地区）应在其充裕要素密集型的产品领域中发挥比较优势，专注于生产和出口这些产品，而进口那些本国（地区）稀缺要素密集型的产品。H-O 理论建立在比较优势理论基础上，并且在两个方面发展了比较优势理论：首先，H-O 理论建立在多种生产要素投入的基础上，与现实情况更加接近；其次，H-O 理论假设各国家（地区）生产同一产品的技术水平是相同的，强调生产成本的差异源自要素禀赋的差别，而比较优势理论建立在各国家（地区）的劳动生产率差异之上。

在 H-O 理论之后，萨缪尔森、罗伯津斯基（Roberzinski）等学者对 H-O 理论进行了拓展，提出了斯托帕-萨缪尔森定理、罗伯津斯基定理等延展理论，这些理论被统称为新古典贸易理论。新古典贸易理论是古典贸易理论的发展，沿用古典贸易理论的大部分假设，同样假定产品同质、市场完全竞争、规模报酬不变，但不同于古典贸易理论的是，新古典贸易理论从一个国家（地区）的基本经济资源优势的角度入手，认为生产要素禀赋差异是国际贸易产生的原因，这正是新古典模型“新”的地方。国际经济学界常将李嘉图模型和 H-O 模型归纳为同一种框架，称为“传统贸易理论”（图 2-2），因为它们都强调比较优势是国际贸易的原因，并且主要解释了产业间贸易的形成。

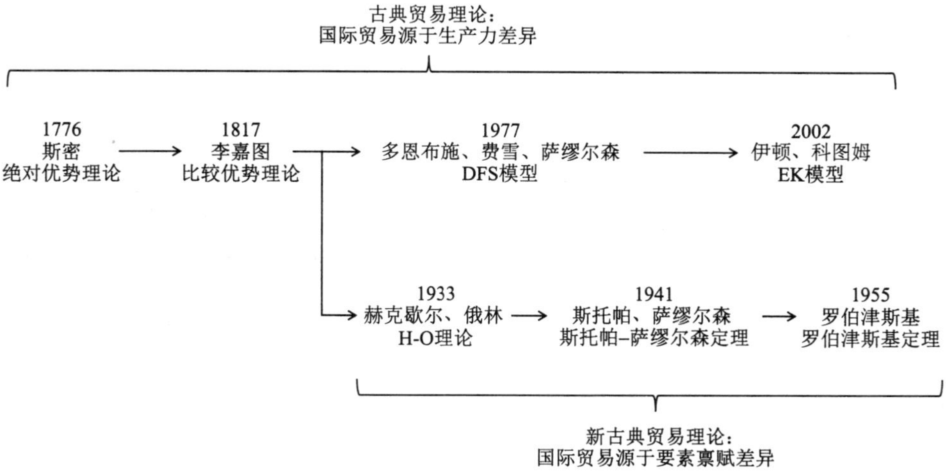

图 2-2 传统贸易理论的分化与发展脉络

二、对 H-O 理论的检验与拓展

H-O 理论是国际贸易理论由古典向新古典发展的标志，然而其理论也存在局限性，例如，单纯强调生产要素的供给，忽略需求对国际贸易的影响；假设条件过于苛刻；过于强调静态分析等。这些局限性在很大程度上导致其对现实的解释力下降，从而遭到后来经济学家的挑战，而新古典贸易理论也在针对 H-O 理论不足之处的讨论与完善过程中得到了新的拓展。

1. "里昂惕夫之谜"

H-O 理论的基本结论是：一个国家（地区）出口其使用本国（地区）相对丰裕生产要素生产的产品，进口利用本国（地区）相对稀缺生产要素生产的产品。这个结论引发了大量的实证研究，其中最著名的是里昂惕夫（Leontief）于 20 世纪 50 年代的发现。1953 年，美国经济学家里昂惕夫以其首创的投入-产出方法对美国 1947 年 200 个行业的资本与劳动比例进行了研究（Leontief，1953）。按照要素禀赋理论，美国作为资本雄厚、技术发达的国家，应该进口劳动密集型产品、出口资本技术密集型产品，但是检验的结果却恰恰相反：无论是 1947 年还是 1951 年，美国进口商品的资本劳动比都高于出口商品的资本劳动比。由此，里昂惕夫指出："美国参与国际分工建立在劳动密集型而非资本密集型生产专业化基础之上。换言之，美国利用对外贸易来节约资本和安排剩余劳动力。”里昂惕夫得出的这个检验结果与 H-O 理论对美国贸易结构的预测截然相反，被称为“里昂惕夫之谜”。

针对“里昂惕夫之谜”，学术界提出了许多不同的理论解释，包括消费偏好、要素密集度逆转、公司海外返销、研究开发和技术差距等。事实上，现实国际贸易情况可能不如要素禀赋理论描述得那么优美，要素禀赋理论的适用范围可能没有那么普遍。针对“里昂惕夫之谜”的后续研究表明，H-O 理论只能用来解释初级产品和部分工业产品的贸易，而新产品和大部分差异化工业产品的贸易则需要其他理论来解释。

2. 技术差距理论

针对 H-O 理论的问题，对其理论假设的反思和拓宽成为相关研究的直接课题。随着 20 世纪 50 年代以来国际贸易商品结构和地区分布的变化，一些经济学家围绕战后国际贸易的新特点，在国际贸易研究中另辟蹊径，提出了许多解释当代国际贸易的新学说。新的国际贸易理论从修正要素禀赋理论的前提条件入手，放松了包括技术水平相同、要素不能在国家间自由流动等假设条件，使理论具有更强的现实解释力。

首先是人力资本概念与技术进步视角的引入。波斯纳（Posner）提出了技术差距理论，打破了 H-O 理论的技术不变假设，强调技术是一种生产要素并能够决定一国贸易的比较利益，由此解释国际贸易产生的原因（Posner，1961）。技术差距理论认为，由于每个国家（地区）技术发展水平不同，技术差距可以使技术领先的国家（地区）具有技术上的比较优势，从而出口技术密集型产品。随着技术逐渐被进口地模仿，这种比较优势消失，由比较优势差异引起的贸易也就随之结束。因此，工业化国家（地区）之间的工业品贸易大多是以技术差距为基础的。

技术差距理论描绘了两个国家（地区）之间由于技术差距导致国际贸易阶段性变化的图景。波斯纳把从技术差距产生到技术差距引起的国际贸易终止的时间间隔称为模仿滞后时期，全时期又分为反应期和掌握期两个阶段，其中反应期初期为需求滞后阶段。反应期是指技术创新国家开始生产新产品到其他国家或地区（技术模仿方）模仿其技术开始生产新产品的时间间隔，掌握期是指其他国家（地区）开始生产新产品到其新产品进口为零的时间间隔，需求滞后期是指技术创新国家（地区）开始生产新产品到开始出口新产品的时间间隔（图 2–3）。

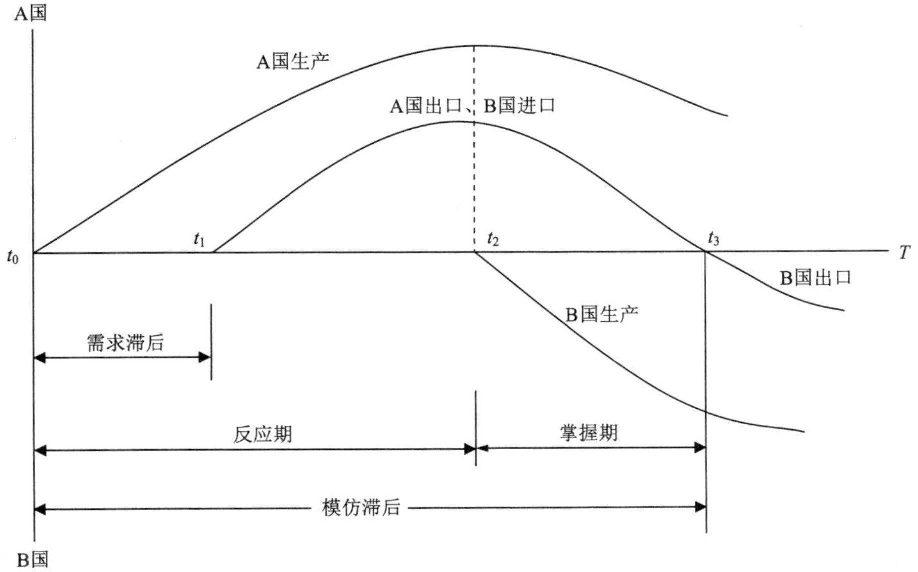

图 2–3　技术差距理论

3. 产业生命周期理论

在技术差距理论基础上，雷蒙德·弗农（Raymond Vernon）提出了产业生命周期理论，打破了 H-O 理论的要素不流动假设，诠释了比较优势的动态演进。产业生命周期是指一种新产品从开始进入市场到被市场淘汰的整个过程。一种产品在不同技术水平的国家发生的时间和过程不一样，其间存在一个较大的技术差距和时差，正是这一时差，表现为不同国家（地区）在技术上的差距，反映了同一产品在不同国家市场上的竞争地位的差异，从而决定了国际贸易和国际投资的变化。

弗农以美国为例，提出了产业生命周期理论的五个典型阶段，即引入期、成长期、成熟期、衰退期和让予期（图 2–4）。作为工业制成品贸易的动态理论，产业生命周期理论对第二次世界大战后制成品贸易模式和国际直接投资的发生进行了令人信服的解释。该理论考虑了生产要素密集性质的动态变化、贸易国（地区）比较优势的动态转移以及进口需求的动态变化，说明了新产品生产由发达国家向不发达国家转移的过程，同时强调创新国家必须不断创新来保持技术优势。该理论对落后国家（地区）利用直接投资和劳动成本优势来发展制造业具有重要的指导意义。日本经济学家赤松要（Kaname Akamatsu）继而把这种比较优势在不同国家（地区）之间的变化概括为亚洲经济发展的“雁行模式”。

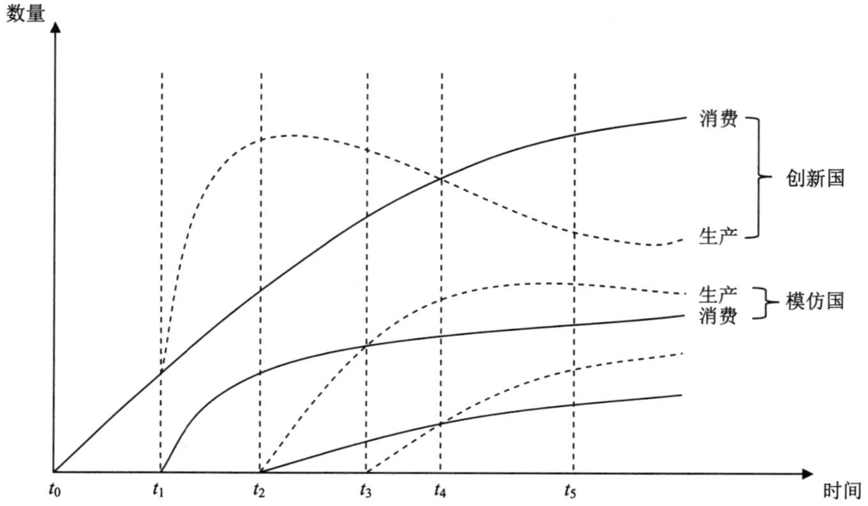

图 2-4　产业生命周期理论

第四节　新贸易理论

20 世纪以来，国际贸易在经济结构相似、技术水平接近的发达国家之间迅速发展，发达国家之间的产业内贸易在国际分工格局中成为主流。产业内贸易是指两个国家在同类产品上都向对方出口的现象，如图 2-5 所示，（a）中甲、乙两国只存在产业间贸易，而（b）中两国在制造业上都存在出口行为，于是产生了制造业领域的产业内分工与贸易。发达国家之间出现了对于同类产品既出口又进口的现象，改变了第二次世界大战前发达国家主要从事工业制成品生产、发展中国家主要从事初级产品生产的国际分工模式。到 20 世纪 90 年代，产业内贸易已经占到了世界贸易的 60%，开始取代产业间贸易成为发达国家（地区）

间国际贸易的主要利益来源。随着产业内贸易的发展和扩大，传统贸易理论无法解释该现象，于是一部分经济学家将市场结构变动和产品差异化引入国际贸易理论，诞生了新贸易理论。

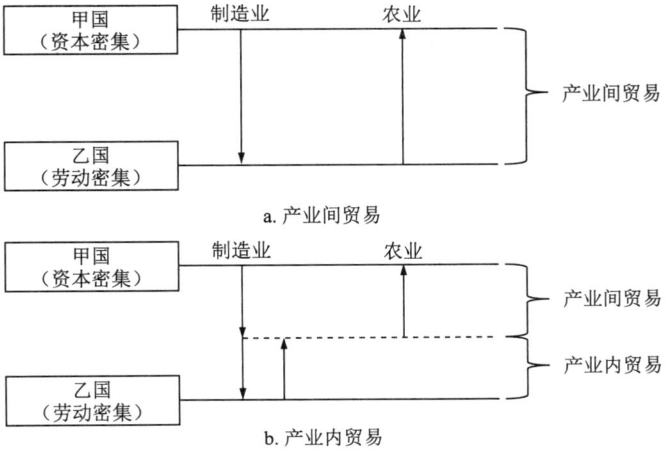

图 2-5 产业间贸易与产业内贸易

新贸易理论是与传统贸易理论互为补充的贸易理论，用于解释产业内贸易。新贸易理论之所以“新”，是因为其理论突破了传统贸易理论中完全竞争与规模报酬不变的假设，而建立在不完全竞争与规模报酬递增的全新假设之上。20世纪70年代后期，迪克西特（Dixit）和斯蒂格利茨（Stiglitz）共同建立了DS模型，成为新贸易理论的基石。他们认为即使两国的初始条件完全相同，没有外生比较优势，国际贸易仍然能够建立在规模经济基础之上，两国同样可以选择不同的行业进行分工、开展贸易，而这正是新贸易理论的核心观点（Dixit and Stiglitz，1977）。随后80年代，以克鲁格曼（Krugman）为代表的一批经济学家进一步放松完全竞争市场和规模报酬不变的假设，采用垄断竞争、规模经济、产品差异等因素合理地解释了当时大量存在的产业内贸易现象。他们汲取了传统贸易理论的合理因素，采用产业组织理论和市场结构理论对国际贸易新现象进行解释，引发了一场贸易理论的革命，并得到主流经济学界的普遍认同（Krugman，1980）。

新贸易理论的分析基础是与理想化的传统贸易理论完全不同的三个假设，

分别是：①以国际市场的不完全竞争代替完全竞争；②以厂商生产的规模报酬递增代替规模报酬不变；③以产品的差异性代替同质性。在以上三个假设下，新贸易理论认为规模经济是国际贸易发生的基础，获得源于规模经济的内生性技术进步是国际贸易产生的动因：如果一个国家（地区）某产品的生产规模足够大，平均成本就会降低，使该国（地区）获得比较优势从而出口这种产品。飞机制造业就是一个典型例子，其规模经济效应非常大，以至于世界市场上只能容纳少数几个较大规模的生产者，例如美国的波音和欧洲的空客。少数几个生产中心要服务于世界市场，就必然伴随着国际贸易的发生。因此，即便在要素禀赋、技术条件和消费者需求等方面都无差别的两国（地区）之间，也会发生贸易。这一逻辑解释了发达国家（地区）之间的产业内贸易，同时也意味着新贸易理论更强调出口增长中产品种类的重要性。

新贸易理论注意到了“产品差异化”与“规模经济”对国际贸易的影响。发达国家（地区）具有相似的市场需求，但消费者对产品种类的偏好是多样的。因此在不完全竞争市场中，产品差异化使产业内分工成为可能，而规模经济效应使产业内分工有利可图，促成了产业内贸易。对比传统贸易理论与新贸易理论，在新贸易模型理论中不存在外生技术差距，但是技术可以通过规模经济获得内生性的增长。总而言之，新贸易理论告诉我们，一个国家（地区）可以通过规模经济效应来降低商品生产成本，从而提升生产效率与市场竞争力。

第五节　新新贸易理论

20 世纪以来，国际贸易模式从产业间贸易转向产业内贸易，国际贸易理论也从传统贸易理论转向了新贸易理论，较好地解释了不同时期的国际贸易格局。但是 20 世纪 80 年代后，随着新一轮经济全球化浪潮的出现，国际贸易格局发生了新的变化，需要新的国际贸易理论做出解释。这一时期的国际贸易理论体系进入了一个全新的阶段，主要有两个特征：一是国际贸易格局的特征在于产品内分工；二是国际贸易研究的特征在于对企业异质性的关注。

一方面，产品内分工是经济全球化时代的企业活动特征。在经济全球化发展的背景下，国际贸易迅速发展，形成了一个包含不同产业之间、同一产业不同产品之间、同一产品不同工序之间分工的多层次国际贸易格局体系。建立在价值链基础上的同一产品不同工序之间的分工是国际分工深化的成果，跨国公司成为贸易的主体。如图 2-6 所示，以智能手机为例，生产商按照品牌商的标准进行不同模块的独立生产，完整的产品生产流程被分解为一系列互不相同但又互相关联的生产活动，形成细致的企业分工。由于生产经营活动更加专业化，国际贸易从最终产品的分工进一步向价值链中不同活动的分工发展，遍布于世界各地的各分支机构分别从事其中一项或几项活动。

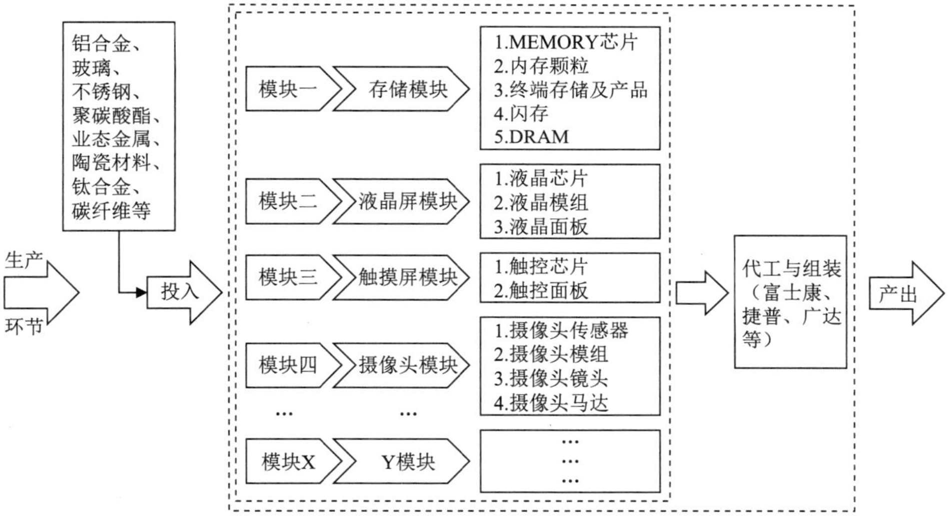

图 2-6 智能手机一般生产环节产业链

资料来源：康江江等（2019）。

另一方面，企业异质性是新时期国际贸易研究的突出特征。无论在规模方面还是生产率方面，企业都是异质的，同一产业部门内部企业之间的差异可能比不同产业部门企业之间的差异更加明显，而且现实中并非所有的企业都会从事出口活动，因此考虑企业间的差异对于理解国际贸易至关重要。但是传统贸易理论与新贸易理论关注的都是产业层面的贸易，没有对单个企业的研究。传统贸易理论尽管提出了规模报酬不变的假设，但一般只考虑了企业所在产业部门的规模，企业自身的规模则是模糊的；新贸易理论虽然对企业规模进行了分析，但是通常选用典型企业，而不考虑企业间差异。忽视企业异质性既有单一企业力量微弱的原因，也与企业层面的数据可得性低有一定关系。然而进入 21 世纪以后，以企业为核心的价值链生产组织模式主导了国际分工与国际贸易，并且微观企业生产数据和海关贸易数据的可得性大幅提升，于是经济学家开始将视角从产业层面转向微观企业层面，将国际贸易理论研究带进了一个全新的时代。

新时代的国际贸易理论被称为“新新贸易理论”（Baldwin，2005），建立在新贸易理论基础上，将研究重点放在异质性企业上，考虑用企业异质性来解释更多新的企业层面的贸易现象，开创了国际贸易理论发展的新视角。新新贸易理论有两个主要的研究分支：一是关于企业的国际化路径选择，即什么样的企业会选择进入国际市场；二是关于企业的内部化生产组织选择，即企业会以什么样的方式组织生产。梅利茨（Melitz）提出的异质性企业模型主要回答了第一个问题，解释了为什么有的企业会从事出口贸易而有的企业不会；安特拉斯（Antras）提出的企业内生边界模型主要回答了第二个问题，解释了什么因素决定了企业选择公司内贸易或外包交易。新新贸易理论的主要内容和研究方向可以用图 2-7 进行总结。

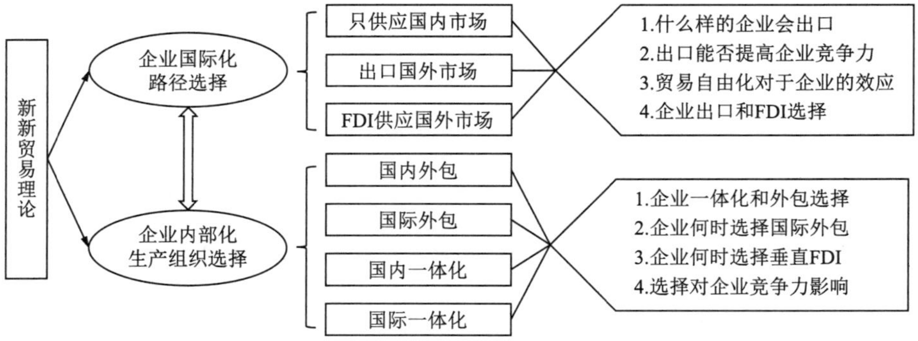

图 2-7　新新贸易理论主要研究方向与内容

资料来源：李春顶（2010）。

一、异质性企业理论

2003 年，梅利茨扩展了克鲁格曼的贸易模型，提出了异质性企业理论

（Melitz，2003）。异质性企业理论将企业异质性假设引入理论模型，建立异质性企业模型，回答了在现实中只有少数企业才能出口的现象，进而解释了零出口转变成出口的过程。梅利茨在垄断竞争、线性成本和 CES 效用的基础上刻画了企业生产率异质性对出口贸易的影响，模型显示只有高效率的企业才能进入出口市场，低效率的企业只能供应国内市场。这是因为企业向目的地出口某种产品需要付出固定成本，该固定成本在企业进入该目的地市场以后就变成一种沉没成本，企业为了进入出口市场，必须达到能够承担这种沉没成本的门槛值，否则只能供应国内市场或者直接退出市场。

异质性企业理论是新新贸易理论的开端。与新贸易理论相比，新新贸易理论的更“新”之处在于，在不完全竞争与规模报酬递增的假设之外，又引入了企业异质性假设，从微观角度更为细致地考察了国际贸易的成因、结构和影响。新新贸易理论认为企业的异质性，尤其是在生产率方面的异质性，是国际贸易产生的重要原因，对当今的国际贸易格局提供了有力的全新解读，企业异质性也成为现阶段国际贸易理论研究的热点。沿着梅利茨的工作路线，新新贸易理论后来还有如下拓展：

1. 放宽梅利茨模型中过于严苛的假设

梅利茨模型依赖于 CES 效用函数，导致利润最大化的价格是边际成本的一个固定加成，这一点受到了一定的质疑。因此，梅利茨和奥塔维亚诺（Melitz and Ottaviano，2008）结合产业组织理论，采用拟线性二次效用函数设定，将成本加成内生化，在此基础上推导出的模型含义与梅利茨（Melitz，2003）模型十分相似，说明梅利茨模型在一定程度上能够适应不同的成本加成设定。

另外，梅利茨模型假设国家（地区）是对称的，企业出口到所有国家（地区）付出的固定成本均相等。但是阿尔科亚基斯（Arkolakis，2010）、伊顿等（Eaton *et al.*，2011）指出，企业接触不同国家（地区）的消费者需要付出不同的“市场渗透成本”，对这一异质性的“市场渗透成本”进行符合微观基础的设定之后，他们发现模型参数估计的结果能够很好地匹配法国企业的出口情况。

2. 将单一产品模型拓展到多产品企业

新新贸易理论虽然放弃了企业同质性假设，但仍然假定企业只出口一种产品。然而现实中，国际贸易中的多产品企业广泛存在。伯纳德等（Bernard *et al.*，2007）发现多产品企业在美国制造业出口企业中占 57.8%，其出口额占制造业总出口额的99.6%；贝尔图和福恩塔根（Berthou and Fontagneé，2013）发现1998年法国多产品企业占所有出口企业的70%。

迈耶等（Mayer *et al.*，2014）、伯纳德等（Bernard *et al.*，2011）及其他学者在异质性企业理论基础上对多产品企业的贸易理论模型做出了开创性贡献。他们不仅关注了企业异质性，而且考虑企业内产品异质性，同时考虑不同目的地对特定产品的偏好或在目的地-产品层面具有差异的固定进入成本。

考虑企业异质性与产品异质性：高效率企业因为利润较高而有能力支付沉没成本，可以出口更多种类的产品到更多目的地市场；中等效率的企业因为只能负担国内市场固定成本而服务国内市场；效率最低的企业因负担不起国内市场进入成本而退出市场。

考虑目的地的特定产品偏好：不同目的地对特定产品的偏好决定了企业内产品间的自我选择。具体而言，企业会选择出口那些在目的地市场偏好程度高的产品，而将偏好程度低的产品供应国内市场。尽管增加出口产品种类可能带来额外成本，但由于范围经济的存在，即进入出口市场的固定成本可以通过多种产品进行分摊，大型企业仍倾向于扩大出口。企业可以通过多样化出口来降低风险，并且避免单一产品出口增长所引起的竞争加剧。在多产品假设下，企业的生产率从企业维度扩展到企业-产品-目的地市场维度，这意味着企业内每个产品出口到每个国家（地区）的成本以及所获得的利润都不同，因此，市场均衡的结果也从企业维度的简单均衡扩展到企业-产品-目的地市场层面的均衡，也就是说，模型的均衡最终以不同企业出口不同产品到不同国家（地区）而告终。

二、企业内生边界理论

新新贸易理论将研究重点放在异质性企业上，通过考虑企业层面的异质性来解释更多新的企业层面的贸易现象和投资现象，回答企业在国际化过程中面临的关键选择问题：其一，是否进入国际市场？其二，以何种方式进入国际市场？梅利茨的异质性企业理论是新新贸易理论的一个主导方向，主要解释了为什么有的企业会进入国际市场而有的企业不会（即问题1），但是无法解释为什么这些海外生产会发生在企业边界之内，而不是通过常见的市场交易、分包或许可的形式进行海外生产（即问题2）。因此，新新贸易理论的另一个主导方向就是安特拉斯的企业内生边界理论，主要解释什么因素决定企业选择企业内贸易、市场交易或外包形式来进行资源配置。

传统贸易理论不涉及企业边界，而企业内生边界理论主要探索企业的全球生产组织抉择，即企业在生产组织决策上是选择外包还是一体化、是选择在国内进行还是国外进行。2004年，安特拉斯提出了一个关于企业边界的不完全契约产权模型来研究企业的内部贸易，被称为企业内生边界理论（Antras and Helpman，2004）。企业内生边界理论探讨企业异质性对企业边界、外包或内包战略选择的影响，为研究企业全球化和产业组织提供了全新视角，将新新贸易理论从国际贸易研究拓展到外包和国际投资的研究。

企业内生边界理论参考了梅利茨模型的思路，认为生产率最高的企业将通过对外投资的形式进入国际市场，而生产率次之的企业将通过国际贸易进入出口市场，生产率最低的企业不出口。在此基础上，企业内生边界理论考虑南北两国贸易的情况，假定企业会选择不同组织形式、不同产权结构和不同生产地，这些差异反映了企业异质性。对于北国企业来说，在一国内部的企业组织形式选择上，低生产率企业倾向于外包，而高生产率企业倾向于垂直一体化；在跨国外包地选择上，低生产率企业选择本国，而高生产率企业选择外国（Antras，2003；Antras and Helpman，2004）。也就是说，随着生产率提高，北国企业的国际化与内部化选择经历了“在本国外包—在本国一体化—在外国外包—在外国一体化”的过程（图2–8）。

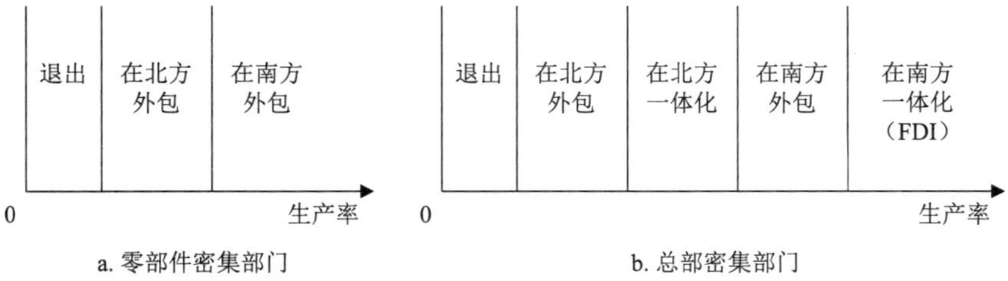

图2–8　异质性企业全球组织生产选择

注：总部密集指企业总部是生产的主要部门，模型中代表北国企业；零部件密集指企业的部件生产是整个生产的主要部门和环节，模型中代表南国企业。

资料来源：Antras and Helpman（2004）。

三、中间品贸易核算问题

从古典贸易理论、新古典贸易理论到新贸易理论、新新贸易理论，探讨贸易动因成为国际贸易理论分析的起点，而讨论贸易利益与贸易结果则成为理论分析的落脚点。在新新贸易理论体系中，无论是异质性企业理论还是企业内生边界理论，都着眼于回答产品内贸易因何发生、如何发生的问题，却难以解释产品内贸易给世界各国家、各行业、各企业带来了什么好处。这是因为在产品内分工背景下，中间品贸易使中间品在不同国家间多次流转，导致以商品总值为口径的传统贸易核算存在“重复计算”问题。例如，价值 2 单位的中间品从中间品制造国 A 出口到最终品组装国 B 被统计为第一次出口，从 B 国出口到消费国 C 被统计为第二次出口，中间品投入通过产品内贸易的形式被多次统计。对于 B 国而言，2 单位中间品的价值不由自己产生，却被计入了自己的出口总额，从而高估了 B 国创造的价值规模，也高估了 B 国在国际贸易中的实力与地位。因此在产品内贸易时代，总贸易额越来越不能代表贸易商品价值的创造，而全球价值链视角下的价值增值分析才能真实反映一个国家通过参与国际分工与国际贸易实现的价值创造。

在全球价值链研究领域的早期文献中，学者们尝试了衡量贸易利益来源的新方法，其代表是 1998 年赫梅尔斯等（Hummels *et al.*，1998）的工作。赫梅尔斯等开创性地利用 OECD 投入产出表剔除了重复计算的中间品贸易，将一个国家的出口分解为国内增加值和国外增加值两个部分。但是赫梅尔斯等的工作存在两个方面的缺陷：一是中间品贸易情况过度简化，只考虑了中间品完全来自国外增加值、中间品进口仅以最终品形式出口的情况；二是技术水平假定与现实情况不符，假定进口的中间品会均衡地被使用在国内消费和出口上，这与加工贸易模式下“两头在外”的生产现实不符。

赫梅尔斯等以后的文献致力于解决该方法存在的问题。2009 年，王直等（2009）通过世界投入产出表建立了一个新的贸易核算方法，被称为 WWP 方法，解决了赫梅尔斯等工作的第一个缺陷；2008 年，库普曼等（Koopman *et al.*，2008）通过区分加工贸易、一般贸易和国内最终使用的投入产出系数，将赫梅尔斯等工作的第二个缺陷纳入了研究考虑；在全球价值链贸易核算前期探索的基础上，王直等构建了基于前向联系和后向联系的分解方法，将出口贸易细分为 16 个部分，详细记录了国内增加值和国外增加值的来源与去向，全面审视了一个国家参与全球价值链的特征（Wang *et al.*，2013；王直等，2015）（图 2–9）。这些模型通过分离中间品贸易的“重复计算”部分，修正了原有文献贸易核算方法的缺陷，这一修正能够更好地反映一个国家从国际贸易中获利的能力，在国际贸易实证研究领域得到了广泛的应用。

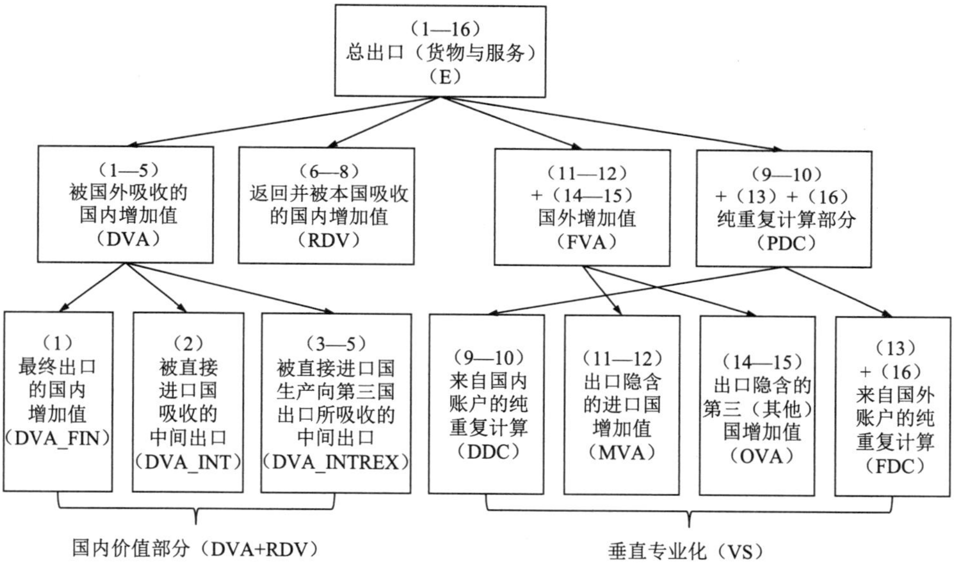

图 2–9　总贸易核算法的基本概念框架

资料来源：王直等（2015）。

第六节　小结

本章介绍了国际贸易理论进展，各种理论的主要特点见表 2–1。国际贸易理论旨在阐释当前国际贸易的特性，各种理论均基于国际分工与国际贸易方式的不断深入而进行相应调整。早期，国际贸易主要是产业间贸易，传统贸易理论的任务就是解释此类型的贸易模式；随着产业内贸易取代产业间贸易成为主流，贸易理论也从传统贸易理论深化为新贸易理论；当跨国公司成为贸易主要载体、产品内贸易成为主导时，贸易理论进一步深化，形成新新贸易理论。这些理论都需要对两个基本问题——贸易动因和贸易结果做出回答。总体而言，国际贸易理论体系的演进就是随着假设条件的不断放宽，对贸易动因和贸易结果的分析不断拓展，旨在解释不同时期的国际贸易特征。各种理论对于两个基本问题的不同解释，恰好体现了各阶段国际贸易的本质区别。

表 2–1　不同国际贸易理论的比较

理论	传统贸易理论	新贸易理论	新新贸易理论
基本假设	同质企业、同质产品、完全竞争市场、规模报酬不变	同质企业、产品差异化、不完全竞争市场、规模报酬递增	企业异质性、产品差异化、不完全竞争市场、规模报酬递增
贸易动因	外生比较优势：劳动生产率差异、要素禀赋差异	内生比较优势：规模经济	外生和内生比较优势：企业异质性（企业生产效率）
贸易结果	产业间贸易	产业内贸易	产品内贸易

传统贸易理论假设企业与产品具有同质性，同时假设消费者偏好相同，那么偏好相同的消费者对于同质性产品愿意支付相同的价格。因此，如果一个国家（地区）拥有生产某种产品的绝对优势或比较优势，就可以凭借较低价格优势实现出口增长。传统贸易理论较好地解释了早期大量存在的产业间贸易现象，但是无法解释后来出现的产业内贸易现象；较好地解释了发达国家（地区）与不发达国家（地区）之间的贸易，但是无法解释发达国家（地区）相互之间的贸易。

新贸易理论认为国际贸易发生的基础不是外生比较优势，而是规模经济，即便在要素禀赋、技术条件和消费者需求等方面都无差别的两个国家（地区）之间，也会发生贸易；并且新贸易理论假设产品具有差异性，虽然发达国家（地区）具有相似的市场需求，但是消费者对产品种类的偏好是多样的，这就解释了发达国家（地区）之间为什么存在产业内贸易。传统贸易理论和新贸易理论都有一个暗含假设，即所有产品出口到所有市场，但是现实中零贸易现象广泛存在，国家（地区）不可能出口所有产品到所有市场。

新新贸易理论将企业异质性假设引入理论模型，解释了现实中存在的只有少数企业才能出口的现象，进而解释了产品内贸易的过程。不是所有企业都能够出口是因为企业向目的地出口某种产品需要付出固定成本，该固定成本在企业进入该目的地市场以后就变成了一种沉没成本，企业为了进入出口市场必须达到能够承担这种沉没成本的门槛值，否则只能供应国内市场或者直接退出市场。新新贸易理论丰富了对异质性企业贸易行为的理解，从微观层面解释了产品内贸易的过程。

参 考 文 献

[1] Antras, P., 2003. Firms, Contracts, and Trade Structure. *The Quarterly Journal of Economics*, Vol. 11, pp. 1375-1418.

[2] Antras, P., E. Helpman, 2004. Global Sourcing. *The Journal of Political Economy*, Vol. 6, pp. 552-580.

[3] Arkolakis, C., 2010. Market Penetration Costs and the New Consumers Margin in International Trade. *Journal of Political Economy*, Vol. 118, pp. 1151-1199.

[4] Baldwin, R. E., 2005. *Heterogeneous Firms and Trade: Testable and Untestable Properties of the Melitz Model*. Working Paper.

[5] Bernard, A. B., J. B. Jensen, S. J. Redding, *et al.*, 2007. Firms in International Trade. *Journal of Economic Perspectives*, Vol. 21, pp. 105-130.

[6] Bernard, A. B., S. J. Redding, P. K. Schott, 2011. Multiproduct Firms and Trade Liberalization. *The Quarterly Journal of Economics*, Vol. 126, pp. 1271-1318.

[7] Berthou, A., L. Fontagné, 2013. How Do Multiproduct Exporters React to a Change in Trade Costs? *The Scandinavian Journal of Economics*, Vol. 115, pp. 326-353.

[8] Dixit, A. K., J. E. Stiglitz, 1977. Monopolistic Competition and Optimum Product Diversity. *The American Economic Review*, Vol. 67, pp. 297-308.

[9] Dornbusch, R., S. Fischer, P. A. Samuelson, 1977. Comparative Advantage, Trade, and Payments in a Ricardian Model with a Continuum of Goods. *The American Economic Review*, Vol. 67, pp. 823-839.

[10] Eaton, J., S. Kortum, 2002. Technology, Geography, and Trade. *Econometrica*, Vol. 7, pp. 1741-1779.

[11] Eaton, J., S. Kortum, F. Kramarz, 2011. An Anatomy of International Trade: Evidence from French Firms. *Econometrica*, Vol. 79, pp. 1453-1498.

[12] Hummels, D. L., D. Rapoport, K. M. Yi, 1998. Vertical Specialization and the Changing Nature of World Trade. *Economic Policy Review*, Vol. 4, pp. 79-99.

[13] Koopman, R., Z. Wang, S. J. Wei, 2008. *How Much of Chinese Exports is Really Made in*

China? Assessing Domestic Value-Added When Processing Trade is Pervasive. National Bureau of Economic Research.

[14] Krugman, P., 1980. Scale Economies, Product Differentiation, and the Pattern of Trade. *The American Economic Review*, Vol. 7, pp. 950-959.

[15] Leontief, W., 1953. Domestic Production and Foreign Trade: The American Capital Position Re-examined. *Proceedings of the American Philosophical Society*, Vol. 97, pp. 332-349.

[16] Mayer, T., M. J. Melitz, G. I. P. Ottaviano, 2014. Market Size, Competition, and the Product Mix of Exporters. *American Economic Review*, Vol. 104, pp. 495-536.

[17] Melitz, M. J., 2003. The Impact of Trade on Intra-Industry Reallocations and Aggregate Industry Productivity. *Econometrica*, Vol. 71, pp. 1695-1725.

[18] Melitz, M. J., G. I. P. Ottaviano, 2008. Market Size, Trade, and Productivity. *The Review of Economic Studies*, Vol. 75, pp. 295-316.

[19] Ohlin, B., 2001. *The Problem of Interregional and International Trade*. Capital University of Economics and Business Press.

[20] Posner, M. A., 1961. International Trade and Technical Change. *Oxford Economic Papers*, Vol. 13, pp. 323-341.

[21] Pugel, T., 2009. *International Trade*. China Renmin University Press.

[22] Smith, A., 1776. *An Inquiry into the Nature and Causes of the Wealth of Nations*. W. Strahan and T. Cadell.

[23] Wang, Z., S. J. Wei, X. Yu, *et al.*, 2017. *Measures of Participation in Global Value Chains and Global Business Cycles*. National Bureau of Economic Research.

[24] Wang, Z., S. J. Wei, K. Zhu, 2013. *Quantifying International Production Sharing at the Bilateral and Sector Level*. NBER Working Paper, No. 19677.

[25] 康江江、张凡、宁越敏："苹果手机零部件全球价值链的价值分配与中国角色演变"，《地理科学进展》，2019 年第 3 期，第 395—406 页。

[26] 李春顶："新-新贸易理论文献综述"，《世界经济文汇》，2010 年第 1 期，第 102—117 页。

[27] 王直、魏尚进、祝坤福："总贸易核算法：官方贸易统计与全球价值链的度量"，《中国社会科学》，2015 年第 9 期，第 108—127+205—206 页。

第三章　国际贸易的地理研究

第一节　引言

国际贸易活动离不开具体的地理环境，任何国家间的双边或多边贸易都是在特定的地理环境下进行的。因此，地理环境与国际贸易的关系十分密切，地理因素不仅制约着贸易的产品类别和数量规模，而且直接影响着贸易活动的成本与利润。尤其是在国际地域分工日益深化、国家间竞争愈演愈烈的今天，各个地理因素对国际贸易活动的影响比过去任何时候都更加激烈和深刻。就这个意义而言，研究地理因素对国际贸易的影响是十分必要的。

然而，在地理因素与国际贸易的相关研究中，存在两种迥然相异的研究视角：其一是经济学视角，分析地理因素如何对国际贸易产生影响；其二是地理学视角，探讨国际贸易在区域发展中发挥的作用和受到的反作用。前者基于国际贸易研究的基本理论，将“地理”这一外生要素纳入经济学模型，从而赋予其理论模型以地理特征；而后者基于地理学研究的基本方法，将国际贸易视为区域经济的重要对外联系方式，考察国际贸易和区域发展之间复杂的互动关系。接下来的两章将分别介绍经济学视角和地理学视角下的地理与国际贸易研究，以展示不同学科背景的学术研究对国际贸易的空间属性的思考。

第二节　地理与国际贸易

第二次世界大战之后，随着经济全球化日益加深，国际贸易规模不断攀升，国际贸易研究也持续深化。特别是产业内贸易和产品内贸易现象，受到了经济学家的密切关注，这些研究推动了新贸易理论、新新贸易理论等经济学理论的诞生，为国际贸易活动的发生与发展提供了经济学视角的解释。然而，正如第二章所介绍的那样，国际贸易理论体系采用标准的经济学视角进行研究，这不可避免地对现实世界进行了大幅度的简化与假设，以期从数学上得到一个完整自洽的经济学模型。在这个过程中，国际贸易理论往往忽略了经济活动以外的其他因素，如制度、文化、社会、历史、地理等。其中，地理因素在国际贸易研究中往往被经济学家主观忽略。另外，从 20 世纪 80 年代至今，地理学者研究国际贸易的文献也不够充分，缺乏直接针对国际贸易地理的文献综述（Andresen，2010a；Grant，1994；McConnell，1986），部分地理学者直言，地理学严重缺乏对国际贸易的关注（Dicken，2004），常常将其排除在本学科的研究范围之外（McConnell，1986）。总之，目前学者对国际贸易研究的贡献相对分散，尚未提出有助于理解国际贸易地理的综合理论框架（Grant，1994）。

事实上，由于国际贸易活动天然带有很强的地理属性，“地理”以各种不同的形式在模型中体现出来，对国际贸易产生重要影响（Baier and Bergstrand，2007；Krugman *et al.*，1995）。最早，国际贸易研究可追溯至亚当·斯密的古典贸易理论，其中对地理因素的重视已初现端倪。古典贸易理论认为，贸易是社会分工不断深化的结果，分工的深度决定市场规模。该观点具有很强的地理含义：按照这一逻辑，如果将社会分工推广到国际分工或空间分工，各个国家在生产率、资源禀赋、制度、文化、经济规模等方面的空间差异可能导致不同的分工模式，从而导致不同的贸易模式。后续的国际贸易研究，也都暗含“分工导致贸易”的假设，以解释各个国家（地区）分工优势的成因，因此，地理因素在国际贸易的形成上具有重要解释力。不仅如此，从经典的引力模型、核心-边缘模型到新新经济地理模型等，国际贸易领域的一系列理论模型均直接涉及地理与贸易的关系，其模型论证结果具有明显的地理含义。经济学者对这些理论模型进行了充分的实证检验，虽然结果仍有一定分歧，但是也给出了积极的启示。

需要指出的是，由于国际贸易理论体系建立在新古典经济学基础上，其对现实世界的过度简化忽略了现实中各个贸易主体的差异性以及由此产生的影响。地理学家认为国际贸易是国家（地区）、跨国公司等主体与制度之间复杂互动的产物（Grant，1994），所以仅用经济学的成本-收益视角分析贸易与地理的关系存在局限性。首先，经济学研究通常基于特定效用函数和生产函数设定，推导模型以分析国际贸易现象，其与地理相关的变量设定往往十分简单（例如引力模型假设到岸价和离岸价与距离之间为简单线性关系，从而将地理距离纳入数学模型），且这些模型往往建立在“同质的空间”假设之上，可能难以捕捉真实世界的状况；其次，经济学常在国家尺度和企业尺度上分析地理与贸易的关系，缺乏中观的区域、城市尺度的分析，且考虑不同尺度交互影响的研究较少；最后，经济学较少关注制度、文化因素对贸易的影响，对于贸易如何反向重塑地理景观，从而导致区域发展不平衡的问题也没有过多涉及。

综上所述，“地理”是国际贸易研究的重要变量，而地理学可以在许多方面对国际贸易研究的补充完善做出贡献。

第三节　国际贸易的地理因素

国际贸易是经济学自诞生以来的重点研究对象之一。古典经济学认为，分工的深度决定市场规模，贸易是社会分工不断深化的结果，同时贸易也会反过来促进社会分工的深化。这一重要结论实际上具有很强的地理含义，因此，本节主要从国际贸易理论出发，基于古典经济学常用的生产、流通、消费的核心概念，分析总结地理因素如何对国际贸易产生影响。

一、生产：作为机会成本的地理

古典经济学格外重视生产、流通、消费三个过程中对生产过程的分析。在国际贸易话题下，生产过程意味着国际分工，是国际贸易产生的源头，具有很强的地理含义。地理差异以机会成本的形式影响生产过程，在国际分工研究中扮演了重要角色。但是关于生产效率与生产成本的深入研究也曾一度抛弃地理因素，转向地理同质的假设。为了总结地理差异如何作用于生产阶段，本节重点对国际贸易理论体系的分工动因进行回顾。

1. 要素禀赋：地理差异

传统贸易理论主要由绝对优势理论、比较优势理论、要素禀赋理论构成，虽然这些理论的模型假设有所出入，但是它们有一个共同的基本假设，即国际贸易是由于不同国家（地区）间存在某种地理差异导致的。例如，比较优势理论的关键假设是生产率在地理上存在相对差异，而要素禀赋理论的关键假设是要素丰裕度在地理上存在差异。这些理论以外生性地理差异为逻辑起点，推导出各个国家（地区）间的专业化生产与专业化分工，再得到国际贸易的流向、流量、产品特征等相关结论。

地理通过机会成本对生产分工产生影响，地理差异主要体现为生产率和要素禀赋的空间分布差异。其中，要素禀赋差异尤其受到经济学家的关注。在克鲁格曼的规模报酬递增模型提出之前，经济学对国际贸易的研究主要是基于H-O 模型（Andresen，2010a）。根据要素禀赋理论，如果国家（地区）参与国际贸易，那么劳动要素丰裕的国家（地区）相对而言将专业化生产劳动密集型产品，且出口到其他国家（地区）；而资本要素丰裕的国家（地区）则生产并出口资本密集型产品。因为在参与贸易的条件下，劳动要素丰裕的国家（地区）生产资本密集型产品的机会成本较高，无法达到利润最大化的目标；而资本要素丰裕的国家（地区）则相反，生产劳动密集型产品的机会成本较高。因此，根据要素禀赋理论，国际贸易是由劳动力、资本等代表性生产要素的空间差异导致的。

然而，以要素禀赋模型为代表的要素理论在实证检验中的效果并不尽如人意。20 世纪 50 年代，美国经济学家里昂惕夫提出著名的“里昂惕夫之谜”。他采用投入产出法进行分析，发现第二次世界大战后美国主要出口劳动密集型产品。这一发现与传统要素禀赋理论推断出的美国应出口资本密集型产品的结论相悖。此后，一系列实证检验对要素禀赋模型的解释力提出了严峻的挑战（Brecher and Choudhri，1982；Maskus，1985；Staiger，1988），其多项假设条件也受到了质疑。其中，模型里关于各国（地区）具有相同技术水平的假设尤其难以被地理学家接受，被认为是模型中最糟糕的假设。为了缓解假设过于严格的问题，部分研究尝试放松要素禀赋理论的假设条件，例如允许国家（地区）具有不同的生产率，这为“里昂惕夫之谜”提供了一种解释。结果表明，当考虑不同国家（地区）的生产率异质性时，要素禀赋理论的解释力在一定程度上得到提高（Trefler，1995）。

随着理论框架的不断完善和区域异质性概念的引入，现有要素禀赋模型的解释力得到了增强。齐姆林（Zimring，2019）基于 2000 年约旦河西岸到以色列来往通勤这一历史事件进行分析，发现接收更多通勤者涌入的地区将生产更多地转向劳动密集型产业，从而验证了 H-O 模型。严和王（Yan and Wang，2021）将视角转向中国国内，分析中国区域内贸易增加值所体现的劳动力流向，发现中国东部沿海地区作为劳动密集型生产模式的典型代表，向其他地区出口了最多的劳动力产品，并更多地参与国内生产链，由此验证了中国区域生产符合要素禀赋理论。此外，清田（Kiyota，2021）则从理论层面重新审视了“里昂惕夫之谜”，认为如果 H-O 模型考虑各国之间的技术差异和贸易不平衡，则可以解决“里昂惕夫之谜”。

综上所述，生产的地理差异对贸易的影响是不可忽视的，尤其是要素禀赋和技术水平。生产要素、生产率在地理上分布的差异通过影响参与国际分工的机会成本而作用于国际贸易的流量和流向，是传统贸易理论时期的普遍认识。此外，基于简单假设的要素禀赋理论难以经受实证检验，但是如果放松假设，允许某些程度的地理差异，则可以提高理论的解释力。

2. 规模经济：地理同质

传统贸易理论将地理差异放在了重要位置，而此后的新贸易理论和新新贸易理论则抛弃了地理差异的假设。无论是克鲁格曼的新贸易理论，还是后续的新新贸易理论，都与传统贸易理论的论证逻辑相反：传统贸易理论是从地理上的差异得出专业化的空间分工和贸易模式；新贸易理论则是在地理同质的假设基础上，基于规模经济推导出专业化的空间分工和贸易模式；新新贸易理论是在纯粹微观的维度上进行的，其本身没有任何地理含义，模型分析的起点不再是外生给定的地理差异，而是无地理差异的贸易对象。从新贸易理论开始，规模经济假设替代了传统贸易理论中地理差异的作用，使国际贸易理论转向了地理无差异假设。新贸易理论强调，国际分工的主要驱动力是规模经济，即使两个国家（地区）不存在初始地理差异，不同的规模经济基础仍然可以引发国家（地区）间的专业化分工，据此，国家（地区）间可依据自身条件，选择不同的行业展开分工与贸易合作。

地理同质假设使国际贸易研究在分析阶段淡化了地理色彩，但是在结论上仍然具有强烈的地理意义，即解释了产业空间集聚的内生动力。新贸易理论建立在规模经济、垄断竞争等新的假设上，解决了研究现实经济空间问题的技术难题，因此推动了新经济地理学的发展。新贸易理论与新经济地理学一脉相承，前者阐释了垄断竞争产业内贸易的机制，解释了贸易流量和贸易结构，但是无法说明不同国家生产不同种类产品的原因；而后者则恰好专注于这个问题，说明了贸易流向及贸易模式，为新贸易理论的结论赋予了地理色彩。

许多学者为将新贸易理论应用于地理集聚研究做出了贡献。鲍德温和大久保（Baldwin and Okubo，2006）将新经济地理学模型与梅利茨（Melitz，2003）的新新贸易理论模型相结合，结果表明，自由贸易不仅影响企业的平均利润率，也影响企业的地理分布。由于本地市场效应的存在，本地市场需求大的区域能够吸引更多的垄断竞争企业，大部分生产率高的企业会从小国迁移到大国，这意味着自由贸易对大国生产率有利却会损害小国的生产率。随后鲍德温和大久保改进模型，分析了加入企业异质性之后原有研究结论的变化（Baldwin and Okubo，2014），结果表明，生产效率最高的企业会优先进入市场需求大的地区，而生产效率最低的企业可能会选择进入边缘地区，展现了企业集聚现象中的非随机选择的特点。

新经济地理学应看作是新贸易理论在空间层面上的应用和拓展。从这个意义上说，国际贸易研究终究与地理密切相关，只不过“地理”在此只是经济活动塑造的结果，而不是引发经济活动发生的原因。

二、流通：作为贸易成本的地理

在古典经济学的分析中，流通过程是介于生产和消费之间的阶段。按照马克思在《资本论》中的定义，商品流通即生产完成后到消费者消费前的过程，包括产品的运输、储存、市场交易等在生产与消费之间发生的过程。虽然流通过程被新古典经济学范式逐渐省略，但是流通过程包含了丰富的地理含义。地理距离和边界能够影响运输、储存及交易过程的成本，因此本书认为，地理变量以增加或降低贸易成本的形式作用于流通过程。

1. 距离：运输费用

古典经济学虽然将流通作为三个主要经济过程之一，但是长期以来都缺少结构化分析的手段，只能以贸易成本作为概括流通过程的“黑箱”。如何打开贸易成本的“黑箱”是国际贸易学者一直致力于探索的重要问题，而地理距离就是贸易成本的典型体现。常见的将地理距离纳入经济学模型分析的有引力模型和萨缪尔森的“冰山成本”，但实际上二者的形式异曲同工，因而此处以引力模型为例，探讨地理距离如何构成国际贸易中的贸易成本。

全球化的一大特征是“时空压缩”，人们认为技术进步使得地理距离不再重要，世界已经变成平的。然而在“距离已死”和“地球村”的普遍论调下，强调国际贸易随着地理距离而衰减的引力模型却逐渐成为经验研究的主力（Baier and Bergstrand，2007），且被公认为是目前国际贸易领域实证研究中最为稳健的理论模型（Leamer and Levinsohn，1995；Rose，2000）。这说明地理距离仍然显著地影响了国际贸易流量，地理距离没有因为全球化推进而从国际经济活动中销声匿迹。

经典的引力模型采用如下的形式：

$$T_{ij} = X_i X_j d_{ij}^{-\theta} e^{\lambda L_{ij}}$$

其中，T_{ij}表示i国（地区）与j国（地区）之间的贸易量；X_i、X_j分别表示i国（地区）与j国（地区）的经济体量，通常以 GDP 来表示；d_{ij}表示i国（地区）与j国（地区）之间的地理距离；θ为地理距离影响贸易流量的弹性参数；L_{ij}表示其他控制变量，例如i国（地区）与j国（地区）是否接壤、是否有共同殖民历史、是否有共同语言等；λ为L_{ij}的系数向量（Disdier and Head，2008）。根据上述设定形式，引力模型认为双边贸易随经济规模上升而上升，随地理距离上升而下降。迪迪埃和黑德（Disdier and Head，2008）对大量国际贸易研究的距离弹性估计结果进行元分析，发现在 90%的研究中，地理距离影响国际贸易流量的弹性系数在 0.28—1.55，这代表地理距离每增长 10%，双边贸易额相应下降约 9%。达斯和圣安娜（Das and Sant’Anna，2023）在使用引力模型研究制造业与服务业双边贸易时引入双边贸易连接的数量，将其定义为虚拟邻近性（Virtual Proximity），发现在控制虚拟邻近性的情况下，地理距离依然是影响贸易的重要因素。贾达夫和高希（Jadhav and Ghosh，2024）利用贸易引力模型对贸易创造与贸易转移进行文献计量分析，提出未来引力模型仍具有应用前景，可关注自由贸易协定和区域贸易协定如何调节地理距离对贸易的影响。

引力模型在实证研究上的成功说明贸易仍然随着地理距离而衰减，地理距离仍然重要。全球化理论中的“地理消亡”与实际上地理的重要性相互矛盾，这被称作“距离之谜”或“消失的全球化之谜”（Arribas *et al.*，2011）。尽管关于距离的争论并未停止，但是可以看到，即使在全球化不断加深的时代，地理距离仍然是一项反映贸易成本的重要变量，深刻影响着全球经济活动。

2. 边界：关税或非关税壁垒

除了地理距离以外，边界也构成了某种“非线性的贸易成本”（Beugelsdijk and Mudambi，2013），因而得到地理学者和经济学者的广泛关注。国际贸易领域对边界效应最早的研究可以追溯到麦卡勒姆（McCallum，1995）对加拿大省际贸易以及加拿大各省与美国各州贸易的对比，研究发现，1988 年加拿大省际贸易是各省与美国各州贸易的 22 倍，即使在北美自由贸易协定签订后的 1993 年仍高达 15.3 倍。这一结果说明，即使在美国与加拿大这样的语言、文化、制度非常相似的国家之间，贸易一体化协定也无法抹除国境线带来的额外成本。受这一富有争议的开创性研究的影响，许多学者针对美国与加拿大的案例进行了跟进研究（Anderson and Smith，1999；Andresen，2010b；Brown，2003；Gopinath *et al.*，2009）。安德森和史密斯（Anderson and Smith，1999）探索了进口与出口是否具有同样的边界效应，发现进口与出口在加拿大的不同省份间也具有不同的边界效应，他们根据这些空间差异将加拿大部分省份识别为对美国的“进口平台”或“出口平台”。还有一些研究探索了美国与加拿大之间的边界效应是否随着贸易一体化逐渐下降（Helliwell，2000），发现先前的研究有高估边界效应之嫌，且边界效应与关税等其他壁垒的效应有一定重合（Brown，2003），不仅在空间上具有明显异质性，而且对模型设定较为敏感（Andresen，2010b）。

除美国与加拿大的典型案例以外，以全球其他地区为样本的边界效应研究也逐渐兴起。这些研究大多验证了边界效应并发现边界效应具有空间异质性。例如，对全球多个国家的研究发现自 1970 年以来边界效应的降低导致最终产品成本每年减少 4.3%、中间投入成本每年减少 2.8%（Franco-Bedoya and Frohm，2022）；对欧洲的研究发现边界效应受到国家（地区）间的技术壁垒、产品信息成本、企业生产区位等的影响（Chen，2004）；对西班牙的研究发现其边界效应可能受特定的地理加总方法的影响（Gil-Pareja *et al.*，2006；Llano-Verduras *et al.*，2011）；对日本的研究发现其边界效应较弱且不断下降（Okubo，2004）。国内学者也对我国省际贸易的边界效应进行了检验，发现边界效应在我国也明显存在，且中西部地区的边界效应明显大于东部地区（赵永亮、徐勇，2007）。此外，还有部分研究关注了边界效应的异质性和衰减问题。库格林和诺维（Coughlin and Novy，2021）考虑空间集聚影响区域内部和双边的贸易成本，从而估计贸易的边际效应，发现国家规模越大，其国内边界效应与国际边界效应越弱；较大的国家（地区）边界效应接近于零，体现出空间衰减效应。

综上所述，行政单元的地理边界可能形成贸易成本，这种成本的大小随国家规模的不同而呈现出明显的差异，由此，边界效应成为地理因素通过影响贸易成本进而影响贸易流量的又一例证。

三、消费：作为市场需求的地理

对于生产过程和流通过程而言，地理分别作用于机会成本和贸易成本而对贸易活动产生影响。而对于消费过程而言，地理则作用于市场需求：国家（地区）经济规模的地理分布会影响市场需求的地理分布，从而影响国际贸易流量和国际贸易流向。国家（地区）间经济规模的相似性和本地市场需求的程度，通过消费过程影响了国际贸易的流量和流向，这在相关实证研究中已经得到了证实，本节对此展开回顾。

1. 国家经济规模：贸易流量

国家经济规模反映了一个国家（地区）在国际贸易中的消费能力与进口吸收能力。除了技术进步和贸易自由化以外，国家间经济规模的趋同也成为国家（地区）间贸易量增加的可能原因（Baier and Bergstrand，2001；Feenstra，1998）。赫尔普曼（Helpman，1987）最早研究国家（地区）经济规模的相似性对贸易流量的影响，用一个简单而深刻的模型阐释了国家（地区）间收入的相似性如何导致更大的国家（地区）间贸易量，并用部分发达国家（地区）的数据验证了这一判断。为简要说明该研究的论证逻辑，此处假设世界由两个国家构成，其经济体量分别为X_i、X_j。如果世界经济总量（两个国家经济总量）给定为$M=X_i+X_j$，那么基于引力模型，两国间的贸易额为：

$$T_{ij}=X_iX_jd_{ij}^{-\theta}=\frac{1}{2}\left(\left(X_i+X_j\right)^2-X_i^2-X_j^2\right)d_{ij}^{-\theta}=\frac{1}{2}\left(M^2-X_i^2-X_j^2\right)d_{ij}^{-\theta}$$

在给定 $X_i + X_j = M$ 的情况下，容易得到当 $X_i = X_j$ 时，双边贸易额达到最大值，说明两个经济体的经济规模越接近，双边的贸易流量越大。

跟随赫尔普曼的研究，后续许多学者也对国际贸易与国家经济规模相似性展开了研究。赫梅尔斯和莱文索恩（Hummels and Levinsohn，1995）运用 OECD 国家和非 OECD 国家的数据对这一结论进行验证，得出了与赫尔普曼类似的结论。布罗兹基和乌明斯基（Brodzicki and Uminski，2018）也发现发展水平越相似的地区，双边出口流量越大。然而，也有研究反对收入相似性对双边贸易的重要贡献。贝尔和伯格斯特兰（Baier and Bergstrand，2001）发现相比于技术进步和贸易自由化，国家（地区）间收入的相似性对贸易增长贡献极小。此外，还有研究跳出收入相似性的模型假设，在实证研究中重点评估和预测经济规模对贸易流量的影响。卡拉戈兹和萨拉伊（Karagoz and Saray，2022）基于土耳其与亚太国家之间的贸易额，用引力模型证实各国经济规模对国际贸易额起到正向影响，通过预测认为土耳其与巴布亚新几内亚、秘鲁、缅甸、墨西哥、老挝、文莱等国家有扩大贸易的潜力；阿巴菲塔和塔德塞（Abafita and Tadesse，2021）关注全球咖啡贸易，发现出口商和进口商的 GDP 是促进咖啡贸易的重要决定因素。

总体而言，尽管目前实证结果有一定的分歧，国家（地区）之间的经济规模及其相似性可能通过影响需求的地理分布来影响贸易流量，这一结论仍然是得到认可和值得重视的。

2. 本地市场需求：贸易流向

消费者规模的地理分布可能对国际贸易的流向产生显著影响，许多理论模型对这一观点进行了推导论证。克鲁格曼（Krugman，1980）的新贸易模型在垄断竞争和规模报酬递增的假设下得出结论：若本国（地区）市场对某种产品具有更大的需求，则本国（地区）这一产品在贸易中会出现顺差，即出口大于进口。这是因为在规模报酬递增的设定下，市场较大的本国（地区）能够更好地发挥规模经济优势。赫尔普曼和克鲁格曼（Helpman and Krugman，1987）的模型也说明，在规模较大的国家（地区）中，消费者数量的占比将小于处于规模报酬递增的产业内部的企业数量占比，即这些产业会出口产品。即使这一模型推论可能是基于 DS 垄断竞争模型的设定，但是他们认为这一论断可能更具一般性，这一结论被称为本地市场效应（Home Market Effect，HME）。波特的

《国家竞争优势》也提出了类似的判断，即一国（地区）若能率先满足本国（地区）消费者的超前需求，那么这个国家（地区）生产的产品就会在国际上具有竞争优势。在这些论断中，基于本地需求规模的本地市场效应被认为是克鲁格曼新经济地理学模型的基础（Fujita *et al.*，2001），因为只有本地市场效应存在，劳动力的实际工资在较大的国家（地区）更高，才会形成循环累积因果效应，导致核心-边缘结构。

基于理论推导得到的本地市场效应，衍生的问题有：本地市场效应是否存在？市场规模的地理分布是否能够经由本地市场效应影响贸易流向？这两个问题都通过实证研究进行了检验。最早的实证研究可以追溯到戴维斯和温斯坦（Davis and Weinstein，1996），他们使用 OECD 国家的数据，发现本地市场效应存在但作用微弱：要素禀赋可以解释 90%的贸易，而本地市场效应仅能解释 10%。在后续的研究中，许多研究验证了本地市场效应至少在部分产业部门存在（Davis and Weinstein，1999，2003；Domeque *et al.*，2005；Kim，2015；Weder，2003；林发勤、唐宜红，2010；毛艳华、李敬子，2015；钱学锋、陈六傅，2007；颜银根，2010）。随着研究的深入，不同研究的视角也各有侧重，科斯蒂诺特等（Costinot *et al.*，2019）重点关注全球制药行业，验证了该行业存在显著的本地市场效应；松山（Matsuyama，2017）加强了研究的地理性，从多区域视角建立研究本地市场效应的框架，使用邻近矩阵加以刻画区域，同样验证了本地市场效应；此外，松山（Matsuyama，2019）纳入了全球化视角，认为全球化放大了内生需求导致结构性变化的驱动力，加强了本地市场效应。

与此同时，也有部分研究发现了“逆本地市场效应”的存在（Head *et al.*，2002；Head and Ries，2001），还有研究基于本地市场需求的不同维度，同时验证了“本地市场效应”和“逆本地市场效应”。李剑培等（2021）对中国制造业省际贸易展开研究，发现存在需求规模作用下的正向本地市场效应和需求结构作用下的反向本地市场效应，可见目前的实证结果存在明显分歧。这些分歧一方面是由于模型设定的不同，若基于出口产品种类由企业内生决定的贸易模型（Helpman and Krugman，1987）进行检验，则往往可以发现本地市场效应的存在；若基于出口产品种类外生给定的贸易模型（Markusen and Venables，1988）进行检验，则往往发现本地市场效应并不明显，甚至得到“逆本地市场效应”的结果。另一方面的原因是相比于国家间贸易，新经济地理模型可能更适合解释地区间贸易，因为其具有更合适的贸易成本条件（Davis and Weinstein，1999）。总而言之，本地市场效应的发现说明市场需求有力地影响了国际分工与国际贸易的模式，也有力地塑造了全球经济活动景观。

第四节 小结

图 3-1 总结了在古典经济学的“生产—流通—消费”范式下，地理因素作用于国际贸易的渠道。在生产环节，国家（地区）间劳动生产率、要素禀赋存在空间分布差异，这些差异通过机会成本的不同，促使生产活动在空间上形成分工和专业化，成为促进国际贸易发展的因素；在流通环节，国家（地区）间的距离和边界构成了额外的贸易成本，使得邻近的国家（地区）间贸易流量更大；在消费环节，国家（地区）规模的地理分布会影响需求水平的空间分布，进而对贸易的流量和方向产生影响。这种影响在有关国家（地区）经济规模相似性和本地市场效应的研究中得到体现。

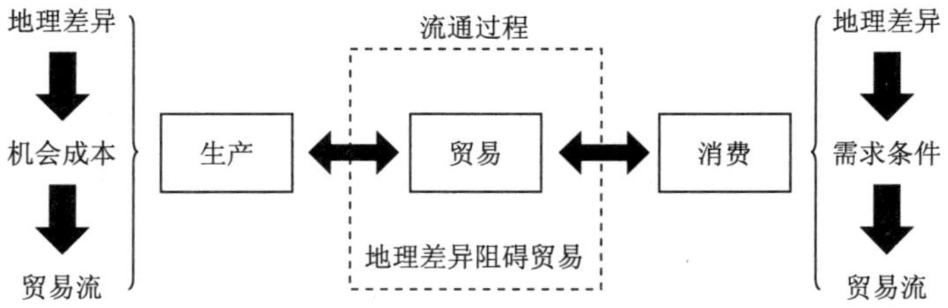

图 3-1 地理因素作用于贸易的三渠道

不同于传统国际贸易研究，地理学更关注世界贸易的空间分布和空间结构，地理学者善于理解贸易流的空间分异，并在全球化和区域一体化的经济背景下强调地方在国际贸易中的重要性（Dicken，2004）。然而，在经济学视角下的国际贸易研究中，地理因素是同质的、外生的、无尺度的，这是受到传统国际贸易研究范式的影响。传统国际贸易研究将国家视为几何意义上的点，没有面积和内部的空间摩擦，而距离、边界和比较优势等地理要素外生于整个经济系统，不受经济活动的影响。在这种极端简化的假设下，地理因素很容易被作为同质的外生变量纳入国际贸易模型展开分析。但是，现实世界的空间结构显然更加错综复杂，这种简单的假设早已无法反映在经济全球化时代跨尺度联系和互动普遍存在的地理空间特征。

因此，目前国际贸易研究的局限性体现在如下方面：第一，贸易既可能消弭边界和差异，也可能塑造和强化现有的边界和差异，因此地理上的差异可能是贸易的结果而非其原因，即地理差异可能是“内生变量”，这体现在对贸易与韧性、贸易与制度的研究上；第二，贸易理论预测国家通过开放获得福利水平提升，然而国家内部存在丰富的尺度结构，宏观国家尺度的贸易利得在不同的次国家尺度并非均等分配，可能导致区域间差异的扩大和经济不平等问题，这体现在贸易与不平等的相关研究中；第三，除了地理因素的同质性以外，国际贸易研究常常假设贸易流也是同质的，在其分析中起作用的仅是以货币衡量的价格或贸易总额。实际上，随着商品跨区域流动的还有无形的知识、能源与污染，这些方面的差异将使不同商品种类、不同地区发生的贸易关系带来差异化的地方效应，这体现在贸易的创新效应、贸易的环境效应相关研究中。

综上所述，现有研究无法继续采用传统国际贸易理论的同质化视角，需要充分刻画地理与贸易的多尺度异质性，考察二者之间复杂的互动关系。与此同时，地理思维和地理分析视角对于研究国际贸易的重要性日益提升，地理学不仅能对贸易现有理论体系进行补充和验证，更能够以强调空间、边界的学科特色和网络化、多主体的分析范式成为贸易研究中独树一帜的理论力量。因此，关注不同尺度、跨尺度影响的地理学对于加深对贸易实践的认识，提高对整个国际贸易系统的普遍认识具有重要作用。

参考文献

[1] Abafita, J., T. Tadesse, 2021. Determinants of Global Coffee Trade: Do RTAs Matter? Gravity Model Analysis. *Cogent Economics & Finance*, Vol. 9, No. 1892925.

[2] Anderson, M., S. Smith, 1999. Do National Borders Really Matter? Canada-US Regional Trade Reconsidered. *Review of International Economics*, Vol. 7, pp. 219-227.

[3] Andresen, M. A., 2010a. Geographies of International Trade: Theory, Borders, and Regions. *Geography Compass*, Vol. 4, pp. 94-105.

[4] Andresen, M. A., 2010b. The Geography of The Canada-United States Border Effect. *Regional Studies*, Vol. 44, pp. 579-594.

[5] Arribas, I., F. Pérez, E. Tortosa-Ausina, 2011. A New Interpretation of the Distance Puzzle Based on Geographic Neutrality. *Economic Geography*, Vol. 87, pp. 335-362.

[6] Baier, S. L., J. H. Bergstrand, 2001. The Growth of World Trade: Tariffs, Transport Costs, and Income Similarity. *Journal of International Economics*, Vol. 53, pp. 1-27.

[7] Baier, S. L., J. H. Bergstrand, 2007. Do Free Trade Agreements Actually Increase Members' International Trade? *Journal of International Economics*, Vol. 71, pp. 72-95.

[8] Baldwin, R. E., T. Okubo, 2006. Heterogeneous Firms, Agglomeration and Economic Geography: Spatial Selection and Sorting. *Journal of Economic Geography*, Vol. 6, pp. 323-346.

[9] Baldwin, R. E., T. Okubo, 2014. International Trade, Offshoring and Heterogeneous Firms. *Review of International Economics*, Vol. 22, pp. 59-72.

[10] Beugelsdijk, S., R. Mudambi, 2013. MNEs as Border-Crossing Multi-Location Enterprises: The Role of Discontinuities in Geographic Space. *Journal of International Business Studies*, Vol. 44, pp. 413-426.

[11] Brecher, R. A., E. U. Choudhri, 1982. The Factor Content of International Trade without Factor-Price Equalization. *Journal of International Economics*, Vol. 12, pp. 277-283.

[12] Brodzicki, T., S. Uminski, 2018. A Gravity Panel Data Analysis of Foreign Trade by Regions: The Role of Metropolises and History. *Regional Studies*, Vol. 52, pp. 261-273.

[13] Brown, W. M., 2003. *Overcoming Distance, Overcoming Borders: Comparing North American Regional Trade*. Statistics Canada Working Paper, Vol. 8.

[14] Chen, N., 2004. Intra-National versus International Trade in the European Union: Why Do National Borders Matter? *Journal of International Economics*, Vol. 63, pp. 93-118.

[15] Costinot, A., D. Donaldson, M. Kyle, *et al.*, 2019. The More We Die, the More We Sell? A Simple Test of the Home-Market Effect. *The Quarterly Journal of Economics*, Vol. 134, pp. 843-894.

[16] Coughlin, C. C., D. Novy, 2021. Estimating Border Effects: The Impact of Spatial Aggregation. *International Economic Review*, Vol. 62, pp. 1453-1487.

[17] Das, S. P., V. P. Sant'Anna, 2023. Determinants of Bilateral Trade in Manufacturing and Services: A Unified Approach. *Economic Modelling*, Vol. 123, No. 106246.

[18] Davis, D. R., D. Weinstein, 1996. *Does Economic Geography Matter for International Specialization?* National Bureau of Economic Research.

[19] Davis, D. R., D. Weinstein, 1999. Economic Geography and Regional Production Structure: An Empirical Investigation. *European Economic Review*, Vol. 43, pp. 379-407.

[20] Davis, D. R., D. Weinstein, 2003. Market Access, Economic Geography and Comparative Advantage: An Empirical Test. *Journal of International Economics*, Vol. 59, pp. 1-23.

[21] Dicken, P., 2004. Geographers and "Globalization": (Yet) Another Missed Boat? *Transactions of the Institute of British Geographers*, Vol. 29, pp. 5-26.

[22] Disdier, A. C., K. Head, 2008. The Puzzling Persistence of the Distance Effect on Bilateral

Trade. *The Review of Economics and Statistics*, Vol. 90, pp. 37-48.

[23] Domeque, N., C. Fillat, F. Sanz, 2005. The Home Market Effect in Spanish Industry: An Empirical Analysis, 1965-1995. http: // www.ets.org/ETSG2005/papers/domeque.pdf.

[24] Feenstra, R. C., 1998. Integration of Trade and Disintegration of Production in the Global Economy. *Journal of Economic Perspectives*, Vol. 12, pp. 31-50.

[25] Franco-Bedoya, S., E. Frohm, 2022. Reduced "Border Effects", Free Trade Agreements and International Trade. *The World Economy*, Vol. 45, pp. 1112-1139.

[26] Fujita, M., P. Krugman, A. Venables, 2001. *The Spatial Economy: Cities, Regions, and International Trade*. MIT Press.

[27] Gil-Pareja, S., R. Llorca-Vivero, J. A. Martínez-Serrano, 2006. The Border Effect in Spain: The Basque Country Case. *Regional Studies*, Vol. 40, pp. 335-345.

[28] Gopinath, G., P. O. Gourinchas, C. T. Hsieh, *et al.*, 2009. *Estimating the Border Effect: Some New Evidence*. National Bureau of Economic Research.

[29] Grant, R., 1994. The Geography of International Trade. *Progress in Human Geography*, Vol. 18, pp. 298-312.

[30] Head, K., T. Mayer, J. Ries, 2002. On the Pervasiveness of Home Market Effects. *Economica*, Vol. 69, pp. 371-390.

[31] Head, K., J. Ries, 2001. Increasing Returns versus National Product Differentiation as an Explanation for the Pattern of US-Canada Trade. *American Economic Review*, Vol. 91, pp. 858-876.

[32] Helliwell, J. F., 2000. *How Much Do National Borders Matter?* Brookings Institution Press.

[33] Helpman, E., 1987. Imperfect Competition and International Trade: Evidence from Fourteen Industrial Countries. *Journal of the Japanese and International Economies*, Vol. 1, pp. 62-81.

[34] Helpman, E., P. Krugman, 1987. *Market Structure and Foreign Trade: Increasing Returns, Imperfect Competition, and the International Economy*. MIT Press.

[35] Hummels, D., J. Levinsohn, 1995. Monopolistic Competition and International Trade: Reconsidering the Evidence. *The Quarterly Journal of Economics*, Vol. 110, pp. 799-836.

[36] Jadhav, S., I. Ghosh, 2024. Future Prospects of the Gravity Model of Trade: A Bibliometric Review (1993-2021). *Foreign Trade Review*, Vol. 59, pp. 26-61.

[37] Karagoz, K., M. O. Saray, 2022. Trade Potential of Turkey with Asia-Pacific Countries: Evidence from Panel Gravity Model. *International Economics Studies*, Vol. 36, pp. 19-26.

[38] Kim, J. K., 2015. Testing for the Home Market Effect in Inter-Regional Trade in Korea. *Advances in Management and Applied Economics*, Vol. 5, p. 51.

[39] Kiyota, K., 2021. The Leontief Paradox Redux. *Review of International Economics*, Vol. 29, pp. 296-313.

[40] Krugman, P., 1980. Scale Economies, Product Differentiation, and the Pattern of Trade. *The American Economic Review*, Vol. 70, pp. 950-959.

[41] Krugman, P., R. N. Cooper, T. N. Srinivasan, 1995. Growing World Trade: Causes and

Consequences. *Brookings Papers on Economic Activity*, Vol. 1, pp. 327-377.

[42] Leamer, E. E., J. Levinsohn, 1995. International Trade Theory: The Evidence. *Handbook of International Economics*, Vol. 3, pp. 1339-1394.

[43] Llano-Verduras, C., A. Minondo, F. Requena-Silvente, 2011. Is the Border Effect an Artefact of Geographical Aggregation? *The World Economy*, Vol. 34, pp. 1771-1787.

[44] Markusen, J. R., A. J. Venables, 1988. Trade Policy with Increasing Returns and Imperfect Competition: Contradictory Results from Competing Assumptions. *Journal of International Economics*, Vol. 24, pp. 299-316.

[45] Maskus, K. E., 1985. A Test of the Heckscher-Ohlin-Vanek Theorem: The Leontief Commonplace. *Journal of International Economics*, Vol. 19, pp. 201-212.

[46] Matsuyama, K., 2017. Geographical Advantage: Home Market Effect in a Multi-Region World. *Research in Economics*, Vol. 71, pp. 740-758.

[47] Matsuyama, K., 2019. Engel's Law in the Global Economy: Demand-Induced Patterns of Structural Change, Innovation, and Trade. *Econometrica*, Vol. 87, pp. 497-528.

[48] McCallum, J., 1995. National Borders Matter: Canada-US Regional Trade Patterns. *The American Economic Review*, Vol. 85, pp. 615-623.

[49] McConnell, J. E., 1986. Geography of International Trade. *Progress in Human Geography*, Vol. 1, pp. 471-483.

[50] Melitz, M. J., 2003. The Impact of Trade on Intra-Industry Reallocations and Aggregate Industry Productivity. *Econometrica*, Vol. 71, pp. 1695-1725.

[51] Okubo, T., 2004. The Border Effect in the Japanese Market: A Gravity Model Analysis. *Journal of the Japanese and International Economies*, Vol. 18, pp. 1-11.

[52] Rose, A. K., 2000. One Money, One Market: The Effect of Common Currencies on Trade. *Economic Policy*, Vol. 15, pp. 8-45.

[53] Staiger, R. W., 1988. A Specification Test of the Heckscher-Ohlin Theory. *Journal of International Economics*, Vol. 25, pp. 129-141.

[54] Trefler, D., 1995. The Case of the Missing Trade and Other Mysteries. *The American Economic Review*, Vol. 85, pp. 1029-1046.

[55] Weder, R., 2003. Comparative Home-Market Advantage: An Empirical Analysis of British and American Exports. *Review of World Economics*, Vol. 139, pp. 220-247.

[56] Yan, B., Z. Wang, 2021. Analysis of Labor Embodied in China's Inter-Regional Trade in Value-Added: Reexamination of Leontief's Paradox from the Perspective of Energy Use. *Chinese Journal of Urban and Environmental Studies*, Vol. 9, 2150024.

[57] Zimring, A., 2019. Testing the Heckscher-Ohlin-Vanek Theory with a Natural Experiment. *Canadian Journal of Economics/Revue Canadienne D'économique*, Vol. 52, pp. 58-92.

[58] 李剑培、顾乃华、潘捷："中国制造业省际贸易的本地市场效应研究"，《国际经贸探索》，2021 年第 7 期，第 50—68 页。

[59] 林发勤、唐宜红："比较优势、本地市场效应与中国制成品出口"，《复印报刊资料：

国际贸易研究》，2010 年第 1 期，第 72—78 页。
[60] 毛艳华、李敬子：“中国服务业出口的本地市场效应研究”，《经济研究》，2015 年第 8 期，第 98—113 页。
[61] 钱学锋、陈六傅：“中美双边贸易中本地市场效应估计——兼论中国的贸易政策取向”，《世界经济研究》，2007 年第 12 期，第 49—54 页。
[62] 颜银根：“中国全行业本地市场效应实证研究——从新经济地理角度诠释扩大内需”，《上海财经大学学报（哲学社会科学版）》，2010 年第 3 期，第 58—64 页。
[63] 赵永亮、徐勇：“国内贸易与区际边界效应：保护与偏好”，《管理世界》，2007 年第 9 期，第 37—47 页。

第四章　经济地理学的贸易研究

第一节　引言

自从第二次世界大战以来，世界主要发达经济体之间、发达经济体与不发达经济体之间的国际贸易迅速发展，深刻改变了世界经济格局。正如第二、三章所介绍，国际贸易现象引起了经济学家的广泛兴趣，经济学者们围绕国际贸易现象产出了一系列研究成果。然而与之形成鲜明对比的是，尽管国际贸易与地理因素有着千丝万缕的联系，国际贸易迅速增长的现象却长期未受到地理学者的重点关注。从 20 世纪 80 年代至今，地理学者研究国际贸易的文献不够充分，专门针对国际贸易地理的文献综述不够丰富（McConnell，1986；Grant，1994；Andresen，2010）。部分学者直言地理学严重缺乏对国际贸易的关注（Dicken，2004），常常将国际贸易排除在本学科的研究范围之外（McConnell，1986），且对国际贸易研究的贡献相对分散，尚未提出有助于理解国际贸易地理的综合理论框架（Grant，1994）。正如第三章所说，地理因素是国际贸易的一个重要影响因素，但是经济地理学对国际贸易却并未给予特别关注，“贸易地理学”作为经济地理学的一个子领域常常被忽视。

实际上，地理学关于国际贸易的研究已有较长的历史，大致可以分为传统研究和当代发展两个阶段。一方面，地理学很早就有国际贸易研究的传统。早在 19 世纪中后期，贸易地理学以记录商品生产地理分布和贸易为主，描述国际资源和贸易情况就是地理学的重要研究内容。传统的贸易地理研究以世界各国生产力布局和经济发展为基础，通过对世界主要国家自然资源、经济结构和技术水平、工农业部门的生产和分布特点的分析，研究国际贸易商品流通的区域结构和区域差异，并关注世界航线、港口、商船、铁路干线等贸易基础设施。然而 20 世纪 80 年代以来，随着信息技术和交通技术的发展，经济全球化进程不断加速，影响了国际贸易现状与贸易地理研究。全球化浪潮带来了“时空压缩”，改变了人们对时间和空间的感知，“地理终结”的论调甚嚣尘上，地理对国际贸易的影响似乎正在逐渐减弱。

另一方面，贸易地理学在全球化时代得到了新的发展。20 世纪末以来，地理学逐渐形成了以“区域外部力量”为核心的区域发展理论（Bathelt *et al.*，2004），关注正式、非正式制度关系带来的“全球通道”效应。在这种语境下，地理学将国际贸易看作是一种区域间的外部联系，它关注国际贸易中所蕴含的知识流对于打破区域锁定和创新区域路径的作用。但是，在区域主义思想主导下，经济地理学往往仅将国际贸易视为一种承载知识与技术联系的经济活动，强调区域外部联系的重要性，而非深入探讨其作为全球化重要标志的广泛影响。此外，由于贸易受到生产和消费两方面的影响，贸易地理与这两者的地理分布紧密相关，客观上增加了理论分析的难度。

综上所述，地理学对国际贸易的关注较为分散且不够深入。在全球化时代，地理对国际贸易的影响仍然重要（Krugman，1995；Baier and Bergstrand，2007），需要建立更完善的理论框架（Grant，1994），深入研究国际贸易与地理的相互作用。因此本章从地理学视角下的国际贸易研究出发，回顾现有贸易地理研究的发展与成果，探讨地理学在国际贸易研究中的贡献。

第二节　传统贸易地理学

19 世纪中后期，随着以英国为中心的世界市场逐渐形成，帝国之间、帝国与殖民地之间的贸易不断扩张。各个国家为了发展经济，需要采取扩大对外贸易、扩张殖民地领土、掠夺殖民地资源、探查殖民地市场规模等措施。在此背景下，获取地理知识，尤其是有关世界各地物产、资源、人口、贸易等方面的地理知识，成为服务于帝国殖民扩张的必要环节。因此，19 世纪末 20 世纪初，关注国际贸易和商品交易的传统贸易地理学，受到了当权者和权贵阶层的认可，成为红极一时的贸易理论经典，并被视为一门重要的独立学科（Chisholm，1889；

Hudson，1977；Livingstone，1993）。传统贸易地理研究有两个最突出的特点，其一是以记录商品生产地理分布和贸易为主，其二是体现了交通区位条件的重要性。

首先，传统贸易地理学正是试图从记录贸易活动发生的地理区位出发，探究与区位相关的地理因素是如何对贸易活动产生影响的。1889 年，苏格兰地理学者乔治·奇泽姆（George Chisholm）出版了《商业地理学手册》，被大多数学者认为是经济地理学的开端，至今仍为经济地理学的重要经典文献之一。1913 年，美国交通经济学者拉赛尔·史密斯（Russell Smith）出版了《产业和商业地理学》，是《商业地理学手册》的美国版本。这两本经典著作先以商品为单位，介绍其世界生产与贸易，并以气候与地貌等因素解释这些生产分布的形成原因；之后以国家为单位，详细描述其生产地区分布以及商业发展的前景。当时的贸易地理学研究正是以记录描述为主，用大量地图、图表、数据、文字对散乱的信息进行重新组织，记录各地区的物产和资源分布、集散中心、贸易关系、城市港口、运输线路等与商品生产有关的地理因素，为帝国军队、殖民机构和商业群体等提供了大量商业信息，也帮助人们更加清晰地认识了当时的世界（Barnes，2000）。

其次，传统贸易地理学兴起的时代，商业贸易活动很大程度上受到自然区位条件的限制，展示了传统农业社会和近代工业社会中经济生产与贸易的特点。在国际贸易萌芽阶段，平原和临海地区成为贸易的中心。这是因为生产成本与运输费用在国际贸易成本结构中一直占据着相当大的比重，平原通常意味着良好的农业生产条件，而临海通常意味着良好的海运条件。由于海洋运输相对于陆路、航空等其他运输方式而言，具有运量大、运费低的优势，因而临海成为发展贸易，尤其是国际贸易最主要的自然条件。早在大航海时代以前，以奴隶和奢侈品为主要商品的贸易模式就使得军事、科技与交通优势主导了贸易格局，而这些优势在很大程度上依赖地理上的先天优势，也就是平原物产丰富和临海交通便利。近代以来，海洋资源和海运条件又成为主导世界经济走向的重要自然禀赋。例如，位于美洲大陆的美国具有得天独厚的地理优势，濒临大西洋和太平洋，绵长的海岸线带来了巨大的贸易优势；同时，美国 2/3 的土地属于平原和丘陵，为农业快速发展创造了条件，且长期的和平与稳定也保证了经济的顺利发展。又如，日本也具有优越的地理位置，丰富的海洋资源和便利的海运条件弥补了陆地资源的匮乏，使其能够迅速崛起为世界经济强国。从国家（地区）内部看，经济中心和城市群的形成也与通达的地理位置和稳定的地理环境有关，如英国位于泰晤士河入海口的伦敦，法国位于塞纳河与马恩河交汇处的巴黎，美国地处哈德孙河出海口的纽约，澳大利亚处于墨累-达令河冲积平原的悉尼等城市，它们都具备优良的国际航运基础、平坦的地形及广阔的腹地（于志达，2010）。

第三节　贸易地理学的当代发展

早期贸易地理学研究的是近代的贸易活动分布，重点在于告诉人们什么地方生产什么样的商品，这些商品又流通到哪些地区。然而，随着国际贸易逐渐成为联结世界的全球化力量，贸易地理学也面临新的问题与挑战，仅仅局限于记录与描述是远远不够的。进入信息化时代，国际贸易的空间格局和空间联系发生了很大变化，越来越多的内陆地区成为经济发展的“异常点”，如美国硅谷、德国法兰克福等，这些地区虽然地处内陆，但在互联网和信息产业、航空产业等行业的带动下成为新的经济和贸易中心。不仅如此，第三次产业革命使得亚太各国经济快速崛起，国际贸易格局也不再以欧美地区为中心，而是呈现出多极化的发展趋势。在这样的背景下，各国在国际贸易中所处的地位和发挥的作用因为其不同的自然禀赋和社会文化背景而各有差异，研究这种差异的形成、发展和变化成为贸易地理学最根本的学科任务。

20 世纪以来，随着生产力的提高和科学技术的进步，国际贸易的形式不断发展，贸易地理理论也由传统范式走向成熟（McConnell，1986；Grant，1994；Martin，2010）。20 世纪 80 年代以来，麦康奈尔（McConnell）、格兰特（Grant）等尝试对贸易地理的研究范围和理论框架进行概括，倡导地理学者参与全球贸易和区域发展讨论。麦康奈尔（McConnell，1986）提出，贸易地理应该是涵盖贸易流向、区位特征、文化传播、交通运输、政策制定、商业活动等元素的复杂科学；格兰特（Grant，1994）则着重从政府和制度、产业和跨国企业两个视角来构建贸易地理研究框架。同时，国际贸易学者将区位选择纳入一般贸易模型（Krugman，1991），并试图通过引入地理因素，如邻近性和连续性来解释国际贸易（Frankel，1991；Schott，1991；Poon，1997），这为学科之间的对话提供了机会，也进一步明确了地理学者参与国际贸易讨论的独特视角及其理论体系的作用。

总体而言，贸易地理学同时强调地理因素和贸易关系，主流研究方向包括国际贸易格局、全球化与地方发展、综合影响因素与多元效应等。贸易地理学以国际贸易中重要的原材料及加工产品的产销联系为对象，研究如粮食、石油、煤炭及尖端技术商品的生产、运输、贸易、消费所形成的空间流动，并由此分析国际贸易格局的推动力量与影响因素，以及不同尺度产生的异质性贸易效应。当代贸易地理学尤其关注现今国际贸易格局的塑造力量，无论是自然地理还是人文地理特征，都在很大程度上影响了全球范围内的产业结构、国际贸易和直接投资，进而决定了世界贸易格局的变化（Bagchi-Sen and Wheeler，1989；贺灿飞、梁进社，1999；Overman *et al.*，2001）。

一、国际贸易格局

国际贸易格局是贸易地理学的重要研究话题，即讨论国际贸易模式和贸易流是如何分布和变迁的，是贸易地理学回答的首要问题之一。国际贸易格局研究通常落脚于国际贸易流分析，聚焦国际贸易中的商品流动，旨在描绘全球贸易分布，分析贸易流向和流量的影响因素（McConnell，1986）。一方面，贸易地理学用全球贸易网络来描述现今的国际贸易格局。基于网络视角，通过分析各行为主体及其相互之间的关系网络，贸易地理学能够透视空间经济建构过程、各种行为者在建构过程中的作用、网络机制的演化以及空间经济的管制和治理模式。另一方面，贸易地理学注意到，现今国际贸易格局在全球贸易网络之外愈发表现出明显的区域化特征。20 世纪 90 年代以来，区域一体化现象在国际贸易交流中发挥着越来越重要的作用，与经济全球化潮流共同推动着世界经济的快速增长，深刻塑造了当今世界的经济地理格局与贸易格局（Helpman，1999）。

1. 全球贸易网络

全球贸易网络是贸易地理学的一个极具地理特色的学术贡献，将国际贸易分解成由节点、链接和流等元素构成的空间结构。其基本范式是使用四组要素描述全球贸易体系的基本结构：第一组要素是节点，在国际贸易中卖方和买方被定义为起点和终点，中间节点则为中间买卖方；第二组要素是节点之间的传输，包括链接和流；第三组要素是被交易的商品或服务；第四组要素是时间和空间层面的国家与全球环境。基于这种结构，地理学者眼中的贸易地理不仅意味着交易主体间的互动，还意味着贸易分布和产业区位，甚至包括知识、文化、管理、价值观等的传播和交流（McConnell，1986）。因此，地理学者以重要的地方为节点，以关系为纽带，构建网络化的尺度体系，提供了理解全球经济发展的全新视角（Kelly，1999；Marston，2000；Yeung and Coe，2015；Amin，2002；Jessop *et al.*，2008）。

基于网络方法研究国际贸易地理是近年的热点方向，贸易网络成为地理学者对贸易过程中制度、关系、国家等要素进行整合分析的重要手段（Hughes *et al.*，2000）。大量地理学者认识到了网络方法对于揭示复杂贸易活动的整体表现和深层规律的有力帮助，在阐释跨尺度的经济活动及其与区域社会文化建构的相互作用中，网络思维已经是经济地理学不可或缺的一个重要视角。例如，洛维特等（Lovett *et al.*，1999）在20世纪90年代就提出，“关系”网络对中国未来在世界的经济活动至关重要；休斯等（Hughes *et al.*，2000）针对肯尼亚鲜花生产商和英国零售商的研究亦指出，网络方法能够有效地将跨国贸易过程中相互独立的关系进行有机联系，从而较好地揭示英国零售商在国际贸易过程中影响肯尼亚鲜花市场的机制。与此同时，许多地理学者将网络方法运用于国际贸易领域的不同研究，关于全球贸易的网络研究体系也越来越完善。例如，布鲁克斯（Brooks，2013）运用网络化方法分析了企业、个体、慈善团体之间的不同权力关系，揭示了低价值商品如何通过“北-南”国家之间的出口贸易逐步增值；朱和皮克尔斯等（Zhu and Pickles，2014）分析了中国服装产业网络的经济活动组织及区位变化，揭示了中央和地方政府、国内和国际资本、区域竞争以及劳动力等因素对服装业区位配置的影响；王文宇等（2021）分析了中国矿产资源贸易网络特征及其演化过程，发现中国在世界矿产资源贸易网络中的地位显著提高。

2. 区域一体化趋势

在经济全球化不断推进的同时，国际贸易的区域化趋势也越来越明显，快速发展的区域间贸易形成了诸多区域贸易社群（图4-1）。这些区域贸易社群通过规模经济和高生产率提高竞争优势，通过不断加深区域政治与经济合作形成

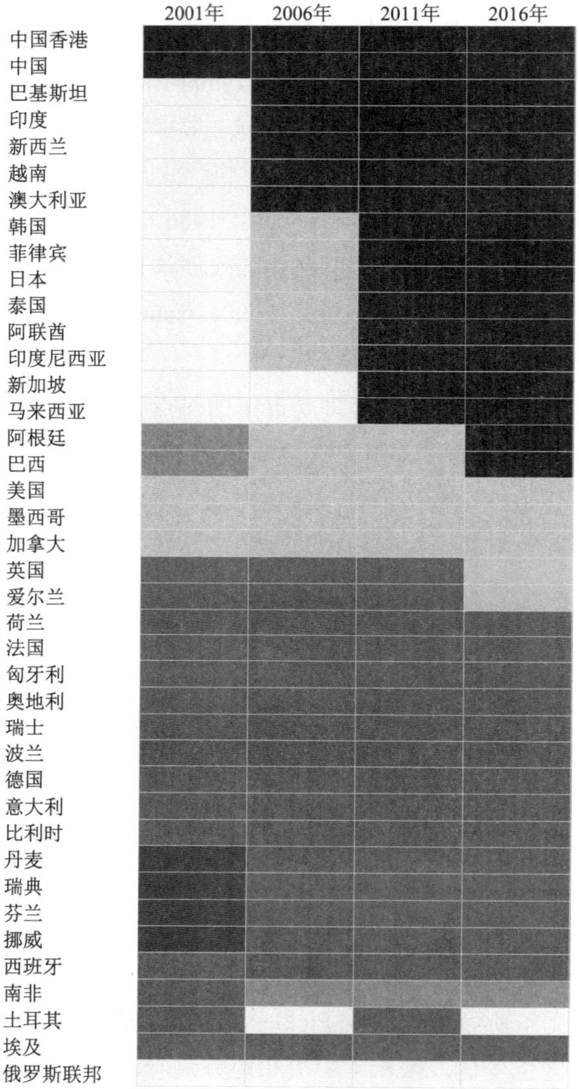

图 4-1　世界贸易网络主要国家与地区社群结构演变

注：同色代表在当年属于同一网络社群。

资料来源：贺灿飞（2020）。

更高程度的一体化，最终既提高了区域内贸易水平，又在很大程度上改变了当今世界的贸易格局（Helpman，1999）。在这些区域贸易社群的基础上，部分国家通过更正式的经济与政治合作协议建立了正式的区域一体化集团，进一步推动了区域内贸易的活跃。其中一些著名集团包括欧盟（European Union，EU）、东盟（Association of Southeast Asian Nations，ASEAN）、全面与进步跨太平洋伙伴关系协定（Comprehensive and Progressive Agreement for Trans-Pacific Partnership，CPTPP）、区域全面经济伙伴关系协定（Regional Comprehensive Economic Partnership，RCEP）、美墨加贸易协定（US-Mexico-Canada Trade Agreement，USMCA）等。

国际贸易的区域化趋势说明了两个经验事实：①国际贸易流呈现出日益地理集中的趋势。阿查里亚（Acharya，2011）研究了全球 19 个区域一体化组织内贸易，发现加勒比共同体（CARICOM）、东非和南非共同市场（COMESA）、南部非洲发展共同体（SADC）及中欧自由贸易区（CEFTA）存在明显的贸易转移效应；德本尼迪克蒂斯和塔托利（De Benedictis and Tajoli，2011）研究了世界贸易网络，发现区域内部贸易流密度高于世界均值，同一区域国家间贸易比其同其他大洲的国家的贸易更多。②贸易水平与空间邻近度、空间距离具有高度相关性（Poon，1997），区域内贸易增长通常高于全球国际贸易增长（Frankel *et al.*，1997）。针对区域间贸易，潘（Poon，1997）证实了空间邻近度、距离与国际贸易联系的高度相关性，并发现跨国公司等促进了全球联系深化，带来了国际贸易的飞速发展；弗兰克尔等（Frankel *et al.*，1997）发现区域内贸易增长通常高于全球国际贸易增长。

二、全球–地方互动

贸易地理学的综合性考量拓展了多主体视角，将除本地企业以外的跨国公司、地方政府、社会组织等全球和地方力量统一引入研究框架。在经济全球化的大背景下，贸易地理研究对象被置于一个更为广阔的空间与更为复杂的联系之中，国际贸易中不同主体之间的互动愈发成为国际贸易研究的重要内容。一方面，这些参与主体之间的空间联系愈发密切。交通与通信技术的快速发展降低了不同主体空间联系的时间成本，拓展了空间联系范围（Harvey，1990），重塑了全球生产、国际关系、文化交流、知识传播等过程的空间结构（MacLeod，2001）。另一方面，这些参与主体呈现出鲜明的多元化特征（Kettl，2000；Sassen，2003）。全球化的主要力量既包含具有全球影响力的全球力量，又包含体现地方制度、文化、社会属性的地方力量，这些多元主体及其之间的贸易联系构成了贸易地理学研究的重要话题。全球化不仅代表跨国联系的强化，同时还推动代表异质性的地方力量崛起和国家力量变革。得益于网络思维的引入与网络方法的应用，贸易地理学不但在技术方法层面推广了全球贸易网络模型的应用，而且在理论模型层面发展了全球价值链（GVC）、全球生产网络（GPN）等一系列理论，进而创造了“全球-地方联系”这一理解全球经济关系的理论框架。

1. 全球力量

全球力量的代表是跨国公司，通常资本、技术、人才实力强大，是国际贸易中不可或缺的参与者。跨国公司独特的部门和业务结构设计可以结合地域多样性，灵活考虑生产和销售的范围，以减少诸如贸易政策变化等不利事件的影响；同时，跨国公司基于产业内贸易和地区专业化进行业务布局，对国际贸易模式产生了深远的影响。因此，对跨国公司的理解也是国际贸易地理研究的核心（Evans，1997；Kettl，2000；Sassen，2003；Mathews，2006）。

全球力量塑造全球经济格局的重要手段之一就是对外贸易。对外贸易是国内经济和产业格局变化的重要推动力，通过对外贸易实现经济增长是近现代许多国家走向强盛的主要途径。从地理大发现时期的西班牙和葡萄牙，到工业革命时期的英国，再到第二次世界大战后依靠出口导向经济崛起的日本和韩国，都是依靠国际贸易创造经济奇迹的典范。对于发展中国家而言，国际贸易不仅能够快速积累财富，创造工作机会，同时，“干中学”和知识溢出等机制也能够帮助国家与地区提升生产效率、改进科技水平，对提升国际地位和实现长远发展有重要作用。

国际贸易不但成为一国经济增长的驱动力，同时也对国内的经济地理产生深刻且复杂的影响。自 20 世纪 70 年代开始，地理学者就开始关注以外贸为代表的在区域发展过程中的区域外力量（Dicken，1976）。汉森（Hanson，1998）发现美国和墨西哥的贸易削弱了墨西哥城的经济中心地位，从而使得边界地区的城镇获得了长足发展；孙哲和刘建华（2007）发现国际贸易不仅影响国内产业的空间分布，还会对国内地区间收入差距造成影响，甚至会作用到国内的政策和政治格局。

2. 地方力量

地方力量是对地方社会、文化、制度因素的概括，包括地方企业、地方政府、商业协会、工会等不同主体。这些地方主体往往缺少跨国公司的经济实力，但是具有跨国公司所无法获取的、区域特有的社会关系和文化属性，对区域竞争力有直接影响（Amin and Thrift，1992；Storper，1997）。经济作为社会过程的一部分，嵌入人与人之间的社会关系中，因而地方力量之间的正式与非正式互动更容易实现，地方力量因此被视为区域发展的重要内部动力。

不仅全球力量可以对区域施加影响，地方力量也在区域发展过程中扮演了重要角色。随着地方力量逐渐进入研究者的视野，将全球力量与地方力量联系起来的"全球-地方联系"理论框架由此建立。地方不再仅仅被视为"地方-国家-全球"垂直体系中的一个特定层级，而是成为不同行动者实现跨尺度、跨边界联系的场所（Marston *et al.*，2005）。在经济全球化时代，地方通过资本、知识、服务、商品等与全球市场紧密联系，从而实现全球-地方互动，并且这种互动不完全由经济因素决定，文化、政治、外交、制度等都会发挥作用，国际贸易嵌入贸易双方的社会、经济、文化、政治制度环境中。

"全球-地方联系"强调地方力量在全球化进程中不可替代的重要性（Agnew，2002），是区域发展的内生动力，而非本地的资源、知识、制度冲击着区域发展的既定路径，形成区域发展的外生力量。本土与外来行动者共聚、协作与竞争所产生的资本、资源、知识、商品、服务联系成为影响地方发展的重要力量，构成区域发展的"全球-地方联系"。如图 4-2 所示，在区域发展的路径创造的研究中，本地与非本地要素之间的相互作用被视为路径创造与演化的重要动力（He *et al.*，2008；Trippl *et al.*，2018），对于理解在全球贸易中的地方发展以及区域差异和不均衡现象具有重要意义（Yeung，2009）。

3. 从全球价值链到全球生产网络

随着网络思维与全球-地方互动思维在国际贸易研究领域不断发展，贸易地理学也尝试用网络理论对跨国公司的全球生产组织模式进行总结。随着跨国公司的全球扩张，国际劳动分工理论等传统全球生产组织理论难以满足现实需求，一些学者将产业经济、经济地理、社会学等相关学科的概念和框架与国际劳动分工的演变形态和组织机制整合，衍生出了价值链、全球价值链和全球商品链（Global Commodity Chain，GCC）等概念。以亨德森等（Henderson *et al.*，2002）、迪肯（Dicken，2003）、科等（Coe *et al.*，2004）、杨（Yeung，2009）为代表的经济地理学者在批判吸收全球价值链和全球商品链概念的基础上，提出了全球

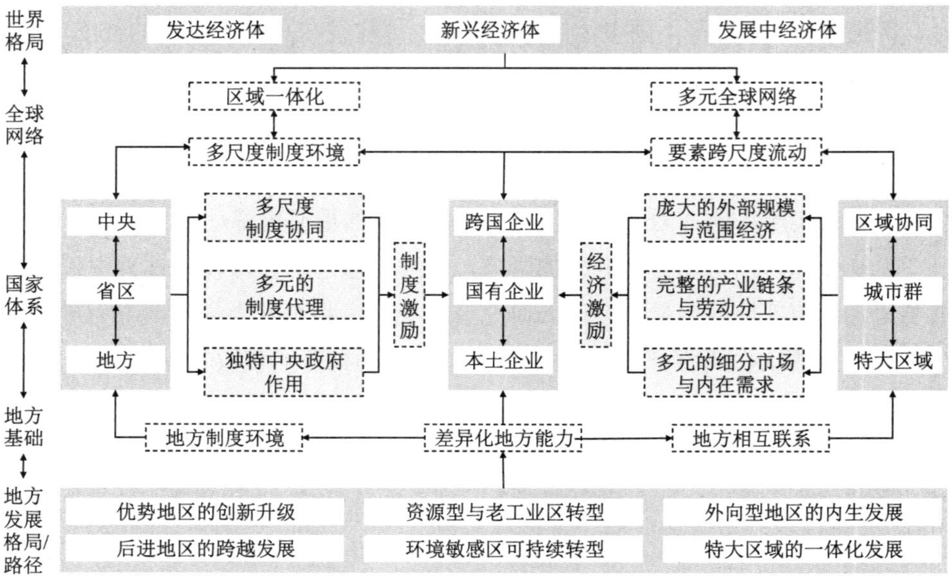

图 4–2　全球–地方互动的区域转型发展研究思路

资料来源：毛熙彦、贺灿飞（2019）。

生产网络的分析范式，成为经济地理领域适用于全球化、国际贸易和区域发展问题的代表性分析框架。

全球生产网络重点关注国际贸易的运作机理和动态演化过程，试图回答经济发展为何存在空间不均衡现象。首先，地理学者将全球力量和地方力量视为网络组织的行动者，只有通过网络组织，行动者才能实现网络活动的跨空间运作。其次，地理学者将全球生产网络视为一个组织平台（图 4–3），不同国家和地区的企业与其他行动者通过全球生产网络将分散在不同区域的经济活动组织起来，以竞争与合作的方式获取更大价值（Yeung and Coe，2015）。通过关注价值如何被创造、提高和捕获，以及行动者如何嵌入地方并与地方耦合，全球生产网络明确强调了地区之间的相互依赖性，通过复杂广泛的经济联系将国家和区域经济融入新的发展路径（Coe and Hess，2013；Horner，2014）。学者们不断丰富和拓展全球生产网络理论框架，使之更加适用于剖析多层次、多尺度、多样化和复杂化的全球经济景观（Dicken，2005；Brunner，2009；Krapohl and Fink，2013；Sen，2014）。

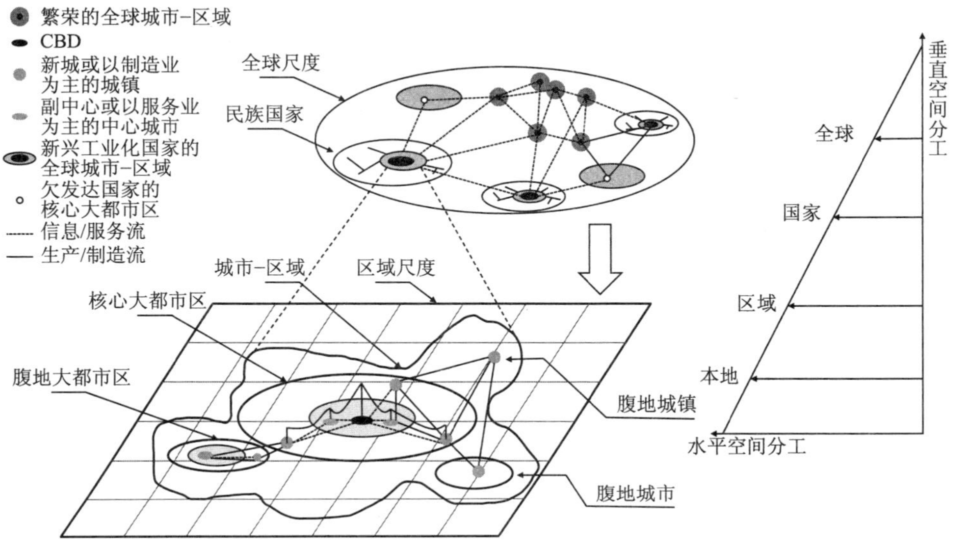

图 4-3　地理学者对全球生产网络的理解

资料来源：贺灿飞（2021）。

全球生产网络理论为理解全球化背景下的区域发展提供了一个重要理论框架。该理论认为以企业为中心的全球生产网络受到所嵌入的特定社会、政治、文化背景的影响，强调地方对全球化的响应，在全球化与地方化的互动中实现地方发展和福利提升，体现了“全球-地方”互动的核心思想。全球生产网络以行动者为节点，以战略耦合为核心，将全球联系和地方互动统一在一个完整的分析框架下，符合区域空间在全球化进程中所表现出的“全球-地方联系”特点，同时，“全球-地方联系”以及地方与生产网络的再耦合与退耦合是地方与全球经济建立联系的重要机制（Kelly，2009；MacKinnon，2012）。

三、影响因素的综合性考虑

国际贸易作为一种典型的经济地理现象，其规模、结构和方向既受贸易双方的经济因素影响，也受嵌入其中的社会、文化、政治、制度等环境因素的影响。站在经济学的立场上，经济学者热衷于从国家与企业的经济属性揭示国际贸易的运行机制，理解贸易企业的出口决策和市场选择决策。从亚当・斯密和大卫·李嘉图分别提出绝对和相对优势理论开始，国际贸易理论分析经历了从宏观到微观、从产业间到产业内、从国家间贸易到企业贸易的发展过程，然而始终未能超越孤立经济系统的范畴，在理解国际贸易行为上缺乏非经济视角，缺乏对非经济要素与非企业主体的关注。与之相对的，经济地理学的综合性思维强调超越经济视角审视经济现象，可以填补国际贸易理论在多因素、多主体方面的空白。因此，将国际贸易与地理结合起来是国际贸易研究的必然趋势。首先，贸易主体是位于特定地域内的贸易企业，嵌入在当地的社会经济制度环境中，无疑受到所在地区环境的影响。贸易行为并非仅由经济因素决定，文化、政治、外交、制度等因素同样发挥着重要作用。其次，在经济全球化时代，国际贸易不仅是商品与服务的对外交流，也代表着资本、知识、信息、人才等与全球市场的紧密联系。全球力量与地方力量之间的互动，既以国际贸易为重要载体，也深刻影响着国际贸易的形式与规模。

1. 本地经济因素

经济学的国际贸易理论揭示了国际贸易的微观经济机制，解释了国家与国家之间为什么会发生贸易、什么企业能够克服沉没成本并成功出口。根据传统贸易理论、技术差距理论、需求相似理论、新贸易理论、新新贸易理论等经典理论，要素禀赋、生产效率、市场需求、规模经济等因素都可能成为国际贸易发生发展的推动力，成为影响国际贸易的经济因素。这些因素不但被经济学者纳入了国际贸易模型，也在经济地理学者对各国的贸易分析中得到了印证。

首先，根据 H-O 理论，在考虑资本要素和劳动要素的开放经济中，各国会生产并出口其具有要素禀赋比较优势的产品。要素禀赋概括了一个经济体各类生产要素的相对丰裕程度及其基于此而形成的比较优势。赵国华和赵子薇（2022）考察了中国与拉美七国生产要素结构的变化情况，指出要素禀赋差异对中国出口有显著的促进作用。其次，基于克鲁格曼的新贸易理论，市场规模可以通过规模经济效应起到降低生产成本、提升生产效率、促进企业出口的作用。市场规模扩大会加深专业化分工程度，使产品生产环节更加细化，从而促进技术研发、企业间竞争与合作等多个方面的进步（Melitz，2005；李宏、董梓梅，2022）。纵观主要工业化国家的经济发展历史，产业升级的推进与跨国公司在全球价值链环节中主导地位的确立，都受益于各自的、当时还相对封闭的本土市场规模的支持。此外，基于经典的梅利茨模型，生产效率决定了企业是否参与国际生产与贸易，出口增长可能是企业生产率增长的结果。邱斌和闫志俊（2015）探究生产率与出口规模的关系，发现企业出口生产率促进企业的出口决策；易靖韬和蒙双（2017）聚焦生产率与出口范围的关系，发现企业出口范围与企业生产率呈现倒U形关系；樊海潮和郭光远（2015）刻画了生产率与出口产品质量的关系，发现企业生产率与出口产品质量呈现显著且稳健的正相关关系。

综上所述，尽管国际贸易理论自提出至今已历时多年，要素禀赋、生产效率等因素仍然对国际贸易的发生与发展具有极强的解释力。不仅如此，随着全球价值链分工成为国际贸易的主要形式，跨国生产现象的出现使得各地区、各企业的比较优势和规模经济发挥了更显著的作用。在全球价值链分工背景下，各地区通过要素禀赋优势或生产效率优势培育出具有成本优势的产业产品，进而嵌入全球生产链条中成为其不可取代的重要一环。要素禀赋、技术水平和规模经济成为决定一个地区全球价值链竞争优势的重要因素，这些经济优势即是该地区在全球价值链分工中地位的基础。

2. 本地非经济因素

在国际贸易影响因素研究方面，贸易地理学不但关注来自经济系统的因素，同时关注地理距离、制度差异、文化差异等因素的重要影响，并用多维邻近性概念概括这些非经济因素的共同效应。经济活动之间存在不同形式、不同维度的邻近关系，如两个国家间制度、文化等的差异与距离，这些非经济因素往往被经济学研究忽略，但是在国际贸易活动的形成中具有突出解释力，是地理学者独有的关切视角。制度邻近性与文化邻近性是其中最典型的两个例子：一方面，国际贸易关系形成于充满国际谈判、制度结构和政治联盟等复杂政治元素的舞台，因而不可避免地与制度变化产生相互影响（North，1990）；另一方面，地理位置邻近的地区往往共享类似的语言和文化，沟通成本较低，便于建立人际关系和商业信任，便于发展国际贸易（Grant，1994）。

在经济地理学的视角下，经济活动既然发生在大的制度环境中，就必然会受其影响。南北国家（地区）甚至南南国家（地区）间贸易的兴起，强化了政治、制度、文化、关系等要素对于理解贸易格局的重要性：贸易不再仅仅是经济活动，而是一个包含经济、政治和文化的复合过程（Reiffenstein *et al.*，2002）。众多研究发现，对于两国之间的贸易活动而言，国家间的制度、文化、政治、宗教关系等复杂因素都会影响国家间的经贸往来。政治因素会影响贸易主体的交易意愿与交易成本，进而影响国际贸易的空间结构。例如，佩谢尔和埃默里（Peschel and Emery，1981）研究了德国与其贸易国之间的贸易流，发现除地理距离外，政治历史关系也会对其产生显著影响；斯蒂德（Steed，1981）对国际服装贸易的研究也得到了类似的结论。文化因素可以通过降低贸易成本来促进国际贸易，共同文化背景能够降低交流成本和信息成本，更容易产生信任。例如，赖芬斯坦等（Reiffenstein *et al.*，2002）发现出口不仅与市场需求相关，文化交流也起到决定性作用；实证研究同样发现，具有移民网络、语言、宗教等方面的认同有助于提升国际贸易水平（Rauch and Trindade，2002；Hellmanzik and Schmitz，2015）。

3. 全球-地方互动因素

新区域主义研究主要强调本地经济、非经济要素的重要性，但是近年来本地产业集群和外部联系的关系引起了激烈的讨论，全球-地方互动视角得到越来越多的关注（Amin and Cohendet，2004；Bunnell and Coe，2001；Bathelt *et al.*，2004；Wolfe and Gertler，2004）。巴瑟尔特等（Bathelt *et al.*，2004）试图协调本地互动与全球联系，提出了“本地蜂鸣-全球通道”模型（图 4-4）。其中，“本地蜂鸣”是指同行业或同地区的企业和个人，通过面对面接触或者共同参与本地活动而创建的信息和沟通环境，使产业集群内的行为主体仅仅因为“存在于此”就可以受益于信息的扩散与共享（Gertler，1995）；“全球通道”是指本地产业集群与全球力量的远距离互动渠道，区域内企业通过与区域外产业集群的跨区域联系获取信息和知识，因而在生产组织、技术创新、产品出口等方面获益（Owen-Smith and Powell，2002）。“本地蜂鸣-全球通道”模型基于全球-地方互动视角，批判了过去片面强调本地化互动学习的重要性的观点，强调知识创造不仅需要本地企业之间、人与人之间面对面的知识交流，更需要建立跨区域的全球通道。

在国际贸易问题上，“本地蜂鸣-全球通道”模型可以从微观视角揭示企业获取并发展产品出口能力的途径。通过构建全球通道获取知识信息的企业，将在集群内部通过本地蜂鸣的方式将海外市场的知识信息传播给其他企业，全球联系通道发展得越好，本地企业从本地蜂鸣中受益也就越多。本地企业出口与外资企业进入是当前最受关注的两种全球通道模式，可以分别称为“出口溢出

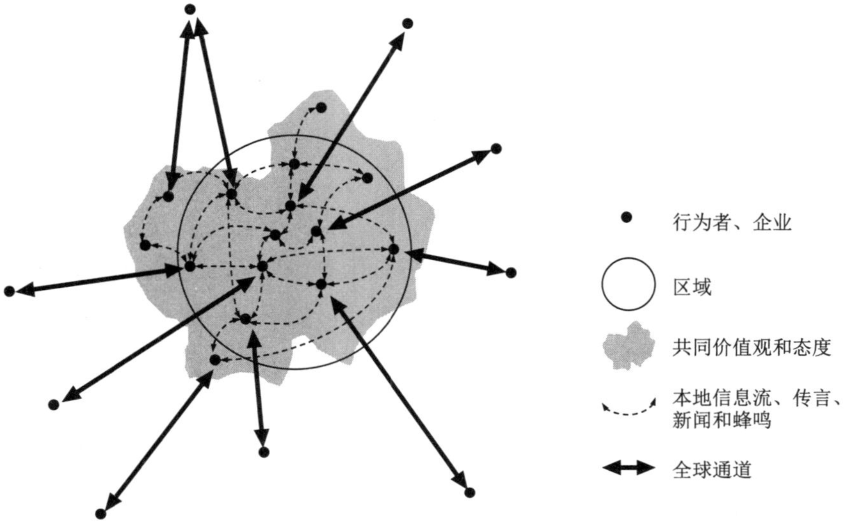

图 4-4　全球通道与本地蜂鸣互动模式

资料来源：Bathelt *et al.*（2004）。

效应”和“外资溢出效应”。一般而言，出口企业或外资企业掌握海外市场信息，不可避免地会对当地其他企业产生信息溢出效应，从而减少这些企业的出口不确定性与进出市场的沉没成本，降低企业信息搜寻和匹配等环节的交易成本，促进本地出口（Aitken *et al.*，1997；Madsen and Desai，2010；Lieberman *et al.*，2017）。如内勒和皮苏（Kneller and Pisu，2007）、凯姆等（Kemme *et al.*，2014）分别通过对英国和印度的实证检验，验证了外商投资企业作为“出口催化剂”的作用。

关于全球通道对本地企业出口的促进作用，更进一步的研究揭示了全球通道效应与出口地、产品、目的地等多个维度的邻近性有关。在出口地的空间维度，出口企业之间空间邻近、组织邻近等有利于出口信息的共享交流，使潜在出口企业更容易克服沉没成本，开始对外出口（Grabher，2002；郭琪，2016）。在产品维度，潜在出口产品与已出口产品之间的认知邻近性越高，新出口企业需要主动获取的产品技术和知识越少，对应出口行为的成功率便会相应上升，表现出路径依赖特征（Boschma *et al.*，2012；贺灿飞等，2016）。在目的地维度，企业出口市场拓展依赖于新目的地与已出口目的地之间的相似程度，如果潜在出口市场与已出口市场关联较高，那么已出口产品更容易被目标市场的消费者所接受（Morales *et al.*，2014）。

四、贸易地理研究中的尺度与边界思维

1. 多尺度的效应

地理学领域的尺度概念通常包含地方、国家、国际三大层次。国际经济学研究常常不考虑尺度差异，仅在国家尺度进行，如李嘉图模型、H-O 模型、规模报酬递增模型等。近年来，国际贸易的研究对象发生了尺度跳跃，异质性企业理论直接把国际贸易理论推向微观企业层面（Melitz，2003），但是介于国家尺度与企业尺度之间的区域、城市尺度受到的关注仍然较少。这是因为部分研究认为，区域、城市在某些情况下与贸易理论中常见的“小国开放经济”假设类似，同样适用于国际贸易的标准模型，从而保证了在区域、城市层面研究贸易的可行性（Márquez-Ramos，2015）。

然而近年来，区域与城市层面的贸易逐渐受到学者关注，这主要有两个原因：首先，在经济全球化背景下，区域、城市之间的联系变得日益紧密和复杂，愈发容易受到外部冲击的异质性影响；其次，许多国家（地区）出现了分权化趋势，使得区域层面具有更大的自主权以对贸易进行调控，因而在区域、城市尺度上研究贸易的重要性日益提升（Brodzicki and Uminski，2018）。随着不同尺度的研究逐渐增多，部分地理学和经济学研究逐渐凸显了尺度的重要性，考虑尺度因素可能会在许多方面影响原有研究的结论，例如使贸易理论所预测的贸易流向偏离预测或发生反转，使边界效应变得更加复杂、相互嵌套。同时，对尺度的重视有助于探索贸易与区域发展不平等、集聚和城市化之间的相互影响，分析贸易对创新和内生增长的影响。

关于不同尺度的效应，在贸易理论中有过一些探索性研究。例如，最初的 H-O 模型强调国家（地区）内部的同质性，而库兰特与迪尔多夫（Courant and Deardorff，1992）放松了该假设，发现如果国家（地区）内部的生产要素分布过于不均衡，那么在国家（地区）内部则会形成不同区域生产不同产品的专业化分工，导致国家（地区）内部的贸易代替国际贸易，从而使贸易流量偏离传统 H-O 模型的预测。基于这一理论判断，德贝尔（Debaere，2004）运用英国、日本和印度的样本对该假设进行了检验，却并未发现支持上述判断的证据，因

此认为，基于要素分布不均的专业化现象并不会作用在区域尺度，仅在国家（地区）尺度发挥作用。布雷克曼和范马勒惠克（Brakman and Van Marrewijk，2013）则提出，由于区域常常是因行政因素而非市场因素形成的，区域之下还有更小的行政单元，其内部可能也具有要素禀赋的差异，因而区域并不是检验生产要素分布不均理论的最佳尺度。城市则是生产要素分布不均的一个更自然的体现，城市层次的密度随经济水平增长而提升的速度最快（World Bank，2009），因而城市尺度可能是检验这一理论的最佳尺度。综上所述，从贸易理论的内部及其实证检验，可以折射出地理尺度的重要性。

2. 多维边界的效应

在贸易地理学中，边界问题同样是一个值得关注的问题。第三章曾提及，国家（地区）间的距离和边界能够显著地抑制贸易的发生，那么，其背后的原因究竟是什么？早期对边界效应的解释是，与国境线相伴而生的还有许多文化因素与制度因素，行政边界两侧具有不同的制度和文化特征，因而导致了陡然上升的贸易成本。其中，文化因素包括语言（Rauch，1999；Melitz，2008）、民族网络（Rauch and Trindade，2002）、共同的殖民历史（Rauch，1999）、基因距离（Giuliano *et al.*，2014）等，制度因素包括共同的货币（Frankel and Rose，2002）、司法系统（Turrini and Ypersele，2010）、同属一个自由贸易协定（Baier and Bergstrand，2004）等，这些均有可能构成边界效应发挥作用的因素。

对于文化因素和制度因素而言，其常常是通过影响交易成本或交易的不确定性而影响国际贸易的水平。以民族的边界为例，许多研究认为移民网络的延伸可以促进国际贸易产生（Rauch and Trindade，2002；杨汝岱、李艳，2016；Pennerstorfer，2016），因为在国际贸易过程中，民族网络有利于提供市场信息和配套服务，有利于契约的稳定性，降低违约的风险。由此可见，文化制度因素通常作用于贸易成本，影响需求和供给的不确定性，因而跨越不同的制度文化边界可能带来更大的风险和不确定性，从而阻碍贸易的发生。此外，由于在语言的边界、文化的边界等地方可能发生明显的边界效应，因此如何选择研究尺度就很重要。例如，一个国家（地区）边境线两侧常常使用相同的语言，这使得跨境交易成本小于国内交易成本这一结论在局部地区可能成立，而不同研究尺度的选择可能会不同程度地掩盖或揭示这种现象。

第四节 小结

回顾经济地理学的贸易研究，现阶段经济地理学对于国际贸易的研究相对零散，主要涉及对国际贸易地理结构的描述。经济地理学以区域外部联系的视角看待贸易，探讨“贸易”这一区域和外部联系的渠道如何与区域内部各变量互动，导致区域内部、区域之间的发展与创新的不平等，从而塑造独特的地理景观。

与传统国际贸易研究不同，地理学关注国际贸易中的地理格局，更善于探索世界贸易的空间分布和空间结构；而经济学往往致力于探究国际贸易模式，包括跨国贸易、区域贸易集团、区域贸易协定及多个贸易集团之间的决定因素（Frankel，1997），忽视地理与地方因素的作用。地理学者善于理解贸易流的空间分异，并在全球化和区域一体化的经济背景下强调地方在国际贸易中的重要性（Dicken，2004）。结合第三章的分析，国际经济学研究存在一定的局限性：①其外生的地理假设难以完全反映真实世界中普遍存在的多主体互动关系；②其无尺度的地理假设无法刻画现实中贸易的跨尺度、多尺度影响；③从产品、产品结构差异性角度理解贸易的效应有所欠缺，在刻画贸易的差异化地理效应时有些捉襟见肘。因此，考虑跨尺度影响、多主体互动、产品和地方差异性的经济地理学能够为国际贸易的研究提供具有本学科特色的独特研究视角。

据此，目前经济地理学可能在如下几个方面对国际贸易研究有所贡献：第一，以综合性思维，从宏观、中观和微观及多主体相互作用的角度，以全球生产网络理论为参照，尝试建构理解地理与国际贸易相互作用的综合理论框架；第二，从多尺度和跨尺度的研究视角，研究在不同尺度下地理与贸易的相互作用，重点关注贸易的地理效应这一研究主题，分析国际贸易如何消弭或强化空间上的差异，塑造具有多样性和地方性的独特地理景观，弥补经济学缺乏中观尺度和多尺度研究的缺陷；第三，提供更丰富的案例研究和比较研究，从企业和区域尺度探讨贸易与地理的相互作用，例如地理因素如何影响企业进出口产品在空间上扩张，如何导致区域产业集群嵌入贸易网络中或从贸易网络中“脱嵌”，以及上述贸易联系如何影响区域的经济升级和社会升级等等；第四，地理学对空间异质性的分析有助于解构现实贸易成本，打开贸易成本的“黑箱”，对理解贸易与制度、文化等非经济因素的复杂互动有所助益。

综上所述，第三章、第四章对比了经济学与地理学视角下对国际贸易问题的研究，分析了经济学研究的局限性与地理学研究的可能贡献。从地理学研究的视角出发，引入地理因素与地理思维之后，研究结论将变得更加复杂，甚至出现与经典经济学模型截然相反的情况。地理学视角对于国际贸易研究有独特的边际贡献，深入刻画了不同产品贸易的空间差异性，但是对于贸易与地理间的关系仍然没有形成完整的理解框架，亟待后来学者丰富这一领域的研究。

参 考 文 献

[1] Acharya, R., 2011. Multilateralisation of Regional Trade Agreements. In Baldwin, R., M. Kawai, G. Wignaraja (Eds.), *The Future of the World Trading System: Asian Perspectives*. Centre for Economic Policy Research, pp. 157-162.

[2] Agnew, J. A., 2002. *Place and Politics in Modern Italy* (*No. 243*). University of Chicago Press.

[3] Aitken, B., G. H. Hanson, A. E. Harrison, 1997. Spillovers, Foreign Investment, and Export Behavior. *Journal of International Economics*, Vol. 43, pp. 103-132.

[4] Amin, A., 2002. Spatialities of Globalisation. *Environment and Planning*, Vol. 34, pp. 385-399.

[5] Amin, A., P. Cohendet, 2004. *Architectures of Knowledge*. Oxford University Press.

[6] Amin, A., N. Thrift, 1992. Neo-Marshallian Nodes in Global Networks. *International Journal of Urban and Regional Research*, Vol. 16, pp. 571-587.

[7] Andresen, M. A., 2010. Geographies of International Trade: Theory, Borders, and Regions. *Geography Compass*, Vol. 4, pp. 94-105.

[8] Bagchi-Sen, S., J. O. Wheeler, 1989. A Spatial and Temporal Model of Foreign Direct Investment in the United States. *Economic Geography*, Vol. 65, p. 113.

[9] Baier, S. L., J. H. Bergstrand, 2004. Economic Determinants of Free Trade Agreements. *Journal of International Economics*, Vol. 64, pp. 29-63.

[10] Baier, S. L., J. H. Bergstrand, 2007. Do Free Trade Agreements Actually Increase Members' International Trade? *Journal of International Economics*, Vol. 71, pp. 72-95.

[11] Barnes, T. J., 2000. Inventing Anglo-American Economic Geography, 1889-1960. In Sheppard, E., T. Barnes (Eds.), *Companion to Economic Geography.* Blackwell.

[12] Bathelt, H., A. Malmberg, P. Maskell, 2004. Clusters and Knowledge: Local Buzz, Global Pipelines and the Process of Knowledge Creation. *Progress in Human Geography*, Vol. 28, pp. 31-56.

[13] Boschma, R. A., A. Minondo, M. Navarro, 2012. Related Variety and Regional Growth in Spain. *Papers in Regional Science*, Vol. 91, pp. 241-256.

[14] Brakman, S., C. Van Marrewijk, 2013. Lumpy Countries, Urbanization, and Trade. *Journal of International Economics*, Vol. 89, pp. 252-261.

[15] Brodzicki, T., S. Uminski, 2018. A Gravity Panel Data Analysis of Foreign Trade by Regions: The Role of Metropolises and History. *Regional Studies*, Vol. 52, pp. 261-273.

[16] Brooks, A., 2013. Stretching Global Production Networks: The International Second-Hand Clothing Trade. *Geoforum*, Vol. 44, pp. 10-22.

[17] Brunner, H. P. W., 2009. South Asia Regional Integration in Global Production Networks as Effective Response to the Economic Crisis. *SSRN Electronic Journal*, No. 1506682.

[18] Bunnell, T. G., N. M. Coe, 2001. Spaces and Scales of Innovation. *Progress in Human Geography*, Vol. 25, pp. 569-589.

[19] Chisholm, G. G., 1889. *Handbook of Commercial Geography*. Longmans, Green & Company.

[20] Coe, N. M., M. Hess, 2013. Global Production Networks, Labour and Development. *Geoforum*, Vol. 44, pp. 4-9.

[21] Coe, N. M., M. Hess, W. C. Yeung, *et al.*, 2004. "Globalizing" Regional Development: A Global Production Networks Perspective. *Transactions of the Institute of British Geographers*, Vol. 29, pp. 468-484.

[22] Courant, P. N., A. V. Deardorff, 1992. International Trade with Lumpy Countries. *Journal of Political Economy*, Vol. 1, pp. 198-210.

[23] Debaere, P., 2004. Does Lumpiness Matter in an Open Economy? Studying International Economics with Regional Data. *Journal of International Economics*, Vol. 64, pp. 485-501.

[24] De Benedictis, L., L. Tajoli, 2011. The World Trade Network. *World Economy*, Vol. 34, pp. 1417-1454.

[25] Dicken, P., 1976. The Multiplant Business Enterprise and Geographical Space: Some Issues in the Study of External Control and Regional Development. *Regional Studies*, Vol. 1, pp. 401-412.

[26] Dicken, P., 2003. *Global Shift: Reshaping the Global Economic Map in the 21st Century (4th Edition)*. SAGE Publications.

[27] Dicken, P., 2004. Geographers and "Globalization": (Yet) Another Missed Boat? *Transactions of the Institute of British Geographers*, Vol. 29, pp. 5-26.

[28] Dicken, P., 2005. Tangled Webs: Transnational Production Networks and Regional Integration. In Harald, B., S. Strambach (Eds.), *Spaces: Spatial Aspects Concerning Economic Structures*. Faculty of Geography, Philipps-University of Marburg, pp. 1-27.

[29] Evans, P., 1997. The Eclipse of the State? Reflections on Stateness in an Era of Globalization. *World Politics*, Vol. 5, pp. 62-87.

[30] Frankel, J. A., 1991. Is a Yen Bloc Forming in Pacific Asia? *Finance and the International*

Economy, Vol. 5, pp. 5-20.

[31] Frankel, J. A., 1997. *Regional Trading Blocs*. Institute for International Economics.

[32] Frankel, J. A., E. Stein, S. J. Wei, 1997. *Regional Trading Blocs in the World Economic System*. Peterson Institute.

[33] Frankel, J., A. Rose, 2002. An Estimate of the Effect of Common Currencies on Trade and Income. *The Quarterly Journal of Economics*, Vol. 117, pp. 437-466.

[34] Gertler, M., 1995. Being There: Proximity, Organization, and Culture in the Development and Adoption of Advanced Manufacturing Technologies. *Economic Geography*, Vol. 71, pp. 1-26.

[35] Giuliano, P., A. Spilimbergo, G. Tonon, 2014. Genetic Distance, Transportation Costs, and Trade. *Journal of Economic Geography*, Vol. 14, pp. 179-198.

[36] Grabher, G., 2002. Cool Projects, Boring Institutions: Temporary Collaboration in Social Context. *Regional Studies*, Vol. 36, pp. 205-214.

[37] Grant, R., 1994. The Geography of International Trade. *Progress in Human Geography*, Vol. 18, pp. 298-312.

[38] Hanson, G. H., 1998. North American Economic Integration and Industry Location. *Oxford Review of Economic Policy*, Vol. 14, pp. 30-44.

[39] Harvey, D., 1990. *The Condition of Postmodernity: An Enquiry into the Conditions of Cultural Change*. Blackwell.

[40] He, C., Y. Wei, X. Xie, 2008. Globalization, Institutional Change and Industrial Location: Economic Transition and Industrial Concentration in China. *Regional Studies*, Vol. 42, pp. 923-945.

[41] Hellmanzik, C., M. Schmitz, 2015. Virtual Proximity and Audiovisual Services Trade. *European Economic Review*, Vol. 77, pp. 82-101.

[42] Helpman, E., 1999. The Structure of Foreign Trade. *Journal of Economic Perspectives*, Vol. 13, pp. 121-144.

[43] Henderson, J., P. Dicken, M. Hess, *et al.*, 2002. Global Production Networks and the Analysis of Economic Development. *Review of International Political Economy*, Vol. 9, pp. 436-464.

[44] Horner, R., 2014. Strategic Decoupling, Recoupling and Global Production Networks: India's Pharmaceutical Industry. *Journal of Economic Geography*, Vol. 14, pp. 1117-1140.

[45] Hudson, B., 1977. The New Geography and the New Imperialism: 1870-1918. *Antipode*, Vol. 9, pp. 12-20.

[46] Hughes, A., N. Henry, J. Pollard, 2000. Retailers, Knowledges and Changing Commodity Networks: The Case of the Cut Flower Trade. *Geoforum*, Vol. 31, pp. 175-190.

[47] Jessop, B., N. Brenner, M. Jones, 2008. Theorizing Sociospatial Relations. *Environment and Planning D: Society and Space*, Vol. 26, pp. 389-401.

[48] Kelly, P. F., 1999. The Geographies and Politics of Globalization. *Progress in Human*

Geography, Vol. 23, pp. 379-400.

[49] Kelly, P. F., 2009. From Global Production Networks to Global Reproduction Networks: Households, Migration, and Regional Development in Cavite, the Philippines. *Regional Studies*, Vol. 43, pp. 449-461.

[50] Kemme, M., A. Nikolsko-Rzhevskyy, D. Mukherjee, 2014. Foreign Capital, Spillovers and Export Performance in Emerging Economies: Evidence from Indian IT Firms. *Review of Development Economics*, Vol. 18, pp. 681-692.

[51] Kettl, D. F., 2000. The Transformation of Governance: Globalization, Devolution, and the Role of Government. *Public Administration Review*, Vol. 6, pp. 488-497.

[52] Kneller, R., M. Pisu, 2007. Industrial Linkages and Export Spillovers from FDI. *The World Economy*, Vol. 3, pp. 105-134.

[53] Krapohl, S., S. Fink, 2013. Different Paths of Regional Integration: Trade Networks and Regional Institution-Building in Europe, Southeast Asia and Southern Africa. *Journal of Common Market Studies*, Vol. 51, pp. 472-488.

[54] Krugman, P., 1991. Increasing Returns and Economic Geography. *Journal of Political Economy*, Vol. 99, pp. 483-499.

[55] Krugman, P., 1995. Growing World Trade: Causes and Consequences. *Brookings Papers on Economic Activity*, Vol. 26, pp. 327-377.

[56] Lieberman, M. B., G. K. Lee, T. B. Folta, 2017. Entry, Exit, and the Potential for Resource Redeployment. *Strategic Management Journal*, Vol. 38, pp. 526-544.

[57] Livingstone, D., 1993. *The Geographical Tradition: Episodes in the History of a Contested Enterprise*. Wiley-Blackwell.

[58] Lovett, S., C. Lee, L. C. Simmons, *et al.*, 1999. Guanxi versus the Market: Ethics and Efficiency. *Journal of International Business Studies*, Vol. 3, pp. 231-247.

[59] MacKinnon, D., 2012. Beyond Strategic Coupling: Reassessing the Firm-Region Nexus in Global Production Networks. *Journal of Economic Geography*, Vol. 12, pp. 227-245.

[60] MacLeod, G., 2001. New Regionalism Reconsidered: Globalization and the Remaking of Political Economic Space. *International Journal of Urban and Regional Research*, Vol. 25, pp. 804-829.

[61] Madsen, P. M., V. Desai, 2010. Failing to Learn? The Effects of Failure and Success on Organizational Learning in the Global Orbital Launch Vehicle Industry. *Academy of Management Journal*, Vol. 53, pp. 451-476.

[62] Márquez-Ramos, L., 2015. The Relationship between Trade and Sustainable Transport: A Quantitative Assessment with Indicators of the Importance of Environmental Performance and Agglomeration Externalities. *Ecological Indicators*, Vol. 52, pp. 170-183.

[63] Marston, S. A., 2000. The Social Construction of Scale. *Progress in Human Geography*, Vol. 24, pp. 219-242.

[64] Marston, S. A., J. P. Jones, K. Woodward, 2005. Human Geography without Scale.

Transactions of the Institute of British Geographers, Vol. 3, pp. 416-432.

[65] Martin, 2010. *The Handbook of Evolutionary Economic Geography.* Edward Elgar Publishing.

[66] Mathews, J. A., 2006. Dragon Multinationals: New Players in 21st Century Globalization. *Asia Pacific Journal of Management*, Vol. 23, pp. 5-27.

[67] McConnell, J. E., 1986. Geography of International Trade. *Progress in Human Geography*, Vol. 1, pp. 471-483.

[68] Melitz, M. J., 2003. The Impact of Trade on Intra-Industry Reallocations and Aggregate Industry Productivity. *Econometrica*, Vol. 71, pp. 1695-1725.

[69] Melitz, M. J., 2008. Language and Foreign Trade. *European Economic Review*, Vol. 52, pp. 667-699.

[70] Melitz, M. J., 2005. *Market Size, Trade and Productivity*. NBER Working Paper.

[71] Morales, E., G. Sheu, A. Zahler, 2014. *Gravity and Extended Gravity: Using Moment Inequalities to Estimate a Model of Export Entry*. NBER Working Paper, No. 19916.

[72] North, M., 1990. The Public as Sculpture: From Heavenly City to Mass Ornament. *Critical Inquiry*, Vol. 16. pp. 860-879.

[73] Overman, H. G., S. J. Redding, A. J. Venables, 2001. The Economic Geography of Trade, Production, and Income: a Survey of Empirics. In Choi, E. K., J. Harrigan (Eds.), *Handbook of International Trade*. Blackwell, pp. 350-387.

[74] Owen-Smith, J., W. W. Powell, 2002. Knowledge Networks as Channels and Conduits: The Effects of Spillovers in the Boston Biotechnology Community. *Organization Science*, Vol. 15, pp. 5-21.

[75] Pennerstorfer, D., 2016. Export, Migration and Costs of Trade: Evidence from Central European Firms. *Regional Studies*, Vol. 5, pp. 848-863.

[76] Peschel, I., V. J. Emery, 1981. Calculation of Spin Correlations in Two-Dimensional Ising Systems from One-Dimensional Kinetic Models. *Condensed Matter*, Vol. 43, pp. 241-249.

[77] Poon, J. P., 1997. The Cosmopolitanization of Trade Regions: Global Trends and Implications, 1965-1990. *Economic Geography*, Vol. 73, pp. 390-404.

[78] Rauch, J. E., 1999. Networks versus Markets in International Trade. *Journal of International Economics*, Vol. 48, pp. 7-35.

[79] Rauch, J. E., V. Trindade, 2002. Ethnic Chinese Networks in International Trade. *Review of Economics and Statistics*, Vol. 84, pp. 116-130.

[80] Reiffenstein, T., R. Hayter, D. W. Edgington, 2002. Crossing Cultures, Learning to Export: Making Houses in British Columbia for Consumption in Japan. *Economic Geography*, Vol. 78, pp. 195-219.

[81] Sassen, S., 2003. Globalization or Denationalization? *Review of International Political Economic*, Vol. 1, pp. 1-22.

[82] Schott, J. J., 1991. Trading Blocs and the World Trading System. *World Economy*, Vol. 14,

pp. 1-18.

[83] Sen, K., 2014. *Global Production Networks and Economic Corridors: Can They be Drivers for South Asia's Growth and Regional Integration*? Asian Development Bank.

[84] Steed, G. P., 1981. International Location and Comparative Advantage: The Clothing Industries and Developing Countries. *Spatial Analysis, Industry and the Industrial Environment: Progress in Research and Applications*, Vol. 2, pp. 265-303.

[85] Storper, M., 1997. *The Regional World: Territorial Development in a Global Economy*. Guilford Press.

[86] Trippl, M., M. Grillitsch, A. Isaksen, 2018. Exogenous Sources of Regional Industrial Change: Attraction and Absorption of Non-Local Knowledge for New Path Development. *Progress in Human Geography*, Vol. 42, pp. 687-705.

[87] Turrini, A., T. Van Ypersele, 2010. Traders, Courts, and the Border Effect Puzzle. *Regional Science and Urban Economics*, Vol. 4, pp. 81-91.

[88] Wolfe, D. A., M. S. Gertler, 2004. Clusters from the Inside and Out: Local Dynamics and Global Linkages. *Urban Studies*, Vol. 41, pp. 1055-1077.

[89] World Bank, 2009. *World Development Report 2009: Reshaping Economic Geography*. World Bank Group.

[90] Yeung, W. C., 2009. Regional Development and the Competitive Dynamics of Global Production Networks: An East Asian Perspective. *Regional Studies*, Vol. 43, pp. 325-351.

[91] Yeung, W. C., N. M. Coe, 2015. Toward a Dynamic Theory of Global Production Networks. *Economic Geography*, Vol. 91, pp. 29-58.

[92] Zhu, S., J. Pickles, 2014. Bring in, Go up, Go West, Go out: Upgrading, Regionalisation and Delocalisation in China's Apparel Production Networks. *Journal of Contemporary Asia*, Vol. 44, pp. 36-63.

[93] 樊海潮、郭光远：“出口价格、出口质量与生产率间的关系：中国的证据”，《世界经济》，2015 年第 2 期，第 58—85 页。

[94] 郭琪：“中国制造业出口多样化及其空间动态演化研究”（博士论文），北京大学，2016 年。

[95] 贺灿飞：《贸易地理网络研究》，经济科学出版社，2020 年。

[96] 贺灿飞：《高级经济地理学》，商务印书馆，2021 年。

[97] 贺灿飞、董瑶、周沂：“中国对外贸易产品空间路径演化”，《地理学报》，2016 年第 6 期，第 970—983 页。

[98] 贺灿飞、梁进社：“中国外商直接投资的区域分异及其变化”，《地理学报》，1999 年第 2 期，第 97—105 页。

[99] 李宏、董梓梅：“市场规模优势对制造业全球价值链地位的影响”，《商业研究》，2022 年第 4 期，第 21—28 页。

[100] 毛熙彦、贺灿飞：“区域发展的‘全球-地方’互动机制研究”，《地理科学进展》，2019 年第 10 期，第 1449—1461 页。

[101] 邱斌、闫志俊：“异质性出口固定成本、生产率与企业出口决策”，《经济研究》，2015

年第 9 期，第 142—155 页。
[102] 孙哲、刘建华：“产业地理与结盟游说——考察美国对华贸易政策的新视角”，《世界经济与政治》，2007 年第 6 期，第 28—36 页。
[103] 王文宇、贺灿飞、任卓然：“中国矿产资源贸易网络演化”，《自然资源学报》，2021 年第 7 期，第 1893—1908 页。
[104] 杨汝岱、李艳：“移民网络与企业出口边界动态演变”，《经济研究》，2016 年第 3 期，第 163—175 页。
[105] 易靖韬、蒙双：“多产品出口企业、生产率与产品范围研究”，《管理世界》，2017 年第 5 期，第 41—50 页。
[106] 于志达：《国际贸易地理》，清华大学出版社，2010 年。
[107] 赵国华、赵子薇：“中国对拉美国家出口贸易影响因素实证分析——基于总量与技术结构视角”，《技术经济》，2022 年第 2 期，第 108—118 页。

第五章　国际贸易网络研究

第一节　引言

随着经济全球化的纵深推进和全球生产网络的形成，全球贸易规模不断扩大，各国在空间上形成了一个由商品和服务贸易相互联系及作用的复杂网络——国际贸易网络（蒋小荣等，2018）。国际贸易是跨国界的商品和服务交易，发生在具有一定距离（包括经济距离、文化距离、心理距离、制度距离、政治距离等）的市场间，贸易主体通常是位于贸易国内部特定地区、嵌入在本地社会经济制度环境中的企业，受到企业所在地区环境的影响。国际贸易网络的形成意味着，国际范围内商品、服务、资本、技术、信息和知识等要素的流动性增强，空间配置效率进一步优化，各国之间相互联系与依赖、相互竞争与制约、相互渗透与扩张，并通过国际贸易行为紧密地联系在一起。

国际贸易网络的形成得益于工业技术革命推动了全球范围内的生产及组织方式变革。在“后福特主义”生产片段化的背景下，单个国家和区域难以覆盖生产链条的所有环节，经济发展所需的资本、资源、知识与技术难以实现自给自足，因此，国家和区域接入全球生产网络、参与不同尺度下的劳动分工成为必然。在国际分工模式基础上，跨国公司的海外扩张和技术扩散引发了世界各地产业结构的调整，各国之间产品和生产要素交流的必要性日益凸显。通过区域间、国家间生产与消费环节中商品与服务的交流交换，国际贸易网络不断增强，世界贸易规模日趋扩大。

近年来，随着网络科学的兴起，贸易网络逐渐成为经济学、地理学、管理学等社会学科领域的研究热点。经济地理学网络思维和范式的兴起具有一定的历史背景：一方面，在学科内部，基于“关系转向”的研究，发展了如全球生产网络和全球-地方互动等抽象的、隐喻的网络范式；另一方面，在学科之外，源于数学图论的“网络科学”成为近年来学术界的研究热点，它所构建的拓扑网络分析范式成为自然科学及人文社科领域分析网络结构数据、关系型数据的有力工具。这一范式逐渐被经济地理学所接纳和吸收，成为关系经济地理学网络研究的重要研究工具。其他学科的贸易网络研究一般以国家为单元，建构不同类型的网络模型，探讨贸易网络的拓扑特征，辨识贸易网络的节点与结构及其演化；而贸易地理网络研究则需要从国家层面到地方区域层面，将各个地方与国际市场的贸易联系视为地理网络，基于网络演化思维，引入地理、社会、经济、文化、制度等多维邻近性揭示一个国家内部区域与国际市场的贸易联系及其地理网络演化。

本章旨在通过深入剖析梳理国际贸易网络理论与实证研究的起源及最新进展，以更深刻地理解全球与地方的经济联系，并为推动国际贸易网络高质量发展提供理论支撑和研究建议。

第二节　拓扑网络理论：网络的定量研究工具

国际贸易空间关系和空间结构是经济地理学重要研究内容之一。自从纽曼（Newman，2003）系统介绍复杂网络分析技术的适用场景和效果以来，社会科学大量采用复杂网络分析方法。复杂网络理论是研究网络的形成机制、几何性质以及演化规律的综合理论，能够揭示贸易网络的相关拓扑特性和结构演化过程，并反映各经济体在贸易网络中所处的地位。复杂网络理论为贸易网络研究构建了一整套关于网络建模以及特征测度和衡量的方法，为贸易网络中的拓扑网络研究提供了坚实的定量研究工具。基于一系列有关网络的节点、联系以及网络结构的属性指标，现有研究针对关系型或网络型数据开展了定量化统计和描述性分析，有助于揭示网络在分布结构、异质性、稳定性等方面的特征，挖掘其中的网络效应和结构规律。贸易研究也借助网络分析来探索贸易网络的性质和结构，这类分析普遍将国家视为网络节点，将国家间每年进出口货物流视为节点之间的联系，联系的表现形式包括双边或者加权，有向或者无向，有时也会使用国家间多年平均贸易额作为边的权重（Serrano and Boguñá，2003；Kali and Reyes，2007；Barigozzi *et al.*，2010；De Benedictis and Tajoli，2011；Maeng *et al.*，2012；De Benedictis *et al.*，2014）。

一、网络思维：从“节点”到“联系”和“网络”

网络是一个由节点和联系两种元素构成的系统（Newman，2003）。网络既是实际系统的一种模型，又是系统存在的普遍形式，自然界和人类社会中存在各种各样的多层次、多结构复杂网络。纽曼（Newman，2003）总结了现实世界中存在的四种网络类型，即社会网络、信息网络、技术网络和生物网络。在人文社科领域，节点既可以代表不同的主体，如人、机构、企业等，也可以代表不同的地域统计单元，如城市、国家、区域等。联系则代表节点之间的各种要素关联，可以是节点之间人口、资金、交通、商品贸易等有形的物质联系，也可以是技术、信息、知识等无形的联系，从而组合形成不同表现形式和意义的网络，如狭义社会网络、移民网络、商业网络、贸易网络、投资网络、专利网络等（图 5–1）。

网络思维内核主要体现为两点：①强调联系的重要性大于节点的重要性（De Benedictis and Tajoli，2011）。网络中的节点并非“原子式”的个体，需要考虑彼此之间的相互作用联系。②强调网络整体结构的重要性，如网络结构对节点的影响等。传统经济地理和贸易地理研究普遍强调节点的重要性，而忽略联系和网络视角的影响，例如国际贸易研究仅考虑国家属性（如经济规模、技术水平）的影响，而忽略了国家之间既有的贸易关联、国家在贸易网络中位置和角色的影响等。将网络思维纳入经济地理和贸易研究，可以充分吸纳复杂系统科学将还原论和整体论相结合的学科特色，弥补以往单方面强调节点或主体属性重要性的问题，挖掘网络中多重联系的相互作用以及整体网络结构的重要影响，进而从整体上考察和把握网络的结构与功能之间的关系，使得经济地理和贸易地理的研究更加科学、全面且符合实际情况。

贸易网络是社会科学研究中最常见的网络类型之一。根据贸易网络节点的设置，可以将贸易网络分为以下两种类型：①仅包含一种类型节点的“一模”贸易网络。根据节点类型或贸易主体的不同，“一模”贸易网络可以更进一步

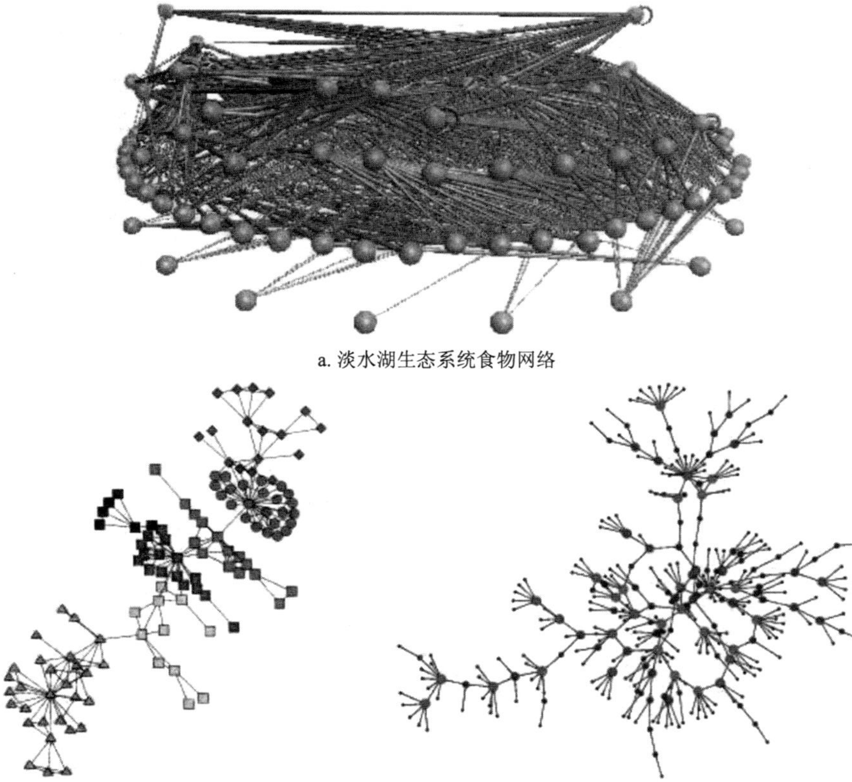

a. 淡水湖生态系统食物网络

b. 研究机构、科学家合作网络

c. 个体性接触网络

图 5-1 网络研究的三个例子

资料来源：Newman（2003）。

地分为贸易地理网络和贸易企业网络。其中，贸易地理网络是由出口源地与目的地形成的网络，其节点为地理单元，如国家与国家之间的进出口网络、区域与区域之间的进出口网络等；贸易企业网络是指作为进口商或出口商的企业之间所形成的贸易联系。②包含两种以上类型节点的“多模”贸易网络。以“二模”网络为例，考虑国家和产品两种不同属性的节点，可以构建起多国出口多种类别产品的“国家-产品”贸易网络。在“多模”网络基础上，还可以构建更复杂的多层网络的互动结构（Calatayud *et al.*，2017；Alves *et al.*，2019；Starnini *et al.*，2019）。目前，大多数贸易网络研究仅涉及“一模”维度，且主要围绕国家与国家之间进出口贸易形成的贸易网络进行研究，贸易企业网络（吴群锋、杨汝岱，2019；李行云等，2018）和“国家-产品”等多模网络（Hausmann and Hidalgo，2011；Caldarelli *et al.*，2012）的相关研究偏少。

根据是否考虑贸易联系的方向性，贸易网络可以分为有向网络和无向网络；根据联系强度是否有差异，贸易网络还可以分为无权网络和加权网络（图 5–2）。其中，无权网络以 0/1 二值变量表示节点之间是否存在贸易联系，若地理单元或企业主体之间存在贸易关系，则网络矩阵的对应元素值为 1，否则为 0；加权网络则以赋予权重的方式表示联系的强度差异，如采用贸易额等指标作为网络联系的权重系数。与无权网络相比，加权网络具有一些优点：无权网络只反映节点之间的联系方式或网络的拓扑特性，不能描述节点之间相互作用的细节，如联系关系的强弱等；加权网络则赋予联系以不同的权重，反映了网络中节点之间的相互作用细节，能够更好地体现真实网络的特点（陈银飞，2011）。

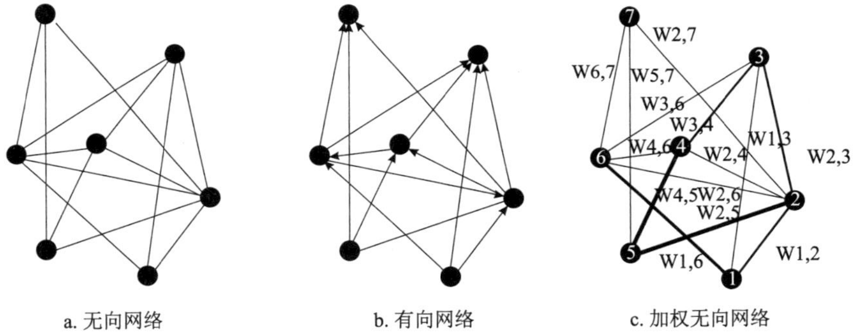

图 5–2　网络的三种类型

资料来源：Boccaletti *et al.*（2006）。

二、网络的属性特征

复杂网络的拓扑性质对于其形成机制和影响效应等有重要影响，而复杂网络分析依赖于表达网络拓扑特性的相关测度。网络分析针对节点、连接和网络整体结构特性设计了一系列的指标，如节点强度、度分布、平均路径长度、网络密度、聚类系数等，在经济地理学相关研究中得到广泛应用。

1. 节点属性

节点属性包括代表节点中心性或重要性的一系列度量，例如节点的度（Degree）、节点强度（Strength）等。在无权网络中，与一个节点相连接的边的数量称为节点的度，在有向网络中“度”分为入度（In-Degree）和出度（Out-Degree）。在加权网络中，节点强度是指某一节点所有关联的边的权重之和。以贸易网络为例，国家节点强度代表了国家间的贸易量水平，节点强度越大，则贸易量越大，贸易联系越强。衡量节点中心度的指标还有接近中心度（Closeness Centrality）、中介中心度（Betweenness Centrality）等，分别从不同角度刻画网络中节点的强度。关于节点属性及其在贸易网络中的内涵，更多信息见表 5–1。

表 5–1　网络节点属性及其在贸易网络中的内涵

节点属性	属性含义	在贸易网络中的内涵
度	与一个节点相连接的边的数量；有向网络的度根据具体方向可以分为入度、出度两种	某国的贸易国数量，反映国家对外贸易联系的活跃程度
入度		与某国发生进口贸易关系的国家数量
出度		与某国发生出口贸易关系的国家数量
节点强度	反映加权网络中节点所关联的边的权重之和	某国与世界其他各国的进/出口贸易量大小
接近中心度	衡量网络中节点的联系强度，反映节点在网络中的地位	某国的贸易联系强度，衡量其在贸易网络中的地位，反映某国与其他国家在贸易网络中的通达性与便捷度
中介中心度	经过某一节点的最短路径的数量	某国对贸易网络的控制程度

资料来源：根据纽曼（Newman，2003）、段文奇（2011）、德本尼迪克蒂斯和塔托利（De Benedictis and Tajoli，2011）、德本尼迪克蒂斯等（De Benedictis *et al.*，2014）整理。

除了上述节点强度与中心度以外，“结构洞”是关于节点中介性的另一个重要衡量指标。结构洞是非冗余联系人之间存在的缺口，如图 5–3 所示，A、B 间没有冗余联系，从而使整个网络出现“洞隙”的情况。由于结构洞的存在，洞两边的联系人可以带来累加而非重叠的网络收益，例如节点“Ego”充当了中间人角色，因此获得了较其三个邻居更多的网络收益，即节点“Ego”在网络中的重要性大于其他节点。结构洞的出现一方面使得网络结构提供较多的非重复信息，网络多样性及潜力值得到增强；另一方面也增加了网络结构的稀疏性。结构洞的衡量指标主要包括有效规模、结构洞限度、效率性等（马远、徐俐俐，2017）。以贸易网络为例，有效规模测度一国在贸易网络中的非冗余因素，有效规模越大说明其在网络中的控制力越强；结构洞限度测度国家利用结构洞的能力，结构洞限度越小表明受到与其发生贸易联系的国家的制约性和依赖性越小，发生贸易联系的可能性就越大，跨越结构洞的能力越强；效率性体现了国家对网络中其他贸易国的影响程度，效率性越大则其对网络中其他相关国家的影响力越强（马远、徐俐俐，2017）。

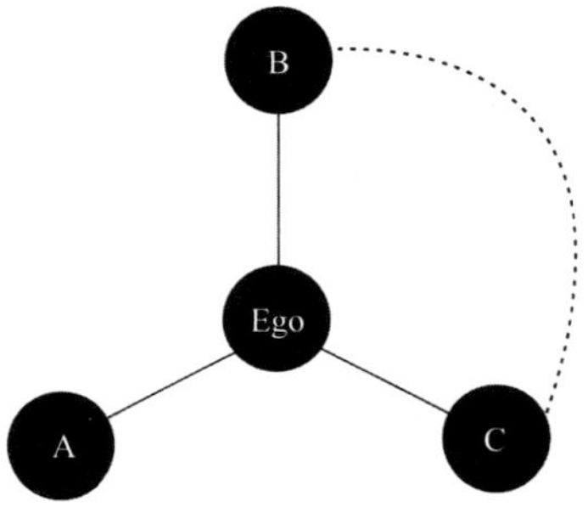

图 5–3　结构洞示意

资料来源：苏晓萍、宋玉蓉（2015）。

2. 连接属性

与网络连接属性相关的概念包括路径长度、最短路径与直径。其中，节点 A 和 B 之间的路径长度（距离）是指从节点 A 到 B 所经历的边的数量；节点之间的最短路径是指连接两节点所有路径中边数最少的那条路径的长度；直径是指所有节点之间最短路径的最大值（段文奇，2011）。在国际贸易网络研究中，贸易距离对网络连通性等属性有着重要的影响，是复杂网络结构特征中重要的测度，其中比较常用的指标是平均路径长度。平均路径长度表示网络中所有节点之间的最短路径平均值，在国际贸易网络中则表示商品贸易传递效率或贸易网络整体的通达效率（吴宗柠、樊瑛，2018）。陆梦秋等（2021）重构了距离成本并在贸易网络分析中进行了测试，结果发现，相比于直线距离，成本距离综合了海运、陆运等多种方式且结合了运费和时间成本，更能贴合国际贸易的实际情况，强调了准确理解和测量贸易距离成本在评估贸易网络效率与连通性中的重要性。

3. 网络结构属性

整体网络结构属性指标包括平均度（Average Degree）、度分布（Degree Distribution）、密度（Density）、互惠性（Reciprocity）、聚类系数（Cluster Coefficient）、鲁棒性（Robustness）等，能够反映网络的连通度、异质性、稳定性和集聚特征等方面的特点。其中，平均度反映节点之间的联系强度；度分布解释网络异质性（各节点在网络结构中同质与否）；密度体现网络中各节点之间关系的紧密性，测度网络中各行动者之间的联结程度；互惠性体现网络节点间双向连接关系的程度，越高的互惠性往往意味着越高的网络结构有序性（马远、徐俐俐，2017）；聚类系数是指与某节点相连的节点之间也彼此相连的概率，表征网络具有“抱团”集聚的趋势，聚集系数越大则代表网络连接越紧密，反之代表网络结构越分散（图 5–4）；鲁棒性测度的是整体网络结构在外部冲击下的稳定性。表 5–2 总结了常见的网络结构指标含义及其在贸易网络中的内涵。

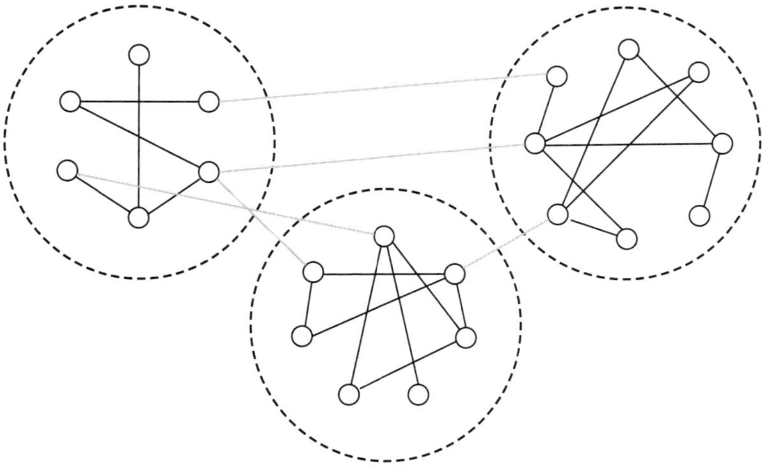

图 5–4　网络聚类示意

资料来源：Boccaletti *et al.*（2006）。

表 5–2　网络结构属性及其在贸易网络中的内涵

网络结构属性	属性含义	在贸易网络中的内涵
平均度	网络中所有节点度的平均值	贸易网络中国家间的平均联系强度
度分布	节点度分布用 p（k）表示，网络中度为 k 的节点的个数占网络节点总数的比例；代表各节点在网络结构中同质与否；典型度的分布形式包括幂律度分布、指数分布等	贸易网络中各贸易参与国在贸易格局中的地位是否平等或均匀，如幂律分布代表贸易网络的“核心–边缘”结构
密度	网络结构中“实际存在的节点连线数”与“可能存在的节点连线数”的比例；衡量网络中各个节点之间联系的紧密程度	贸易网络中国家间的紧密联系程度、贸易活动频率
互惠性	网络节点间双向联系的程度	贸易网络中国家间的互通性；互惠性贸易模式的比例
聚类系数	网络联系紧密程度	国家（地区）贸易联系的紧密程度
鲁棒性	通过移除节点或者边来探究网络结构的变化以衡量网络的稳定性	当贸易系统受到经济危机、贸易保护政策等因素影响时，国际贸易系统中个体和个体间的相互作用模式是否能保持稳定

资料来源：根据纽曼（Newman，2003）、段文奇（2011）、德本尼迪克蒂斯和塔托利（De Benedictis and Tajoli，2011）、德本尼迪克蒂斯等（De Benedictis *et al.*，2014）整理。

三、网络的形成机制

复杂网络的形成机制是指网络形成过程中所遵循的规律（Newman，2003）。目前，基于网络分析方法的大部分研究普遍关注网络拓扑性质和结构特征，但对网络形成机制进行分析和探讨的研究仍不够充分。在网络科学研究内部，瓦特（Watts，1999）、鲍劳巴希和阿尔伯特（Barabási and Albert，1999）通过分析万维网等实际网络发现了“小世界”特征和幂律度分布的共性，并基于此提出相关理论；史密斯等（Smith *et al.*，2005）利用网络可视化证明了混合机制下动态网络的成长特性。在网络科学与其他学科的交叉研究领域，有些学者采用计算机仿真方法研究网络形成机制，如麦克法齐恩和特斯福德森（McFadzean and Tesfatsion，1999）通过设计计算机程序模拟国际贸易中的买方与卖方，采用实时动画演示贸易网络的形成和演化，还通过 C++平台实现了贸易网络中结合偏好选择伙伴的进化博弈过程；王开和靳玉英（2013）研究了全球自由贸易协定网络形成机制，发现网络结构因素（度数中心度和介数中心度）是全球自由贸易协定网络形成与演化的重要原因；胡平等（2011）以2000—2007年西安软件产业集群内企业为研究对象，分别从企业自我中心网成长、集群整体网络连通机制、整体网络形成机制三个方面研究网络形成机制，揭示了产业集群整体网络形成的择优连接机制，但这种择优选择并非指企业选择其他软件企业，而是指企业选择成熟的、同业者多的行业；卫健炯和胡海波（2015）从多学科角度综述了在线社会网络的形成和演化机制，并揭示了各种机制背后的原因及对网络演化的影响。

目前，现有网络科学理论总结出的普遍网络的形成机制有趋同机制、择优连接机制、适应度机制、近邻机制和关系机制。

1. 趋同机制

趋同机制反映同质相吸原则，即属性相似的节点之间更容易产生关联。趋同机制对于社会网络的形成具有重要性。研究表明人们倾向于跟与自己相似的人建立好友关系（McPherson *et al.*，2001），诸如个人信仰、态度和价值观等方面的相似性能促进友谊形成。趋同性导致个人的好友圈在人口统计学特征、行为特征和心理特质方面具有同质性，可用于解释种族分离、社区发展和社会流动性等社会心理学现象。对于贸易网络的形成而言，趋同机制主要体现为两国在经济社会、政治制度、语言文化等方面的相似性或邻近性有助于降低企业的出口沉没成本，进而促进贸易关系的建立。杨文龙等（2018）基于“一带一路”共建国家贸易网络的实证研究分析了两国经济邻近、文化邻近、语言邻近、科研邻近、制度邻近等多维邻近性对贸易网络形成的影响。黎明等（2018）发现直接和间接的多维邻近性能够促进中国企业的出口市场地理扩张。

2. 择优连接机制

择优连接机制指在网络中新的连边会优先连向度值大的节点，其本质是一种正反馈机制，往往形成“马太效应”现象（DiPrete and Eirich，2006）。除节点层面外，在社团或群组层面也存在择优连接现象（Hébert-Dufresne *et al.*，2012）。在社会网络中，择优连接机制的一种解释是拥有社会资本的个体能利用这些资本获得更多社会资本，此外一些其他的结构化机制也能导致择优连接现象。李等（Li *et al.*，2010）发现节点间局部的相互作用可导致全局性的择优连接，如与网络中距离最近的节点建立连接。王开和靳玉英（2013）关于自由贸易协定网络的研究也揭示了大国的“枢纽效应”，即度数中心度高（缔结大量自由贸易协定关系）的国家容易与更多国家签订自由贸易协定，从而形成节点的自我强化效应。贸易网络中的择优连接机制主要体现为贸易网络结构的“马太效应”（Bhattacharya *et al.*，2008）、“富人俱乐部”（Garlaschelli and Loffredo，2005；Squartini *et al.*，2011；Fagiolo *et al.*，2010）以及“大国效应”（杨文龙等，2018）等现象，即强度高的节点之间存在更加密集的贸易联系。

3. 适应度机制

适应度机制指节点之间的连接概率是节点的特殊属性——适应度（或隐性变量）的函数。适应度机制主要体现在贸易网络中，国际贸易适应度模型是一种揭示国家内在属性与贸易关系建立之间的机制模型。塞拉诺和博古尼亚（Serrano and Boguñá，2003）研究发现，GDP与国际贸易网络节点度有很强的相关关系。加拉斯凯利和洛弗雷多（Garlaschelli and Loffredo，2004，2005）首次运用国际贸易网络检验了适应度机制，发现以GDP为适应度（或隐性变量）的幂律分布很好地匹配并预测了国际贸易网络的拓扑结构。霍普和罗杰斯（Hoppe and Rodgers，2015）提出了基于GDP标准化排名的适应度模型，发现国际贸易行为的波动主要发生在适应度和连接方式差异较大的国家之间。

4. 近邻机制

近邻机制指节点之间由于地理或空间邻近而产生连接。社会相互作用的空间效应分析表明，网络节点之间的社会相互作用随着地理距离递增而衰减，地理距离在网络的初始形成阶段是一个重要的因素（Stutz，1973）。近邻机制在多种类型的网络中均有体现，社会网络的形成很大程度上基于个体所处的共同社会文化环境，生活中的地理邻近促进了人与人之间的面对面交流，有利于建立信任和友谊，从而促进社会网络的形成。卫健炯和胡海波（2015）发现，对于在线社会网络而言，近邻机制在好友关系的形成中仍担当重要角色，个人好友圈在地理位置上具有相似性。陆煊和黄俐（2014）基于基金投资网络的研究也发现近邻效应的内在作用机制，其中，近邻群体性压力、近邻规模是近邻效应形成的重要因素。贸易网络中近邻机制主要体现在贸易两国由于地理邻近所减少的交易成本，此外，地理邻近也是社会经济、市场制度、语言文化等方面邻近性的基础，有助于克服非正式贸易壁垒的影响，促进贸易关系的缔结。杨文龙等（2018）基于“一带一路”共建国家贸易网络的研究也表明空间邻近有助于促进贸易关系的形成和贸易流量的增加。钦戈拉尼等（Cingolani *et al.*，2018）学者的研究也证实了地理邻近性和其他一体化因素在促进国际贸易方面的作用。

5. 关系机制

关系机制指网络中的某节点表现出通过中介节点的联系间接地与其他节点建立关联的倾向性，在社会网络中表现为人们容易与自己好友的好友建立联系。一般而言，关系机制会使得网络具有较高的聚类系数和显著的社团结构，社会网络形成的关系机制已得到较多研究的证实（Zhao *et al.*，2011；Aiello *et al.*，2010；Aiello *et al.*，2012；卫健炯、胡海波，2015）。王开和靳玉英（2013）研究自由贸易协定网络发现，介数中心度（代表未签订自由贸易协定的国家通过某国进行联系的可能性）高的国家在网络中具有重要控制力，能够通过“磁铁效应”吸引其他国家与之签订自由贸易协定。贸易网络中关系机制主要表现为企业或国家之间的出口模仿和学习行为。由于国际市场上的信息不完整且不对称，因此在选择贸易伙伴时，国家通常会从附近其他国家的贸易行为中获取信息（Zhou *et al.*，2016），参考出口市场选择并做出相应决策，从而缔结与第三国之间的贸易关系。

在不同类型的网络中，上述五种网络形成机制的具体表现有所差异。表 5–3 展示了五种网络形成机制在贸易网络中的具体表现及其所对应的贸易机制。

表 5–3 五种网络形成机制及其在贸易网络中的表现与贸易机制

网络形成机制	在贸易网络中的表现	贸易机制
趋同机制	社会、经济、制度、文化等方面条件相似的国家之间容易建立贸易关系	出口经验能够应用到相似的出口目的地，从而降低出口沉没成本
择优连接机制	贸易网络中的枢纽或核心大国容易与其他国家建立贸易关系	马太效应、富人俱乐部
适应度机制	GDP 较高的国家容易与其他国家建立贸易关系	GDP 高的国家市场需求较大，潜在贸易收益高
近邻机制	地理邻近性促进贸易关系的形成	地理邻近可以降低交通运费等贸易成本
关系机制	信息瀑布效应：通过学习或模仿其他国家的出口行为，从而与第三国缔结相似的贸易关系	出口模仿行为有助于克服信息不对称，降低出口成本和风险

第三节 国际贸易网络实证研究

国际贸易网络实证研究随着现实中国际贸易的发展而演变。在经济全球化推动下，国际贸易联系日趋紧密，贸易网络的结构变迁越来越复杂。在过去几十年里，国际贸易网络的相关研究经历了“由简单到复杂”的演变过程，可以大致分为三个阶段：第一阶段主要是采用网络方法对世界贸易网络建模，验证传统复杂网络分析方法对贸易网络研究的适用性；第二阶段在延续世界贸易网络研究的基础上，深入到世界贸易网络内部，探究贸易网络中的子网络属性，包括地区贸易网络和不同产品贸易网络；第三阶段关注网络中国家节点与传统主题相结合，并逐渐联系实际问题。这一系列研究不仅揭示了贸易网络的“核心-边缘”结构，还展现了网络演化过程中的连通性、密度变化以及国家间贸易强度的分布特性。

一、阶段一：世界贸易网络研究

第一阶段，由于 21 世纪以前国际贸易总体规模较小、贸易网络较为简单，早期研究主要以刻画贸易网络形态特征为主，利用社会网络分析方法来理解世界贸易网络的结构和性质，验证了传统复杂网络分析方法在贸易网络研究中的适用性。

这一阶段研究的贸易网络结构较为简单，涉及的网络大多是基于 2000 年之前国家间无向双边贸易额数据构建的，无法体现两个国家间贸易流向的信息，但是可以观测密度、小世界效应和度分布等，展现出来的复杂特性适用复杂网络分析。例如，塞拉诺和博古尼亚（Serrano and Boguñá，2003）基于 UN Comtrade 中 2000 年 179 个国家的 40 种最重要的商品数据，发现世界贸易网络显示了在其他复杂网络中观察到的典型特征，如无标度网络形式、极度不均匀节点度分布、社区结构和小世界特性（图 5-5）。研究同时发现，贸易网络具有互惠性质，双向连接比例很高，一个国家的连接数量与其人均 GDP 之间存在正相关关系。进一步研究发现，节点与节点的联系不是简单地与经济发展程度相关，与其他国家联系较多的国家往往更容易与贸易伙伴较少的国家建立联系（Garlaschelli and Loffredo，2005），其中贸易网络中主要发达国家的经济周期与美国是同步的（Li *et al.*，2003）。

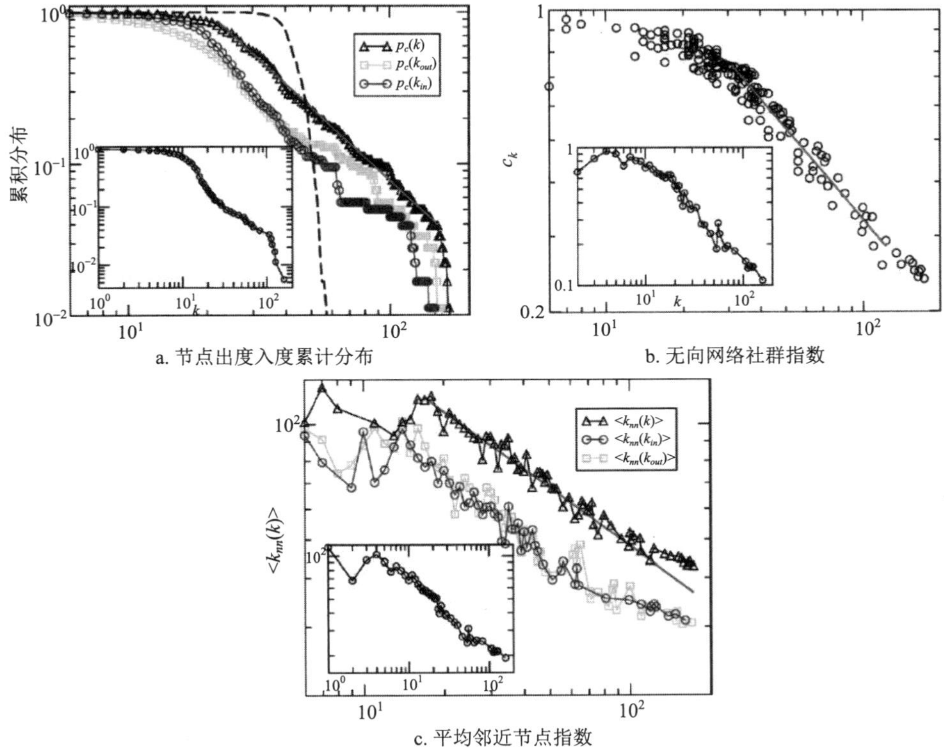

a. 节点出度入度累计分布

b. 无向网络社群指数

c. 平均邻近节点指数

图 5-5　世界贸易网络的拓扑性质

资料来源：Serrano and Boguñá（2003）。

这一阶段研究也关注国家间贸易不平衡现象，发现了世界贸易网络呈现出特别不均匀的“核心–边缘”结构，少数国家是全球贸易中最有影响力的经济体（图 5–6）。斯奈德和基克（Snyder and Kick，1979）最早研究世界贸易网络的“核心–边缘”结构，他们基于 1965 年贸易数据构建了无权网络，把 118 个国家分成核心、半核心与边缘国家，并指出核心国家几乎都是 OECD 成员国。史密斯和怀特（Smith and White，1992）则通过比较 1965 年、1970 年与 1980 年的“核心–边缘”结构，指出核心国家随时间推移越来越多，并且认为国家在贸易网络中的位置决定其在世界生产分工体系中的功能，同时影响了其在全球价值链中的地位。目前而言，欧盟、美国、中国和日本是世界贸易网络的核心区域（Fan *et al.*，2014），国际贸易网络的核心国家在最近十多年间几乎没有增加，各国在贸易网络中的位置具有较为稳定和清晰的层次性，少数国家的国际贸易地位及格局有明显提升（罗仕龙等，2016）。

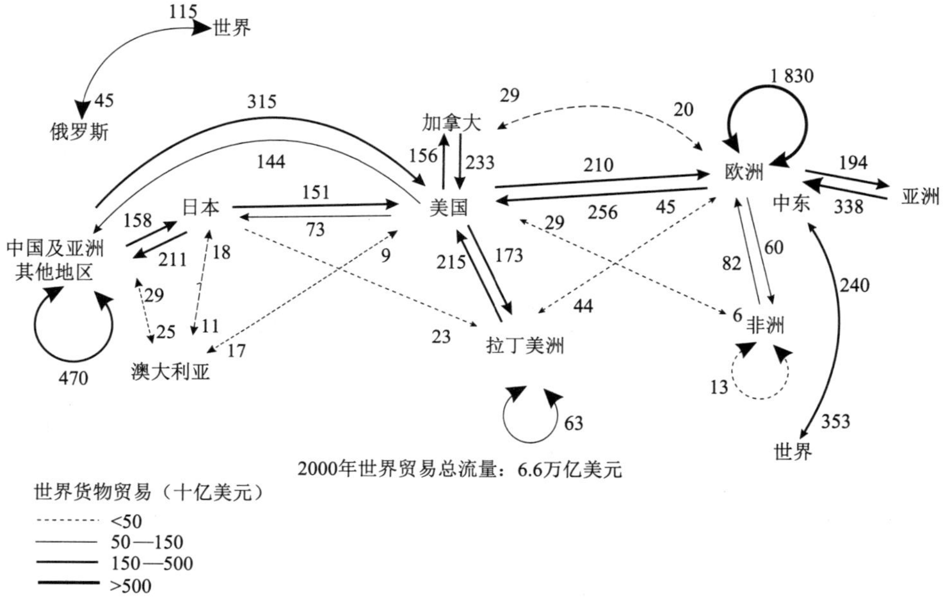

图 5-6　2000 年世界贸易网络格局

资料来源：根据 De Benedictis *et al.*（2014）绘制。

二、阶段二：区域和产品贸易网络研究

第二阶段，随着自由贸易协定推进，国家间贸易自由化程度不断提高，研究的焦点转向了贸易网络中的子网络属性，如地区贸易网络和不同产品贸易网络，探索了国际贸易全球化与区域化进程中的细节。

1. 区域贸易网络研究

针对子区域内的贸易网络，研究发现贸易网络结构不能简单归结为“核心-

边缘”模式（Fagiolo *et al.*，2010），而是具有更复杂的异质性结构，体现在两个方面：一是紧密的贸易社群内存在多核心，与国家之间地理、经济、政治等密切合作的社群直接联系；二是贸易社群的区域化特征愈发明显，表现为区域贸易协定和自由贸易区内的贸易联系逐渐增多。

随着欧盟、东盟、南共体等自由贸易区先后建立，贸易区域化现象逐渐凸显，针对这些主要贸易集团的区域贸易网络研究逐渐增多（Andresen，2009；Iapadre and Tajoli，2014）。一些学者从整体网络视角分析“一带一路”共建国家的基本特征以及贸易网络组团的结构变化，发现共建国家贸易网络的密度增强（邹嘉龄、刘卫东，2016），且具有小世界和无标度性质，遵循增长性和择优选择（杨文龙等，2018）。中国在“一带一路”共建国家贸易网络中的核心度逐渐提高，对相关国家产业升级和经济发展具有引领及带动作用（邹嘉龄、刘卫东，2016；杨文龙等，2018）。除共建“一带一路”倡议合作区外，国内外部分学者也对东亚及东盟、欧洲和非洲等地区的贸易网络进行了研究。梁经伟等（2019）对东亚网络格局演变的研究表明，东亚生产网络经历了以日韩为中心，到以中国为中心，再到多个地区发展的过程。马丁内斯-扎尔佐斯等（Martínez-Zarzoso *et al.*，2011）基于1999—2009年STC五位数贸易数据的研究发现，中欧经济共同体的确更加融入了欧盟区域生产网络，增加了两个地区之间的贸易量和中间品与最终品的贸易品种。

然而，传统上认为“区域化”和“全球化”是相互矛盾的，一些研究认为贸易逐渐走向全球化（Hummels，2007），另一些研究则认为贸易是区域化的（Mansfield and Milner，1999），还有一部分研究展现出全球化和区域化并存的现象（Arribas *et al.*，2009）。德本尼迪克蒂斯和塔托利（De Benedictis and Tajoli，2011）发现，区域子网络（如美洲、非洲、大洋洲）的连接比世界贸易网络更密集，而欧洲和亚洲的贸易密度却减少了。这一结果说明，在子区域范围内出现了紧密联系，并且不同子区域内具有显著的异质性。有研究使用最小生成树方法来解构世界贸易网络，发现在高密度的贸易网络中许多弱的贸易关系与少数强的贸易关系并存，但是密集的国家间贸易存在主导贸易伙伴，贸易社群内存在核心节点国家（Maeng *et al.*，2012）。然而，即使采用网络方法，关于世界贸易是更加全球化还是区域化这个问题仍然没有一致的答案（Kim and Shin，2002；Tzekina *et al.*，2008；Piccardi and Tajoli，2012；Reyes *et al.*，2014）。

2. 产品贸易网络研究

针对不同产品种类的贸易网络，研究通过测算网络中的相关指标并与全产品的世界贸易网络进行比较，试图发现和解释世界贸易网络特征，如高连通性和高密度（Barigozzi *et al.*，2010；Maeng *et al.*，2012）、社群特征（Tzekina *et al.*，2008；De Benedictis and Tajoli，2011）、多核心的复杂网络结构（Riccaboni *et al.*，2013；De Benedictis *et al.*，2014）。结果表明，世界贸易网络与不同商品贸易网络之间并非简单的整体与部分的关系，产品网络不能简单叠加来解释整个贸易网络。塞皮达-洛佩斯等（Cepeda-Lopez *et al.*，2019）发现，1995—2014年世界贸易网络变得日益紧密、互惠和集中，但上述特征并非简单地等同于其组成部分（贸易部门）的特征的线性聚合。与总体贸易网络相比，特定商品的网络结构具有异质性，其集聚数量、集聚程度等特征与总体贸易网络具有明显区别（Barigozzi *et al.*，2011），总体贸易网络通过特定商品的弱连接实现其完整连通性（Barigozzi *et al.*，2010）。德本尼迪克蒂斯等（De Benedictis *et al.*，2014）也发现产品网络的异质性，每一个产品中核心国家都不相同。

学者们还针对不同商品的贸易网络进行研究，主要集中于农产品、能源矿产和以服装、汽车、电子信息产品等为代表的制造业。德本尼迪克蒂斯和塔托利（De Benedictis and Tajoli，2011）较为系统地对比了不同行业的贸易网络结构，通过运用网络分析工具并结合网络密度、度分布和中心性等指标的分析，发现不同商品的贸易网络表现出显著差异，且贸易网络的密度与商品的复杂度呈正相关：同质化产品和复杂度低的商品所形成的贸易网络具有较低的密度，而高复杂度商品的贸易网络更加密集且结构复杂。埃西-劳沃斯等（Ercsey-Ravasz *et al.*，2012）发现国际农产品贸易网络已经发展成为一个高度异质、复杂的供应链网络，包括美国、德国、中国在内的7个国家构成了农产品贸易网络的核心，每个国家与世界上77%以上的国家及地区存在贸易联系。高菠阳和李俊玮（2017）研究了电子信息产业贸易网络的演化特征，发现从20世纪90年代至今网络经历了由“单极化”向“多极化”的演变历程，遵循“发达国家（地区）—发展中国家（地区）”的发展模式，呈现“出口集聚、进口分散”的特点（图5-7）。

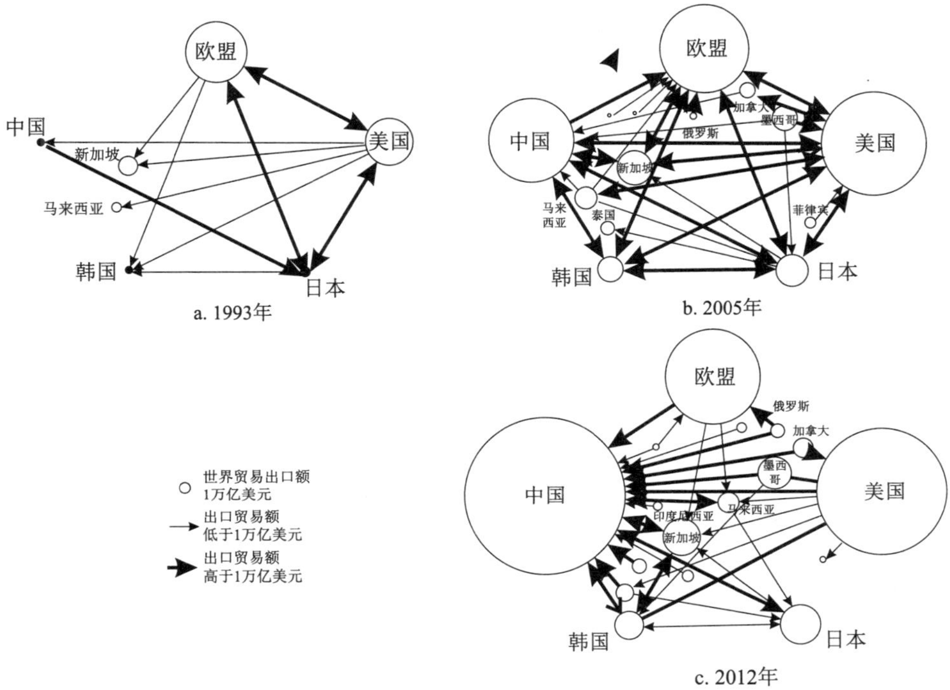

图 5-7　全球电子信息产业贸易网络

资料来源：高菠阳、李俊玮（2017）。

三、阶段三：节点国家贸易网络研究

第三阶段，研究开始关注网络中的节点国家，结合传统主题，逐渐联系到实际问题，如贸易协定、贸易政策以及贸易与收入等。

世界贸易网络研究经历了整体系统和子系统研究后，学者们逐渐发现关键节点国家在网络中起到了重要的作用，尤其大量研究发现多层级嵌套组织结构的贸易网络存在影响力较大的国家和行业（Alves *et al.*，2019），与传统简单的“核心-边缘”结构相比具有更强的解释力（Fagiolo *et al.*，2010）。因此，在当前全球生产网络分工复杂化和国际贸易关联多样化的背景下，对节点国家的贸易研究也开始成为重点。许多学者开展了关于特定国家贸易网络的分析，以探究特定国家的贸易格局演变（Caporale *et al.*，2015；白洁等，2018）、特定国家在全球价值链中的地位（马述忠等，2016）以及网络中的权力（Kim，2010）、一国与他国地缘政治关系等议题（潘峰华等，2015）。樊瑛等（Fan *et al.*，2014）考察了贸易网络中国家的作用和地位，发现在多核心的网络结构中，欧盟、美国和日本对于提升世界经济起到了非常重要的作用。欧盟出口关系一旦被打破，可能轻易引发“瀑布效应”，导致世界贸易的全球性坍塌（Fan *et al.*，2014），欧盟内部贸易成本变化也会显著影响其网络模式的形态（Basile *et al.*，2018）。

然而，综合现有研究可以发现，世界贸易网络结构相关的文献对于世界贸易中关键节点的关注还不够，尤其是对于以中国为代表的新兴市场经济体的关注稍显不足。中国加入 WTO 之后，在全球贸易中逐渐成为举足轻重的力量，其在国际贸易网络的地位和影响力值得更多研究。在中国的贸易格局演变方面，卡波拉莱等（Caporale *et al.*，2015）基于 1992—2012 年的数据考察了中国与位于亚洲、北美和欧洲的主要贸易伙伴之间的贸易流量，发现随着对外贸易的快速增长，中国贸易结构发生了重大变化，逐渐从资源和劳动密集型出口向资本和技术密集型出口转变。在中国的贸易网络地位提升方面，朱等（Zhu *et al.*，2014）发现在 1995—2011 年的贸易网络中，中国逐渐代替日本成为亚洲-大洋洲社区的领导者；贺灿飞和余昌达（2022）发现中国已从边缘国家转变为连接东亚、东南亚与新兴市场的桥梁，并成为欧美产业网络的重要枢纽（图 5–8）。

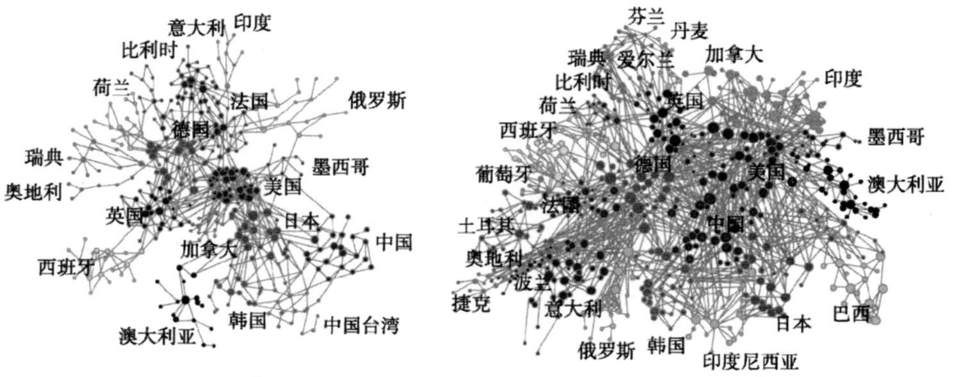

a. 1995—2005年　　b. 2005—2014年

图 5–8　1995—2005 年与 2005—2014 年世界产业联系网络

资料来源：贺灿飞、余昌达（2022）。

第四节　小结

经济全球化的浪潮深刻重塑了国际贸易网络的面貌，减少了地理距离对跨界经济联系的制约（Dicken，2003）。国际贸易网络研究可大致分为三个阶段：第一阶段集中在使用社会网络分析方法来理解世界贸易网络的结构和特性，涵盖了对2000年之前数据的分析，揭示了贸易网络的互惠性与“核心-边缘”结构的特点；第二阶段深入探讨了贸易网络的子网络，包括区域和产品网络，强调不同区域和产品网络的异质性特征和效应；第三阶段则关注网络中关键国家节点和实际问题的结合，比如贸易协定和政策，突出了像欧盟、美国、中国等国家（地区）在贸易网络中的作用和地位。这些研究不仅展示了网络结构的复杂性，还从新的角度讨论了传统的贸易问题。

然而，需要指出的是，当前的经济网络和贸易网络研究仍然存在一定的缺陷，主要体现在：①研究大部分集中在描述性分析，较少深入探讨网络形成机制。这些研究通常依赖于固定的网络属性指标分析模式，如节点度、节点强度等，主要关注网络结构和格局特征，而对网络联系的具体发生条件和影响尚不清楚。尽管网络科学在行为和动力学方面取得了进展，但这些方法和工具尚未有效应用于经济地理与贸易地理研究。②多数研究侧重于单一类型的基础网络，缺乏对多模、多层网络的深入探索。为了深化研究，建议探索多模多层网络，如“国家-产品”“国家-行业”等贸易网络的动态演变。同时，可以考虑网络联系的方向性和细节，充分挖掘网络的异质性，比如产品和区域的异质性。此外，应探索网络中特定特征的异质性，如贸易网络中的双边贸易关系。

总而言之，国际贸易网络对区域发展的影响不容忽视，通过影响区域产业地理、经济韧性和全球-地方互动，深刻地改变了区域的经济发展路径（Bathelt *et al.*，2004；Benneworth and Hospers，2007；文嫮、曾刚，2004）。特别是在中国，国际贸易在推动西部开发、中部崛起、东北老工业基地振兴以及沿海高质量转型发展中发挥了重要作用。中国作为世界贸易的重要参与者，其对外贸易的宏观格局演化及共建“一带一路”倡议下的国际贸易网络发展，为国际贸易地理网络研究提供了丰富的实证材料（黄肖琦、柴敏，2006）。展望未来，中国国际贸易网络的转型与创新，对于应对全球贸易保护主义的挑战、促进国际贸易网络高质量发展具有重要的理论和实践意义。同时，政策建议如何更好地通过全球-地方互动拓宽出口市场，以及如何发挥政府、社会和市场力量推动外向型经济建设，是必须深入探讨的重要议题（孙早等，2014；许和连等，2015）。

参考文献

[1] Aiello, L. M., A. Barrat, C. Cattuto, *et al.*, 2010. *Link Creation and Profile Alignment in the aNobii Social Network*. 2010 IEEE Second International Conference on Social Computing, pp. 249-256.

[2] Aiello, L. M., A. Barrat, R. Schifanella, *et al.*, 2012. Friendship Prediction and Homophily in Social Media. *ACM Transactions on the Web*, Vol. 6, pp. 373-382.

[3] Alves, L. G. A., G. Mangioni, I. Cingolani, 2019. The Nested Structural Organization of the Worldwide Trade Multi-Layer Network. *Scientific Reports* (Nature Publisher Group), Vol. 9, p. 2866.

[4] Andresen, M. A., 2009. Regionalizing Global Trade Patterns, 1981-2001: Application of a New Method. *The Canadian Geographer*, Vol. 53, pp. 24-44.

[5] Arribas, I., F. Perez, E. Tortosa-Ausina, 2009. Measuring Globalization of International Trade: Theory and Evidence. *World Development*, Vol. 37, pp. 127-145.

[6] Barabási, A. L., R. Albert, 1999. Emergence of Scaling in Random Networks. *Science*, Vol. 286, pp. 509-512.

[7] Barigozzi, M., G. Fagiolo, D. Garlaschelli, 2010. Multinetwork of International Trade: A Commodity-Specific Analysis. *Physical Review E: Statistical Nonlinear & Soft Matter Physics*, Vol. 81, No. 046104.

[8] Barigozzi, M., G. Fagiolo, G. Mangioni, 2011. Identifying the Community Structure of the International-Trade Multi-Network. *Physica A: Statistical Mechanics and Its Applications*, Vol. 390, pp. 2051-2066.

[9] Benneworth, P., G. J. Hospers, 2007. Urban Competitiveness in the Knowledge Economy: Universities as New Planning Animateurs. *Progress in Planning*, Vol. 67, pp. 105-197.

[10] Barney, J. B., 2001. Resource-Based Theories of Competitive Advantage: A Ten-Year Retrospective on the Resource-Based View. *Journal of Management*, Vol. 27, pp. 643-650.

[11] Basile, R., P. Commendatore, L. De Benedictis, *et al.*, 2018. The Impact of Trade Costs on the European Regional Trade Network: An Empirical and Theoretical Analysis. *Review of International Economics*, Vol. 26, pp. 578-609.

[12] Bathelt, H., A. Malmberg, P. Maskell, 2004. Clusters and Knowledge: Local Buzz, Global Pipelines and the Process of Knowledge Creation. *Progress in Human Geography*, Vol. 28, pp. 31-56.

[13] Bhattacharya, K., G. Mukherjee, J. Saramäki, *et al.*, 2008. The International Trade Network: Weighted Network Analysis and Modelling. *Journal of Statistical Mechanics: Theory & Experiment*, Vol. 41, pp. 139-147.

[14] Boccaletti, S., V. Latora, Y. Moreno, *et al.*, 2006. Complex Networks: Structure and Dynamics. *Physics Reports*, Vol. 424, pp. 175-308.

[15] Calatayud, A., J. Mangan, R. Palacin, 2017. Connectivity to International Markets: A Multi-Layered Network Approach. *Journal of Transport Geography*, Vol. 61, pp. 61-71.

[16] Caldarelli, G., M. Cristelli, A. Gabrielli, *et al.*, 2012. A Network Analysis of Countries' Export Flows: Firm Grounds for the Building Blocks of the Economy. *PLoS ONE*, Vol. 7, No. e47278.

[17] Caporale, G. M., A. Sova, R. Sova, 2015. Trade Flows and Trade Specialisation: The Case of China. *China Economic Review*, Vol. 34, pp. 261-273.

[18] Cepeda-Lopez, F., F. Gamboa-Estrada, C. Leon, *et al.*, 2019. The Evolution of World Trade from 1995 to 2014: A Network Approach. *The Journal of International Trade Economic Development*, Vol. 28, pp. 452-485.

[19] Cingolani, I., L. Iapadre, L. Tajoli, 2018. International Production Networks and the World Trade Structure. *International Economics*, Vol. 153, pp. 11-33.

[20] De Benedictis, L., S. Nenci, G. Santoni, *et al.*, 2014. Network Analysis of World Trade Using the BACI-CEPII Dataset. *Global Economy Journal*, Vol. 14, pp. 287-343.

[21] De Benedictis, L., L. Tajoli, 2011. The World Trade Network. *The World Economy*, Vol. 34, pp. 1417-1454.

[22] Dicken, P., 2003. Global Shift: Reshaping the Global Economic Map in the 21st Century. *Journal of Economic Geography*, Vol. 4, pp. 220-222.

[23] DiPrete, T. A., G. M. Eirich, 2006. Cumulative Advantage as a Mechanism for Inequality: A Review of Theoretical and Empirical Developments. *Annual Review of Sociology*, Vol. 32, pp. 271-297.

[24] Ercsey-Ravasz, M., Z. Toroczkai, Z. Lakner, *et al.*, 2012. Complexity of the International Agro-Food Trade Network and Its Impact on Food Safety. *PLoS ONE*, Vol. 7, No. e37810.

[25] Fagiolo, G., J. Reyes, S. Schiavo, 2010. The Evolution of the World Trade Web: A Weighted-Network Analysis. *Journal of Evolutionary Economics*, Vol. 20, pp. 479-514.

[26] Fan, Y., S. Ren, H. Cai, *et al.*, 2014. The State's Role and Position in International Trade: A Complex Network Perspective. *Economic Modelling*, Vol. 39, pp. 71-81.

[27] Garlaschelli, D., M. I. Loffredo, 2004. Fitness-Dependent Topological Properties of the World Trade Web. *Physical Review Letters*, Vol. 93, No. 188701.

[28] Garlaschelli, D., M. I. Loffredo, 2005. Structure and Evolution of the World Trade Network. *Physica A: Statistical Mechanics and Its Applications*, Vol. 355, pp. 138-144.

[29] Hausmann, R., C. A. Hidalgo, 2011. The Network Structure of Economic Output. *Journal of Economic Growth*, Vol. 16, pp. 309-342.

[30] Hébert-Dufresne, L., A. Allard, V. Marceau, *et al.*, 2012. Structural Preferential Attachment: Stochastic Process for the Growth of Scale-Free, Modular and Self-Similar Systems. *Physical Review E*, Vol. 85, No. 026108.

[31] Hoppe, K., G. J. Rodgers, 2015. A Microscopic Study of the Fitness-Dependent Topology of the World Trade Network. *Physica A: Statistical Mechanics and Its Applications*, Vol. 419, pp. 64-74.

[31] Hummels, D., 2007. Transportation Costs and International Trade in the Second Era of Globalization. *Journal of Economic Perspectives*, Vol. 21, pp. 131-154.

[33] Iapadre, P. L., L. Tajoli, 2014. Emerging Countries and Trade Regionalization: A Network Analysis. *Journal of Policy Modeling*, Vol. 36, pp. 89-110.

[34] Kali, R., J. Reyes, 2007. The Architecture of Globalization: A Network Approach to International Economic Integration. *Journal of International Business Studies*, Vol. 38, pp. 595-620.

[35] Kim, H. M., 2010. Comparing Measures of National Power. *International Political Science Review*, Vol. 3, pp. 405-427.

[36] Kim, S., E. H. Shin, 2002. A Longitudinal Analysis of Globalization and Regionalization in International Trade: A Social Network Approach. *Social Forces*, Vol. 81, pp. 445-468.

[37] Li, M., L. Gao, Y. Fan, *et al.*, 2010. Emergence of Global Preferential Attachment from Local Interaction. *New Journal of Physics*, Vol. 12, No. 043029.

[38] Li, X., Y. Y. Jin, G. Chen, 2003. Complexity and Synchronization of the World Trade Web. *Physica A: Statistical Mechanics and Its Applications*, Vol. 328, pp. 287-296.

[39] Maeng, S. E., H. W. Choi, J. W. Lee, 2012. Complex Networks and Minimal Spanning Trees in International Trade Network. *International Journal of Modern Physics Conference*, Vol. 16, pp. 51-60.

[40] Mansfield, E. D., H. V. Milner, 1999. The New Wave of Regionalism. *International Organization*, Vol. 53, pp. 589-627.

[41] Martinez-Zarzoso, I., A. M. Voicu, M. Vidovic, 2011. CEECs Integration into Regional and Global Production Networks. *SSRN Electronic Journal*, No. 1850623.

[42] McFadzean, D., L. Tesfatsion, 1999. A C++ Platform for the Evolution of Trade Networks. *Computational Economics*, Vol. 14, pp. 109-134.

[43] McPherson, M., L. Smith-Lovin, J. Cook, 2001. Birds of a Feather: Homophily in Social Networks. *Annual Review of Sociology*, Vol. 27, pp. 415-444.

[44] Newman, M. E. J., 2003. The Structure and Function of Complex Networks. *SIAM Review*, Vol. 45, pp. 167-256.

[45] Piccardi, C., L. Tajoli, 2012. Existence and Significance of Communities in the World Trade Web. *Physical Review E*, Vol. 85, pp. 66-119.

[46] Reyes, J. A., R. B. Wooster, S. Shirrell, 2014. Regional Trade Agreements and the Pattern of Trade: A Networks Approach. *The World Economy*, Vol. 37, pp. 1128-1151.

[47] Riccaboni, M., A. Rossi, S. Schiavo, 2013. Global Networks of Trade and Bits. *Journal of Economic Interaction and Coordination*, Vol. 8, pp. 33-56.

[48] Serrano, M. Á., M. Boguñá, 2003. Topology of the World Trade Web. *Physical Review E: Statistical Nonlinear & Soft Matter Physics*, Vol. 68, No. 015101.

[49] Smith, D. A., D. R. White, 1992. Structure and Dynamics of the Global Economy: Network Analysis of International Trade 1965-1980. *Social Forces*, Vol. 70, pp. 857-893.

[50] Smith, J. O., W. W. Powell, D. R. White, 2005. Network Growth and Consolidation: The Effects of Cohesion and Diversity on the Biotechnology Industry Network. *Management Science*, pp. 62-79.

[51] Snyder, D., E. L. Kick, 1979. Structural Position in the World System and Economic Growth, 1955-1970: A Multiple-Network Analysis of Transnational Interactions. *American Journal of Sociology*, Vol. 84, pp. 1096-1126.

[52] Squartini, T., G. Fagiolo, D. Garlaschelli, 2011. Randomizing World Trade Ⅱ. A Weighted Network Analysis. *Physics Review E: Statistical, Nonlinear, and Soft Matter Physics*, Vol. 84, No. 046118.

[53] Starnini, M., M. Boguñá, M. A. Serrano, 2019. The Interconnected Wealth of Nations: Shock Propagation on Global Trade-Investment Multiplex Networks. *Scientific Reports* (Nature Publisher Group), Vol. 9, pp. 1-10.

[54] Stutz, F. P., 1973. Distance and Network Effects on Urban Social Travel Fields. *Economic Geography*, Vol. 49, pp. 134-144.

[55] Tzekina, I., K. Danthi, D. N. Rockmore, 2008. Evolution of Community Structure in the World Trade Web. *European Physical Journal B*, Vol. 63, pp. 541-545.

[56] Watts, D. J., 1999. *Small Worlds: The Dynamics of Networks between Order and Randomness*. Princeton University Press.

[57] Zhao, J., J. C. S. Lui, D. Towsley, *et al.*, 2011. *Empirical Analysis of the Evolution of Follower Network: A Case Study on Douban*. 2011 IEEE Conference on Computer Communications Workshops (INFOCOM WKSHPS), pp. 924-929.

[58] Zhou, M., G. Wu, H. Xu, 2016. Structure and Formation of Top Networks in International Trade, 2001-2010. *Social Networks*, Vol. 44, pp. 9-21.

[59] Zhu, Z., F. Cerina, A. Chessa, *et al.*, 2014. The Rise of China in the International Trade Network: A Community Core Detection. *PLoS ONE*, Vol. 9, No. e105496.

[60] 白洁、梁丹旎、周睿："中国与 G20 国家贸易关系的调整与优化"，《数量经济技术经济研究》，2018 年第 10 期，第 96—110 页。

[61] 陈银飞："2000—2009 年世界贸易格局的社会网络分析"，《国际贸易问题》，2011 年第 11 期，第 31—42 页。

[62] 段文奇：《国际贸易网络的测度和演化模型研究》，光明日报出版社，2011 年。

[63] 高菠阳、李俊玮："全球电子信息产业贸易网络演化特征研究"，《世界地理研究》，2017 年第 1 期，第 1—11 页。

[64] 贺灿飞、余昌达："多维邻近性、贸易壁垒与中国-世界市场的产业联系动态演化"，《地理学报》，2022 年第 2 期，第 275—294 页。
[65] 胡平、王清、陆燕萍："基于隶属网络的西安软件产业集群网络形成机制研究"，《科技进步与对策》，2011 年第 3 期，第 69—74 页。
[66] 黄肖琦、柴敏："新经济地理学视角下的 FDI 区位选择——基于中国省际面板数据的实证分析"，《管理世界》，2006 年第 10 期，第 7—13+26+171 页。
[67] 蒋小荣、杨永春、汪胜兰："1985—2015 年全球贸易网络格局的时空演化及对中国地缘战略的启示"，《地理研究》，2018 年第 3 期，第 495—511 页。
[68] 黎明、郭琪、贺灿飞："邻近性与中国企业出口市场的地理扩张"，《世界地理研究》，2018 年第 1 期，第 1—11 页。
[69] 李行云、霍伟东、陈若愚："贸易网络结构、企业异质性与出口行为决策"，《世界经济文汇》，2018 年第 5 期，第 53—73 页。
[70] 梁经伟、文淑惠、李彦："东亚制造业生产网络的变化特征研究——基于贸易网络的分析视角"，《世界地理研究》，2019 年第 4 期，第 156—165 页。
[71] 陆梦秋、李恩康、陆玉麒等："距离成本重构与贸易引力模型的比较检验"，《经济地理》，2021 年第 7 期，第 40—49 页。
[72] 陆煊、黄俐："投资网络、近邻效应与投资者行为趋同性——基于复杂网络视角的实证研究"，《现代财经（天津财经大学学报）》，2014 年第 11 期，第 46—59 页。
[73] 罗仕龙、龚凯、邢欣等："基于社会网络分析法的国际贸易网络结构及演化研究"，《中国管理科学》，2016 年第 12 期，第 698—702 页。
[74] 马述忠、任婉婉、吴国杰："一国农产品贸易网络特征及其对全球价值链分工的影响——基于社会网络分析视角"，《管理世界》，2016 年第 3 期，第 60—72 页。
[75] 马远、徐俐俐："'一带一路'沿线国家天然气贸易网络结构及影响因素"，《世界经济研究》，2017 年第 3 期，第 109—122+136 页。
[76] 潘峰华、赖志勇、葛岳静："经贸视角下中国周边地缘环境分析——基于社会网络分析方法"，《地理研究》，2015 年第 4 期，第 775—786 页。
[77] 苏晓萍、宋玉蓉："利用邻域'结构洞'寻找社会网络中最具影响力节点"，《物理学报》，2015 年第 2 期，第 5—15 页。
[78] 孙早、宋炜、孙亚政："母国特征与投资动机——新时期的中国需要怎样的外商直接投资"，《中国工业经济》，2014 年第 2 期，第 71—83 页。
[79] 王开、靳玉英："全球 FTA 网络形成机制研究"，《财贸经济》，2013 年第 9 期，第 103—111 页。
[80] 卫健炯、胡海波："在线社会网络的形成机制——基于跨学科的视角"，《复杂系统与复杂性科学》，2015 年第 4 期，第 14—24+31 页。
[81] 文嫮、曾刚："嵌入全球价值链的地方产业集群发展——地方建筑陶瓷产业集群研究"，《中国工业经济》，2004 年第 6 期，第 36—42 页。
[82] 吴群锋、杨汝岱："网络与贸易：一个扩展引力模型研究框架"，《经济研究》，2019 年第 2 期，第 84—101 页。

[83] 吴宗柠、樊瑛："复杂网络视角下国际贸易研究综述"，《电子科技大学学报》，2018 年第 3 期，第 469—480 页。
[84] 许和连、孙天阳、成丽红："'一带一路'高端制造业贸易格局及影响因素研究：基于复杂网络的指数随机图分析"，《财贸经济》，2015 年第 12 期，第 74—88 页。
[85] 杨文龙、杜德斌、马亚华等："'一带一路'沿线国家贸易网络空间结构与邻近性"，《地理研究》，2018 年第 11 期，第 2218—2235 页。
[86] 邹嘉龄、刘卫东："2001—2013 年中国与'一带一路'沿线国家贸易网络分析"，《地理科学》，2016 年第 11 期，第 1629—1636 页。

第六章　区域一体化与国际贸易

第一节　引言

区域一体化作为对全球化体系的补充，早在 20 世纪 50 年代就已经缓慢起步，但是直到 90 年代才逐渐演变成席卷世界的潮流。自 1947 年基于《关税及贸易总协定》开始进行多边贸易谈判以来，过去几十年间世界多次经历了区域主义浪潮（De Melo and Panagariya，1993；Frankel *et al.*，1997；Mansfield and Milner，1999），但是 20 世纪 60—70 年代基于进口替代模式的区域贸易协定在很大程度上是无效的（Schiff and Winters，2003），直到 80 年代，随着美国及加拿大政策向双边和区域协定转变，区域一体化的浪潮才开始强劲突显（WTO，2011）。

区域一体化是当前世界最具活力的国际经济现象之一，与全球化潮流一同推动着世界经济的快速增长，塑造着当今世界的经济地理格局。目前全球一半以上的贸易是通过优惠协定进行的，其余的主要是未签署优惠贸易协定的欧盟、美国、日本和中国之间的贸易，只有少数国家不属于任何优惠协定（WTO，2015）。当前主要区域一体化集团包括欧盟（EU）、东盟（ASEAN）、全面与进步跨太平洋伙伴关系协定（CPTPP）、区域全面经济伙伴关系协定（RCEP）等（图 6-1），并且自由贸易协定的形成过程还在继续，不断波及世界上几乎每一个地区、每一个国家，尤其是中等收入国家和新兴市场国家表现出极大的活力。步入 21 世纪以来，随着自由贸易协定的推进，国家间贸易自由化程度不断提高，贸易频率与规模增大，全球贸易网络开始向复杂网络演化（Guglielmo *et al.*，2009）。身处全球化与区域化并存的世界，只有认识并理解区域一体化的含义与特征，才能准确理解全球贸易网络的真实面貌。

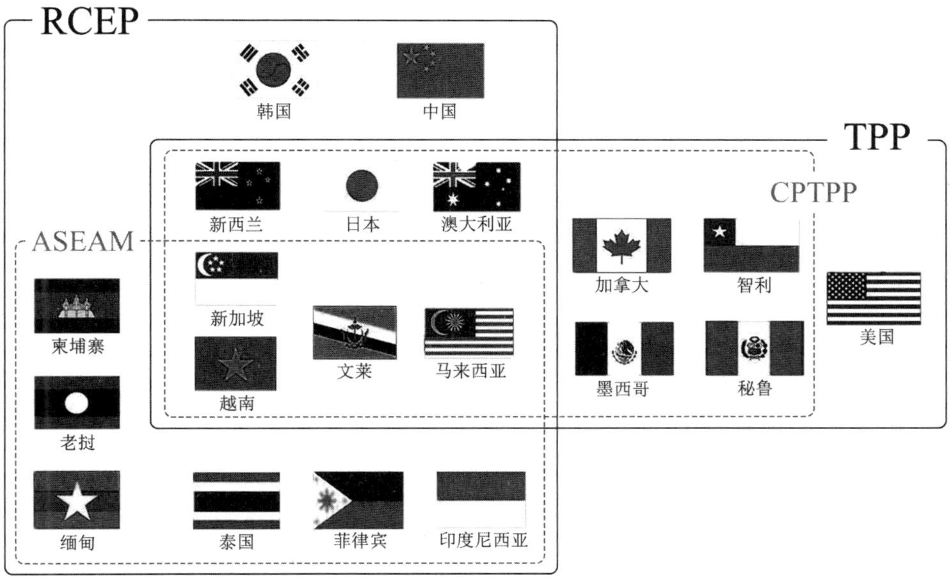

图 6–1　部分区域一体化集团的成员国构成

本章着重介绍区域一体化的含义，回顾区域一体化理论的演进过程，总结区域一体化的经济效应和相关地理研究，适当介绍欧盟、北美自由贸易区等代表性区域一体化组织的概况并梳理中国参与区域一体化的历史进程。

第二节　区域一体化概念

一、区域一体化的概念与类型

关于区域一体化的具体概念，学界的理解并不一致，不同学科对其定义各有侧重。诺贝尔经济学奖得主、荷兰经济学家廷伯根（Tinbergen）最早在其著作《国际经济一体化》中提出了区域一体化的概念。他认为，区域一体化是一种通过国家或地区间相互协作，削减或消除妨碍有效贸易的障碍，以创造最优国际经济结构的过程。区域一体化是一个“过程”和“状态”并存的概念，既反映旨在消除区域内国家之间不平等待遇的过程，又体现出国家（地区）相互合作、共同发展、消除不平等待遇的状态（Balassa，1961）。根据巴拉萨（Balassa，1961）和帕纳加里亚（Panagariya，1999）的观点，区域一体化存在五种不同的形式，按照一体化程度由低到高分别为：优惠贸易安排（Preferential Trade Arrangement，PTA）、自由贸易区（Free Trade Area，FTA）、关税同盟（Customs Union，CU）、共同市场（Common Market，CM）和经济联盟（Economic Union，EU）。除此之外，区域一体化的最高级形式是完全经济一体化（Complete Economic Integration，CEI）。

1. 优惠贸易安排

优惠贸易安排是经济一体化中最低级和最宽松的一种形式，商品流动的障碍并没有完全消除。其中最典型的例子是英国与其自治领①成员如加拿大、澳大利亚等国在 1932 年建立的英联邦特惠制，另一个案例是印度尼西亚、马来西亚、菲律宾、新加坡和泰国等东盟成员从 1977 年开始实施的特惠贸易安排协议。

2. 自由贸易区

自由贸易区是由签订自由贸易协定的两个或两个以上国家或地区组成的贸易区域。在自由贸易区内，各成员国通过逐渐减免直至废除关税和进口数量限制，使区域内各成员国的商品可以完全自由流动。然而，各成员国同时保留了各自独立的对外贸易关税结构和其他贸易保护措施，以防止某些非成员国通过贸易壁垒较低的成员国间接进入区域市场，从而规避壁垒较高成员国的贸易限制。

3. 关税同盟

关税同盟指的是由两个或两个以上的国家通过签订协定取消区域内的关税或其他贸易壁垒，并对非成员国实行统一的关税税率而形成的贸易同盟。这一联盟的目标是确保成员国的商品在统一关税和其他贸易壁垒的保护下，在市场上占有竞争优势，限制非同盟国的商品竞争。相较于自由贸易区，关税同盟进一步推进了经济一体化，不仅消除了区域内的贸易壁垒，而且要求每个成员国

---

① 自治领（Dominion）是大英帝国殖民地制度下一个特殊的国家体制，是殖民地迈向独立的最后一步。在 19 世纪，加拿大、澳大利亚、新西兰、南非和爱尔兰都曾由英国的殖民地（Crown Colony）或自治殖民地（Self-Governing Colony）进化成英国的自治领。

调整各自的关税和配额制度，建立起统一的对外贸易壁垒。

4. 共同市场

共同市场意味着成员国之间不仅完全废除了关税和进口数量限制，还建立了对非成员国的统一关税，允许劳动力、资本等生产要素在成员国之间自由流动。

5. 经济联盟

经济联盟是一种更高级别的区域一体化组织形式，成员国在关税、贸易和市场一体化的基础上，还需要进一步协调彼此的经济政策和社会政策，使一体化程度从商品交换扩展到生产、分配甚至国民经济的各个领域，并设立超国家机构来制定和执行相应政策。

6. 完全经济一体化

完全经济一体化是区域一体化的最高级形式，其成员国在经济、金融、财政等政策上实现了完全统一。各成员国完全取消了商品、资金、劳动力流动以及服务贸易等方面的各种障碍，并建立了更加紧密的政治、经济联盟，统一了对外政治、外交和防务政策，设立了统一的金融管理和监管机构，发行了统一的货币。

各种类型区域一体化的特征如表 6-1 所示。

表 6-1　不同类型区域一体化的特征

合作特征	优惠贸易安排	自由贸易区	关税同盟	共同市场	经济联盟	完全经济一体化
全部取消关税	否	是	是	是	是	是
设立共同壁垒	否	否	是	是	是	是
不限制要素流动	否	否	否	是	是	是
统一经济政策	否	否	否	否	是	是
统一政治政策	否	否	否	否	否	是

二、区域一体化与经济全球化

区域一体化和经济全球化之间的关系备受瞩目，尤其在当今蓬勃发展的区域一体化背景下，两者之间的互动既有可能构建贸易保护主义的区域联盟，违背全球自由贸易原则，从而妨碍经济全球化的进程；又有可能通过深化区域一体化的内涵，推动区域一体化向全球一体化的过渡，进而促进经济全球化的发展。

一方面，区域一体化的核心目标在于加强成员国之间的协作和协调，通过建立区域性的对外经贸合作壁垒来实现局部最优化，这使得区域一体化成为一种歧视性和排他性的制度安排，其内部的优惠待遇不适用于区域外的国家。贸易协定和关税同盟等一体化形式所产生的贸易转移效应导致国际分工关系的扭曲，商品的生产和销售效率降低，与 WTO 所倡导的自由贸易原则相矛盾。正如巴格瓦蒂（Bhagwati，1993）所指出的，区域一体化实践并没有完全体现其理论模型中的福利促进作用。克利须那（Krishna，1998）的研究也发现，区域贸易自由化可能对多边贸易合作造成损害，贸易转移所带来的福利效应越大，区域一体化就越有可能妨碍多边贸易自由化。此外，许多区域一体化组织通过强化非关税壁垒来捍卫成员国的利益，削弱了多边自由贸易提倡的关税减让所带来的积极效果，甚至在区域一体化内部，贫富差距也在不断加大（Koffs，2008）。

另一方面，区域一体化在要素流动的跨国配置等方面呈现出与经济全球化高度一致的特点，加速了经济全球化的步伐。索普朗泽蒂（Sopranzetti，2018）发现，2000 年全球自由贸易协定体系是分别围绕欧洲、北美、中东等多边区域协定组织进行的，到 2015 年所有国家都直接或间接地相互联系在一起。正如克鲁格曼（Krugman，1994）所认为的，区域一体化带来的生产和投资转移效应虽然可能对一些国家或组织产生负面影响，但总体上提高了全球福祉水平。艾肯格林和弗兰克尔（Eichengreen and Frankel，1995）的分析也指出，在 20 世纪 30 年代，区域一体化是对多边贸易的一种尝试，而在 20 世纪 90 年代，区域一体化成为克服多边贸易障碍的手段。萨扎纳米（Sazanami，1997）的研究表明，区域一体化与经济全球化是相同的经济动力的结果，特别是在亚太地区，这两者紧密关联。此外，近年来大量的实证分析证实，区域一体化是全球化进程的一个阶段（Oh and Selmier Ⅱ，2008；Pomfret and Sourdin，2009；Chen and Lombaerde，2014）。鲍德温（Baldwin，1997）提出了“区域主义的多米诺理论”，认为区域互惠贸易协定可能会引发“多米诺骨牌”效应，即一个区域经济集团的建立会引来大量非成员国的申请加入，同时区域本身也会不断扩张，影响到区域之外的地区。

总而言之，必须以辩证的眼光看待区域一体化和经济全球化之间的关系。尽管表面上存在封闭性和排他性，但大多数学者认为，区域一体化与经济全球化是同一动态过程的两种表现形式，它们相互促进、相互制约、相互补充，而非单纯的推动力或阻力。朴光姬（2000）认为，区域一体化对经济全球化的促进或阻碍取决于其内外部影响，最终还要考虑国家力量对一体化进程的控制能力。孙烽（2000）认为，区域一体化和经济全球化本质上都是因市场制度内在缺陷而引发的制度变迁。

第三节 区域一体化理论

区域一体化理论研究一直是贸易经济地理领域的重要议题。关于区域一体化的经典理论包括关税同盟、自由贸易区理论、大市场理论等，不仅对经济一体化产生深远影响，还在政治和制度层面提供了重要的指导。

一、关税同盟理论

关税同盟是区域一体化最典型的形式，其理论研究一直处于该领域的核心位置。维内（Viner，1950）在 20 世纪初迈出了第一步，在其著作《关税同盟理论》中首次运用定量方法分析了贸易创造和贸易转移现象，并得出一个重要结论：关税同盟的效应取决于这两者之间的差异。这一观点奠定了关税同盟理论在经济一体化研究中的重要地位。此后，许多学者对关税同盟的福利效应进行了研究（Meade，1955；Lipsey and Laneaster，1956），并总结出关税同盟应当达到次优水平，即贸易创造大于贸易转移。随后的研究引入了规模经济、消费效应等因素，构建了更加一般化的模型，例如“三国、两商品”和“三国、三商品”模型，同时放宽了局部均衡和单一产品市场假设，进一步改进了理论分析（Meade，1955；Cooper and Massell，1965；Corden，1972）。

二、自由贸易区理论

除了关税同盟理论，自由贸易区理论也是分析区域一体化的重要工具。自由贸易区理论由英国学者罗布森（Robson）提出，强调了贸易偏转效应，揭示了自由贸易区形成后可能出现的贸易扭曲现象。罗布森指出，成员国从区域外最低关税的非成员国以较低价格进口商品，然后以较高价格出口给区域内其他成员国，从而产生了贸易偏转（梁双陆、程小军，2007；李欣红，2007）。成员国之间的对外关税差异可以弥补非成员国福利水平的下降，而不会改变全球福利水平。此外，他还强调了规模效应和不完全竞争，详细分析了发展中国家的“南-南”型区域一体化现象，拓宽了原先以发达国家为对象的区域一体化模型。这一理论加深了对非成员国的影响分析，对发展中国家的参与提供了新的视角。

三、大市场理论

在关税同盟理论和自由贸易区理论的基础上，大市场理论进一步强调市场大小对区域一体化的影响。西托夫斯基（Scitovsky）等学者将竞争效应、规模效应和累积循环效应引入区域一体化分析框架，认为在大市场条件下，激烈的竞争可以实现规模经济，从而使区域经济在“滚雪球”效应作用下不断扩张。大市场理论不仅勾画出深化区域合作为各成员国带来巨大福利的前景，而且突破了纯粹经济模型的抽象分析，更符合现实世界中要素自由流动的假设（梁双陆、程小军，2007）。

20 世纪 60—70 年代，包括大市场理论在内的一系列理论快速涌现，不但为欧洲的区域一体化提供了理论基础，还推动了欧洲建立欧元区的实践。例如，蒙代尔（Mundell）关注区域一体化与货币流动之间的关系，主张采用固定汇率建立一个货币区，被称作最佳货币区理论。他认为，最佳货币区比浮动汇率更能有效地实现内外平衡、降低资源成本、增加经济效益并加速经济发展。同时期，新功能主义、政府间主义、自由政府主义等理论为欧洲的区域一体化提供了政治支持，而中心-外围理论（Prebisch and Unies，1950）、国际依附理论（Baran，1962）等也开始探讨发展中国家如何参与经济一体化。

四、多元视角下的区域一体化理论

20 世纪 90 年代，区域一体化理论研究已经不再局限于国际贸易和政治关系的讨论，新区域主义、新经济地理学、新制度经济学等不同流派为区域一体化研究注入了新的活力。

新区域主义强调环境、社会保障、安全和民主等多元非经济要素。作为对旧区域主义的改进，以经济一体化为基础的新区域主义通过对内调节国家和企业策略、对外提供国际体系变动的动力（Telò，2001），鼓励各成员之间形成高度的相互依赖性，积极主动地融入世界经济体系，尤其倡导发展中国家由进口替代策略转变为出口导向型和外资导向型策略（Lawrence *et al.*，1997）。在这种强调自上而下和自下而上相结合的区域治理模式中，国家、国际性机构组织以及非政府主体的作用凸显，区域组织形式和手段进一步多样化（Hettne，1999），新区域主义成为国家应对经济全球化的重要策略。

新经济地理学关注区域一体化过程中非均衡现象与空间差异的形成和发展。以克鲁格曼和维纳布尔斯（Venables）为代表的新经济地理学家将运输成本及其他贸易壁垒等地理因素纳入经济模型中，考察了贸易成本下降过程中的厂商区位选择和劳动力迁移，创建了区域一体化的核心-边缘理论（Krugman，1995）。该理论认为，在经济一体化初期，两个区域的福利水平保持同等幅度增长；随着非对称均衡的出现，区域之间会产生差异并持续扩大；当一体化达到某一临界值时，空间差异又会开始缩小，核心区和边缘区的福利水平趋同（Combes *et al.*，2011）。这一钟形曲线模型纠正了以往认为区域一体化是成员国之间线性趋同的错误观念，指出了区际差异存在的必然性和发展的非线性过程。

新制度经济学从交易成本、制度变迁和公共选择等视角解释了区域一体化的动力源与效应（李景峰、刘英，2004；刘澄、王东峰，2007）。交易费用理论通过将区域一体化过程中协议起草、谈判、维护以及争端出现后的争吵、组织机构的建立等核算为交易成本，扩展了原有以缩小贸易成本为主要推动力的区域一体化分析框架。该理论基于交易费用下降所带来的要素自由流动、产业分工、企业间互动关联、产业集聚和市场容量的扩大等一系列效应，解释了区域一体化持续推进的原因（Coase，1960）。制度变迁理论阐释了区域一体化产生的原动力，认为区域一体化实际上是市场结构性失效所引起的一种理性选择，即当潜在的利润超过由制度变革引起的预期成本时，区域内的成员便会通过合作的策略，实现外部利润的内部化，从而取代旧有的制度安排，以实现帕累托最优（孙烽，2000）。公共选择理论还从成本-收益的角度指出，成员数增多引发的协商解决成本加大、“搭便车”的动机增强等因素，会抑制集体行动的实现，从而回答了为何欧盟这样的区域一体化典范也曾面临举步维艰的境况（Olson *et al.*，1995）。

随着区域一体化进程的不断深入，一些学者专注从制度构建和文化认同上拓展对区域一体化的认识，使区域一体化的理解更加丰富和多元（Linklater，1998；Erll，2010；Israel *et al.*，2017）。这些丰富和多元的理论认知与分析框架为全球范围内的区域一体化实践提供了指导。

综上所述，区域一体化理论的演进历程反映了经济地理和国际贸易领域的学术探索与理论体系的完善（表 6–2）。从关税同盟理论、自由贸易区理论、大市场理论，到新区域主义、新经济地理学、新制度经济学以及文化认同等多视角，学者对区域一体化的理解不断深化，为政策制定和实践提供了重要的理论支持。这一理论演进过程反映了学术界对全球化和地区合作的关切，也为应对全球挑战提供了有力的理论基础。

表 6–2 区域一体化的主要理论

时期	主要代表	主要理论	主要观点
20 世纪 30—40 年代	维内	关税同盟理论	关税同盟的贸易创造和贸易转移效应影响全球福利水平
20 世纪 60—70 年代	罗布森	自由贸易区理论、共同市场理论	自由贸易区的贸易偏转将保持全球福利水平，同时自由流动的要素有助于形成统一的市场
	西托夫斯基	大市场理论	大市场的规模经济效应将激发成员间的良性竞争，放大经济增长速度
	蒙代尔	最佳货币区理论	成员国之间实行统一货币，促使欧洲货币联盟的出现
	普雷比施和尤尼斯	中心–外围理论	发展中国家必须一体化形成广阔市场，与“中心”国家抗衡
	巴兰	国际依附理论	改革内部制度和结构，实行内部的经济一体化

续表

时期	主要代表	主要理论	主要观点
20世纪 90年代以来	哈特向	新区域主义	区域一体化趋势下，国家疆界将淡化，区域地位逐渐上升并成为全球重要的行动者
	克鲁格曼和维纳布尔斯	核心-边缘理论	区域一体化的过程并不是经济活动线性的集聚过程，贸易成本在一定范围内的下降将增大区域的不平衡，但当贸易成本足够小时，区域的经济空间将达到稳定均衡状态
	科斯	交易费用理论	区域一体化将有效降低交易成本，促进要素流动和市场范围的扩张，产业集聚和市场容量的扩大又会反过来加深产业分工，促进区域一体化
	科斯和诺斯	制度变迁理论	区域一体化作为一种制度安排产生于市场和政府的双重失灵，其过程反映了成员国之间利益博弈和利益共享的制度变迁
	奥尔森	公共选择理论	区域一体化危机的制度根源在于“搭便车”行为
	林克莱特等	文化转向	以文化视角理解区域一体化，引入文化指标

第四节　区域一体化的经济效应

一、区域一体化的静态效应

区域一体化的静态效应主要关注区域一体化对贸易流动的影响，包括贸易创造和贸易转移效应，其大小取决于区域一体化组织内部的关税和非关税壁垒以及成员间的经济差异。这两种效应在区域一体化经济效应分析中一直占据主导地位，最初主要来自理论分析，直到廷伯根（Tinbergen，1962）将引力模型应用到对外贸易分析后才开始逐渐转向实证研究。

在评估区域一体化内成员间如何分配利益及其对世界其他地区的影响时，贸易条件是重要的评估标准。温特斯和常（Winters and Chang，2000；Chang and Winters，2002）分析了西班牙加入欧盟、巴西加入南方共同市场的情况，结果都表明，一体化集团外国家的出口价格下降，集团内国家贸易条件改善。此外，非关税壁垒对贸易流动的影响与关税同盟有所不同。阿查里亚（Acharya，2011）研究了全球 19 个区域一体化组织的情况，发现东非和南非共同市场、加勒比共同体、中欧自由贸易区及南部非洲发展共同体都存在明显的贸易转移效应。区域一体化组织还可能通过降低成员间的信息不对称、提高产品质量和消费者信心等途径，进一步促进贸易创造和贸易转移效应的实现。

二、区域一体化的动态效应

区域一体化通过多种方式产生动态经济效应，主要表现在规模经济效应和竞争效应上（Balassa，1961；Corden，1972）。区域一体化规模经济效应的代表理论为协议性分工理论，核心思想是：为了使经济一体化集团获得规模经济效益，并能和谐地扩大成员国之间的分工和贸易，单纯依靠传统的国际分工理论是不够的，因为传统的国际分工理论是以成本差异和规模报酬递减为基础，没有考虑成本相同和规模报酬递增的情况。为弥补这一缺陷，协议性分工理论认为，在规模报酬递增的部门，不同国家之间可以通过协议相互提供市场，从而共同分享规模经济效益。区域一体化的竞争效应是指，建立区域性经济集团之后，原来的贸易和投资壁垒被废除，原有一国范围内的垄断随之被打破，国内企业不得不面临成员国企业的强大竞争。在这个问题上，西托夫斯基的大市场理论最为著名。

伴随区域一体化的深入实践，关于其动态经济和社会效应的研究也不断向跨国投资、经济增长、收入分配、生产率、就业、贫富差距、集聚与区位配置等领域延展，取得了很多有价值的研究成果。

1. 投资创造与投资转移效应

投资创造与投资转移效应是关于区域一体化的重要研究领域，由金德尔伯格（Kindleberger，1966）首次提出。大多数实证研究表明，区域一体化与区域内外商直接投资存在复杂关联（Baldwin and Venables，1995；Francois and Rombout，2000）。一方面，区域一体化内部成员国关税下降可能扩大外来投资；另一方面，外部关税水平的降低可能会导致一些投资者采用“关税避让”策略，撤回其投资。例如，布罗斯多姆和科克（Blomström and Kokko，1997）指出，区域一体化中的投资便利化措施可以直接促进外资流入；全毅和高军行（2009）在研究东亚区域一体化时指出，该地区的贸易受到外国直接投资的积极影响；塞克凯特和葛高（Sekkat and Galgau，2004）则通过研究欧盟的情况发现，欧盟的建立显著提升了区内国家吸引外来投资的能力，从而创造了大量的投资机会。然而，邵秀燕（2009）的研究表明，不同国家的经济发展水平可能导致在区域内部吸引外资方面存在差异：在东盟地区，老成员国吸收的外资占整个东盟的80%以上，而新成员国加入后外资流入并无显著提升。贺灿飞等（2013）强调了关系在贸易和投资方面的重要性，地理接近和经济一体化可以降低贸易成本，促进区域间的贸易和投资合作。

2. 经济增长效应

早期区域一体化对于发达国家的经济增长产生了积极效应，然而在发展中国家的表现并不尽如人意（Baldwin and Venables，1995；Henrekson *et al.*，1997）。对于 20 世纪 90 年代以后建立或复兴的区域一体化组织，瓦姆瓦基迪斯（Vamvakidis，1999）指出，新兴的“南-北”型区域一体化应该在促进经济增长方面发挥积极作用，这是因为在更为开放和自由的前提下，“南-北”型区域一体化相对于“南-南”型区域一体化更容易获得发达国家的溢出效应，从而对经济增长产生积极影响。布伦纳（Brunner，2009）强调，东南亚地区在面临金融危机和经济衰退的挑战时，区域一体化为实现结构性变革提供了重要机遇。范赫亚（Van Hoa，2010）研究发现，加入 WTO 以及参与区域贸易合作有助于推动中国的对外贸易和经济增长。戴维斯和桥本（Davis and Hashimoto，2016）研究表明，区域一体化有助于提高制造业的集聚，特别是在面对强大垄断力量的情况下，它可以进一步促进生产率的增长和国家福利的提升。

3. 收入分配效应

实施区域一体化的国家之间，特别是那些收入水平差异巨大的国家之间，面临着分配成本和收益的重大挑战。经济学家对于自由贸易是否加剧了两极分化进行了深入研究。卡拉斯（Karras，1997）对东盟、欧盟和拉丁美洲自由贸易联盟的三个区域一体化组织进行了研究，结果显示欧盟内部出现了明显的人均收入趋同现象，拉丁美洲自由贸易联盟的趋同效果较弱，而东盟甚至出现了收入分化的情况，这表明区域一体化不一定会导致成员国收入水平的趋同。维纳布尔斯（Venables，1999）也得出了类似的结论，欧盟内部成员国的人均收入水平趋同，而中美洲共同市场（Central American Common Market，CACM）和西非国家经济共同体（Economic Community of West African States，ECOWAS）的成员国则出现了分化。陈可达等（2011）的研究发现，欧盟国家在制度、科技、贸易、投资等方面的全面一体化促进了经济增长的趋同效应。总体而言，“北-北”型区域一体化导致了成员国之间的趋同效应，“南-南”型区域一体化则扩大了成员国之间的差距，而“南-北”型区域一体化组织在经济改革、技术转移和投资方面的天然优势促使经济趋同，为发展中国家提供了重要机遇（Venables，2016）。

4. 区位配置效应

大量研究表明区域一体化对产业专业化和地理集聚具有促进作用。尼布尔（Niebuhr，2008）的研究发现，欧盟国家的边界地区相对于非边界地区获得了更多的一体化效益。段春锦等（2014）的研究发现，区域一体化进程有助于促进产业转移和刺激投资，从而加速了中国边境地区的经济发展，并且区域一体化的长期效应还改变了成员国的产业位置和产业结构。布吕哈特和托斯特森（Brülhart and Torstensson，1996）的研究分析了欧盟成员国的 18 个制造业部门，发现欧盟一体化提高了 11 个产业的地理集中度。维纳布尔斯等（Venables *et al.*，2000）认为，欧洲一体化导致国家之间的产业差异和产业专业化程度不断提高，使得地理分散的产业更加集中。

然而，关于区域一体化对产业集聚和分散的影响仍然存在争议，对外贸易可能削弱原有的经济中心地位，促进接近市场的地区的经济发展，可能导致产业空间分散。汉森（Hanson，1998）的研究表明，北美自由贸易协定内部成员国的产业分布更加分散，贸易自由化削弱了墨西哥城的中心地位，提高了边界城镇的贸易影响力和产业集聚水平。法尔切奥卢和阿克恩古尔（Falcıoğlu and Akgüngör，2006）的研究也发现，欧盟贸易自由化对土耳其内部的产业区位模式产生了深远影响。

第五节　区域一体化的地理研究

一、尺度

尺度是地理学的核心概念，代表着地理学独特的思考视角。传统地理学认为，尺度之间的关系是垂直且相互嵌套的（Delaney and Leitner，1997；Smith，2000），每个尺度都具有明确定义的边界和明显的边界效应。然而在经济全球化“时空压缩”的影响下，尺度的概念发生了变化，不再仅限于尺度的垂直叠加，而是呈现出立体结构。跨国公司的兴起改变了原有的地理空间结构和组织形式，塑造了更加复杂和多元化的经济格局，全球与地方之间的关系变得更加复杂。全球贸易逐渐受到组织、制度、文化和认知等多维度联系的影响，国家与国家、地区与地区之间的联系也愈发水平化发展（贺灿飞、毛熙彦，2015；毛熙彦、贺灿飞，2016；陈航航等，2018）。

当前的研究越来越多地考虑到垂直和水平尺度构建的复杂性。例如，史温吉道（Swyngedouw，2004）提出的“全球地方化”概念包括了多层次的尺度，既包括朝着全球范围的尺度扩展，也包括向区域、地方和个体的延伸。区域一体化的核心是国家力量推动下形成的联系，具有明显的“关系”特征，因此呈现出水平尺度的特点，构成了一个二维网络化的空间（Swyngedouw，2004）。然而在“时空压缩”的影响下，区域一体化的尺度仍然包含一定的全球-地方联系，包括在国家内部为响应一体化进程而开展的一系列空间治理措施，这表明区域一体化在尺度上既以水平联系为主，同时也存在由国家力量主导的全球协作和地方治理构建的立体网络尺度。封闭或半封闭的一体化制度安排成为立体尺度构建的典型案例：在内部，区域一体化成员之间的多维邻近关系在经济、文化、制度和地理方面形成了特殊的水平联系，从而构成多样化的一体化组织形式；在外部，区域一体化的制度安排形成了与传统地理边界不同的新边界，国家力量和全球-地方联系主导了区域一体化尺度的垂直扩展。

二、联系

地理学研究关注主体联系和邻近性，有助于更好地理解区域一体化的概念（Frankel，1991；Schott，1991；Poon，1997；Martin，2010）。在当前全球经济的复杂背景下，传统的国家主导型发展模式已经不再适用，区域一体化也不再由国家主导的合作协定来推动，而是多方行为主体的互动结果，包括政府、企业和国际组织等（贺灿飞、毛熙彦，2015）。在这一背景下，传统的基于贸易协定的分析框架显然受限。因此，一些学者引入了基于关系的尺度构建，采用网络分析方法，为全球和区域发展提供了一个多尺度、全景式的分析框架（贺灿飞、毛熙彦，2015）。其中，全球生产网络是一个典型的分析框架（Henderson *et al.*，2002；Dicken，2003；Coe *et al.*，2004；Yeung，2009），认为区域发展是一个多元综合的过程。学者们对这个理论框架的不断丰富和拓展使之成为全球化背景下区域发展研究的经典理论，提供了独特的视角，用于理解不同尺度上区域一体化的形成和发展以及区域一体化的内部联系和外部影响（Brunner，2009；Dicken，2005；Krapohl and Fink，2013；Zhu and Pickles，2014）。这种新的理论框架不仅超越了传统国家中心主义的视角，还强调了各种主体之间的相互作用，强调了国际经济关系的复杂性，从而为深入研究区域一体化提供了更为全面和多维的视角。这个框架的应用有助于更好地理解和解释区域一体化的动态过程，以及为全球化背景下区域发展的复杂性提供有力的分析工具。

三、边界

在当前全球化的背景下，讨论“边界弱化”和“地理终结”成为社会科学的热门话题（Bethlehem，2014；Graham，1998；Greig，2002；O’Brien，1992）。尤其是地理学者关注尺度、联系和边界的研究，强调了全球化时代的地方力量和国家权力的变革，以反驳边界弱化和地理终结的观点。区域一体化的广泛实践也证明了边界并未真正消失，而是以新的形式存在。

一方面，边界在区域一体化的进程中以全新的形式出现。贸易壁垒由区域一体化产生，导致了全球化时代新的边界现象。维内（Viner，1950）认为，关税同盟使成员国之间的贸易价格低于非成员国，引发了贸易转移效应。科登（Corden，1972）进一步提出了关税同盟的贸易抑制效应，即高效率的成员国倾向于本国生产取代便宜的外国进口。帕纳加里亚（Panagariya，1999）的研究也指出，区域一体化提高了对区域外国家的关税水平。此外，圣路易斯联邦储备银行的研究发现，在北美自由贸易协定成员国中，相互之间的贸易在增长，但加拿大与欧洲和亚洲的贸易却减少了（杨树明、刘会春，2007）。这种边界效应虽然不同于传统的领土边界，但它们仍与其他国家和地区保持着贸易往来，加深了经济和政治联系。这些区域一体化组织的涌现，与经济全球化交织在一起，形成了多重交叠的组织，被经济学家称为“意大利面条碗”（Spaghetti Bowl），带来了贸易效率降低和成本增加等问题，彰显了区域一体化所带来的新边界复杂性。

另一方面，国家边界表现出极强的坚韧性，在全球贸易中仍然具有壁垒作用。尽管一些学者认为，跨国公司和全球生产分工改变了国家力量的角色，一体化进程可能涉及国家主权的让渡或损失，国际政治学家将其称为“主权成本”（Abbott and Snidal，2000）。但实际上，基于区域一体化的实证研究显示，国家边界从未真正消失。例如，麦卡勒姆（McCallum，1995）研究了美国-加拿大自由贸易协定签署前后的贸易量，发现跨国边界效应仍然存在。类似的国家边界效应也在经济合作与发展组织和欧盟内部得到了证实，表现为一体化组织内部的贸易更倾向于本国（Home Bias）。克鲁格曼（Krugman，1991）的比较研究发现，尽管欧盟各国内部市场逐步统一，但相较于美国，仍存在明显的贸易障碍，国界在一定程度上阻碍了贸易和要素流动。网络分析也提供了证据，欧盟内部的贸易网络仍然呈现核心-边缘结构，国家力量在一体化组织内部的贸易格局中扮演重要角色（De Benedictis and Tajoli，2011）。与此同时，区域一体化为国家边界赋予了深刻的经济意义，促进了跨边界合作，但一体化区域与其外部的边界效应仍然显著。因此，国家力量与一体化组织力量之间存在着微妙的平衡，国家力量虽然在一定程度上被削弱，但从未完全消失，与基于制度和协议构建的一体化组织力量相比，国家边界的力量更加显著和持久（王亮、刘卫东，2010）。

综上所述，区域一体化导致了新边界与传统边界的共存。新边界基于区域一体化的制度安排和贸易协定，建立在关系网络上，依赖于国家力量的干预和调控，具有选择性、方向性和动态性，是“再领土化”的体现。但是这些新边界并没有阻断区域对外联系，一体化区域内外的经济和政治联系仍在不断加深，并且传统的基于欧式空间的领土边界仍然具有重要意义。不仅成员国的领土边界产生了强烈的边界效应，还考虑到一个国家可能参与多个不同的区域一体化组织，这使得区域一体化边界构成了国家边界的缓冲，实际上强化了在全球化背景下的国家力量。

第六节　代表性区域一体化组织

一、欧盟

欧盟作为当今世界最具代表性的区域一体化组织，是全球经济最发达的地区之一，拥有 27 个成员国，使用 24 种官方语言。通过促进商品、劳务、人员和资本的自由流通，欧盟进一步推动了欧洲的经济增长。截至 2023 年，欧盟的地区生产总值达到 27 万亿欧元，占全球经济的 17.4%。欧盟是全球货物和服务贸易的最大进出口方，主要贸易伙伴包括美国、中国、俄罗斯和瑞士。不仅如此，欧盟还是全球最不发达国家的最大出口市场和最大援助者，是多边贸易体系的坚定倡导者和主要领导力量。

由于欧盟区域一体化实践覆盖范围广、影响深远，学者们对其区域一体化进程所带来的一系列经济效应进行了深入研究，包括经济发展、贫富差距、产业格局、社会福利等。鲍蒙特等（Baumont *et al.*，2003）详细分析了 1980—1995 年欧洲 138 个地区的经济增长过程，并指出这些过程与区域政策有着密切关联。邓宁（Dunning，1997）从国际直接投资的角度研究了主导欧盟地区直接投资的因素。科克斯等（Kox *et al.*，2004）通过研究欧盟内部服务贸易、直接投资和政策之间的关系，指出尽管欧盟是全球最高级别的区域一体化组织，但成员国之间的政策壁垒阻碍了其内部服务贸易和直接投资的发展。布朗查德和贾瓦齐（Blanchard and Giavazzi，2002）认为，随着一体化进程的加深，国际资本大规模跨境流动，导致欧盟地区金融市场发生结构性变革。鲍德温和维纳布尔斯（Baldwin and Venables，1995）从新经济地理学的角度研究了区域一体化对直接投资地理分布的影响。博什马和卡波尼（Boschma and Capone，2014）分析了欧盟地区的产业多样化进程，发现各国在与当前生产结构密切相关的产品中仍然保持着比较优势。

在欧盟不断发展尤其是近些年不断东扩的过程中，许多学者对其成员国的产业地理变迁展开研究。布吕哈特和托斯特森（Brülhart and Torstensson，1996）的研究发现，欧盟的一体化进程提高了 11 个产业的地理集中度。法尔切奥卢和阿克恩古尔（Falcıoğlu and Akgüngör，2006）指出欧盟贸易自由化对土耳其内部产业区位产生了深远影响。马格里尼（Magrini，1999）的实证研究发现，欧盟成员国之间人均收入的极化趋势，呈现出马太效应。霍林斯基等（Holinski *et al.*，2012）则认为，欧洲经济一体化对外围国与核心国的经济发展产生不同影响，扩大了它们之间的通胀差异。

作为区域一体化的领头羊，欧盟自身的一体化程度不断加深，各成员国的经济发展也日益紧密相连。面临全球化力量带来的深刻影响和变革，欧盟的未来发展充满挑战，但是同时也蕴藏着机遇。对于学术界来说，继续深入研究欧盟的区域一体化及其经济效应和社会问题，有助于更好地理解这一重要国际组织的发展和影响。

二、北美自由贸易区

北美自由贸易区由美国、加拿大、墨西哥组成，被视为全球最大的自由贸易区之一，其独特之处在于由超级大国主导的南北合作模式，使其成为 20 世纪区域一体化浪潮中的一颗独特的明珠。在协定签署之前，美国和加拿大已经具有较高程度的经济一体化，这种内部动因加上美、加、墨三国在经济上的互补性，共同推动了协定的签署。此外，国际经济环境的压力，如贸易保护主义的升级、区域经济集团化和国际竞争，也在外部层面推动了协定的签署（周文贵，2004；Tornell and Esquivel，1995）。

关于北美自由贸易区贸易增长与投资流入的研究显示，北美自由贸易区的整体经济效益既体现了促进效应，也存在阻碍效应。研究普遍认为，在北美自由贸易协定签署后，美国、加拿大和墨西哥的总贸易量以及这三个国家之间的双边贸易量显著增加（图 6–2），特别是墨西哥作为相对较弱的经济体实现了贸易快速增长（Kruger，1999；Soloaga and Winters，2001）。然而，圣路易斯联邦储备银行的研究报告指出，尽管北美自由贸易区加强了区域内的贸易合作，但也产生了一些阻碍效应（杨树明、刘会春，2007）。朱润东和张彬（2009）的实证分析表明，北美经济一体化总体上对美国的贸易增长更有利，而对墨西哥的贸易发展不利，并且这种收益差距不断扩大，但在投资方面存在相反的趋势。布罗斯多姆和科克（Blomström and Kokko，1997）分析了北美自由贸易区成立前后加拿大和墨西哥的外国直接投资流入情况，指出一体化并没有给加拿大带来明显的投资效应，但墨西哥却获益颇丰。此外，希诺霍萨-奥赫达等（Hinojosa-Ojeda *et al.*，1995）认为北美经济一体化还带来了一些非传统的好处，如墨西哥的民主原则和自由化等。布朗等（Brown *et al.*，1995）分析了北美经济一体化的战略选择，认为参与并主导北美自由贸易区对于美国维持其全球霸权地位和打开其他国家市场是至关重要的。汉森（Hanson，1998）的研究发现，北美自由贸易区导致美国产业更加分散，同时贸易自由化削弱了墨西哥城的中心地位，提升了边界城镇的贸易影响力。尤科维茨等（Yoskowitz *et al.*，2002）也发现，一体化提高了北美自由贸易区边境地区，特别是美墨边境地区的福利和企业效率。

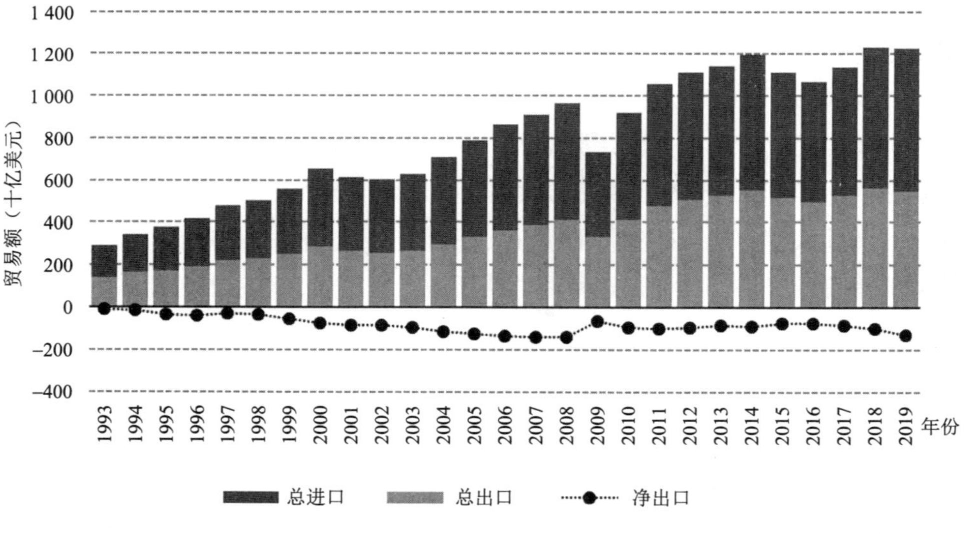

图 6-2 1993—2019 年美国与加拿大、墨西哥的商品贸易趋势

资料来源：美国国会研究报告。

战后出现的关税同盟、自由贸易区等形式的区域一体化组织，其成员国一般是经济水平相近的国家。从国际产业分工的角度分析，成员国之间多是水平分工方式，以达到较高层次上的竞争和互补关系。例如，欧盟在东扩以前由清一色的发达国家组成，是社会制度、经济发展水平和历史文化传统均相对接近的机制，是大多数成员国共同推动的，没有一个国家能起绝对的主导作用，因而其组织化和规范程度均远远高于其他区域组织，这也是其成功的基本原因之一。相比之下，北美自由贸易区由两个属于七国集团成员的发达国家和一个典型的发展中国家组成，它们之间在政治、经济、文化等方面差距很大。因此，北美自由贸易区是通过垂直分工来体现美、加、墨三国之间的经济互补关系，促进各方经济发展。北美自由贸易区是发达国家和发展中国家在区域内组成自由贸易区的第一次尝试，其实践对于世界范围内的区域经济合作也有很大的意义。

三、中国-东盟自由贸易区

东盟（东南亚国家联盟）由马来西亚、印度尼西亚、泰国、菲律宾、新加坡、文莱、越南、老挝、缅甸和柬埔寨十个成员国组成，其历史可以追溯到 1961 年马来亚（现马来西亚）、菲律宾和泰国在曼谷共同创立的东南亚联盟。自改革开放以来，中国一直在政治和经济领域积极推动与东盟及其成员国的友好关系发展，尤其是 1991 年中国与东盟建立对话伙伴关系以来，两者之间的合作关系进入了新的发展阶段。2002 年 11 月，第六次中国-东盟领导人会议在柬埔寨首都金边举行，双方签署了《中国与东盟全面经济合作框架协议》，这标志着中国-东盟自由贸易区建设进程的正式启动。2010 年 1 月 1 日，中国-东盟自由贸易区正式全面启动（表 6-3）。中国-东盟自由贸易区的建成使该自贸区的贸易占到了全球贸易总额的 13%，成为全球最大的自贸区之一，覆盖 11 个国家、19 亿人口，GDP 达到 6 万亿美元。同时，中国-东盟自由贸易区也是世界上人口最多的自贸区以及发展中国家间最大的自贸区，与欧盟、北美自由贸易区共同构成全球三大区域经济合作区。

表 6-3 中国-东盟自由贸易区发展历程

时间	事件或协定
1991 年	在第 24 届东盟外长会议上，中国与东盟开启合作进程
1997 年	受亚洲金融危机影响，中国承诺人民币不贬值并对有关国家进行援助
2000 年	中国提出构建中国-东盟自由贸易区的构想
2002 年	签署《中国与东盟全面经济合作框架协议》
2003 年	中国加入《东南亚友好合作条约》并签署《中华人民共和国与东盟国家领导人联合宣言》，与东盟建立了“面向和平与繁荣的战略伙伴关系”
2004 年	签署《中国与东盟全面经济合作框架协议货物贸易协议》《中国与东盟全面经济合作框架协议争端解决机制协议》，标志着自由贸易区建设进入实操阶段
2005 年	中国-东盟自由贸易区《货物贸易协议》正式实施
2007 年	中国-东盟自由贸易区《服务贸易协议》正式签署
2009 年	《中国-东盟自由贸易区投资协议》正式签署
2010 年	中国-东盟自由贸易区正式建立

学术界对于中国-东盟自由贸易区的经济影响进行了广泛研究。对中国与东盟间直接投资的影响因素及前景的分析表明，自 20 世纪 90 年代以来，中国和东盟的经济联系进一步强化，外资吸收规模达到了新水平（Shu and Zeng，2006）。中国与东盟之间的贸易主要建立在双方的比较优势和资源禀赋基础上，涉及产业内贸易、国际分工和东盟对中国的投资（Fukao *et al.*，2003）。唐宗（Tongzon，2001）使用可计算一般均衡模型发现，中国的加入为东盟成员国带来了益处。克罗姆和哈拉斯（Krumm and Kharas，2004）认为，中国与东盟建立自由贸易区给双方都带来了正面的福利影响，尤其是对东盟的好处要远大于对中国的好处。而李和帕克（Lee and Park，2010）的研究则认为，“中日韩+东盟”自由贸易区能够发挥更高质量的贸易效应。此外，徐婧（2008）的分析发现，中国-东盟自由贸易区显著促进了东盟国家对中国的进出口（图 6-3）。陈雯（2009）则通过引入各种虚拟变量和引力模型分析，发现该自由贸易区具有强大的贸易创造效应。浦田和冈部（Urata and Okabe，2013）考察了区域贸易协定对产品层面贸易流动的影响，发现东盟地区的纺织品贸易产生了更为明显的贸易创造效应。史智宇（2004）、周曙东和崔奇峰（2010）的研究发现，中国-东盟自由贸易区的建立有效促进了中国和东盟的双边贸易，尤其是农产品贸易的迅速增

长，而且没有对中国国内产业造成冲击，这一结果与双边互补性的贸易结构密切相关。

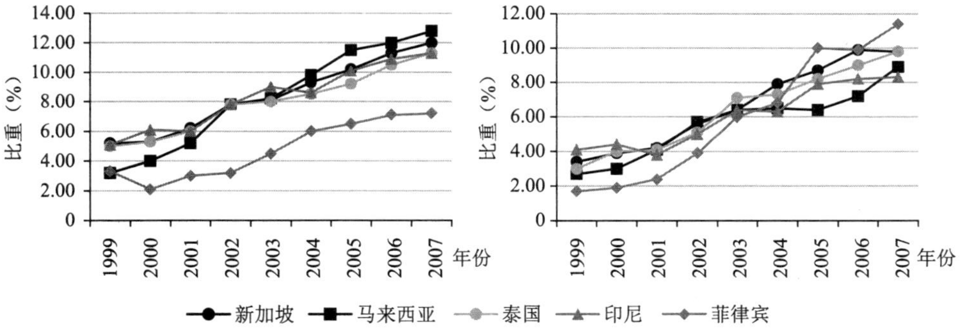

a. 东盟五国从中国进口的贸易比重　　b. 东盟五国向中国出口的贸易比重

图 6-3　1999—2007 年双边贸易在东盟五国进出口贸易中的比重

资料来源：徐婧（2008）。

作为全球第三大自由贸易区，中国-东盟自由贸易区经过多年的发展，为中国和东盟国家的经贸发展做出了巨大贡献。随着新一轮合作的到来，中国与东盟应继续深化合作，开展全方位、多层次的交流，以推动经济共同体的建设，实现更高程度的一体化。

四、中国参与区域一体化进程

早在 20 世纪 90 年代，中国就凭借劳动力成本和劳动力素质优势，加入了全球供应链体系。这一时期，中国开始探索有限的多边和双边贸易合作，与东盟国家以及日本、韩国、澳大利亚等国建立了相对稳固的贸易合作关系，同时在跨国投资领域也取得了令人瞩目的成绩（楼朝明，2014；高潮，2008；林玲、王炎，2004）。

1991 年，中国正式加入亚太经合组织（APEC），标志着中国开始积极参与区域经济合作。中国加入 APEC 推动了亚太地区的贸易和投资自由化，为经济技术合作做出了贡献，并在其与 WTO 的谈判中起到了积极作用（Shen，1999；Adams *et al.*，2010）。2000 年，中国在第四次中国-东盟领导人会议上首次提出建立中国-东盟自由贸易区，正式启动了中国的区域经济一体化进程。与东盟的区域合作给中国进出口贸易和经济发展带来了全面的福利提升（Park，2007；陈雯，2009），更为深远的是，中国企业在区域合作的推动下不断积累了宝贵的经验。2001 年，中国正式加入《亚太贸易协定》，进一步扩大了与亚太地区的经济联系。2002 年，中国与东盟签署了《中国与东盟全面经济合作框架协议》，这是中国第一个正式缔结并付诸实施的自由贸易协定。随后，中国还与香港、澳门特区政府签署了《关于建立更紧密经贸关系的安排》（CEPA），成为中国第一个全面实施的自由贸易协议。此外，中国还与智利、巴基斯坦等国家签署了自由贸易协定，拓展了其自由贸易伙伴关系（表 6–4）。2007 年 10 月，党的十七大报告明确提出要“实施自由贸易区战略，加强双边多边经贸合作”。自此，中国的区域经济合作开始上升为国家战略，中国开始谋划布局自由贸易区建设。2013 年，共建“一带一路”倡议正式提出。截至 2023 年，中国已经与 150 多个国家、30 多个国际组织签署了 200 多份共建“一带一路”合作文件，形成 3 000 多个合作项目，构建了具有广泛影响的国际合作框架。

表 6–4　中国签订的自由贸易协定

时间	国家	具体协定
2005 年	智利	《中华人民共和国政府和智利共和国政府自由贸易协定》
2006 年	巴基斯坦	《中华人民共和国政府和巴基斯坦伊斯兰共和国政府自由贸易协定》
2008 年	新西兰	《中华人民共和国政府和新西兰政府自由贸易协定》
	新加坡	《中华人民共和国政府和新加坡共和国政府自由贸易协定》《中华人民共和国政府和新加坡共和国政府关于双边劳务合作的谅解备忘录》
	智利	《中智自由贸易协定关于服务贸易的补充协定》
	巴基斯坦	《中国-巴基斯坦自由贸易区服务贸易协定》《中国-巴基斯坦自由贸易协定补充议定书》
2009 年	秘鲁	《中国-秘鲁自由贸易协定》
2010 年	哥斯达黎加	《中国-哥斯达黎加自由贸易协定》
2013 年	冰岛	《中华人民共和国政府和冰岛政府自由贸易协定》
2015 年	韩国	《中华人民共和国政府和大韩民国政府自由贸易协定》
	澳大利亚	《中华人民共和国政府和澳大利亚政府自由贸易协定》
2017 年	格鲁吉亚	《中华人民共和国政府和格鲁吉亚政府自由贸易协定》
	马尔代夫	《中华人民共和国政府和马尔代夫共和国政府自由贸易协定》

随着中国融入全球经济，大量研究开始关注中国与东盟、日韩等的区域贸易合作及贸易演变，为中国的区域一体化实践提供了重要指导。一些中国学者就东亚、东盟和共建“一带一路”倡议等区域一体化组织对产业格局的影响进行了深入分析，特别关注成员国之间产业的互补和竞争性，这种竞争和互补的差异可能会改变一国产业的外部联系，从而重塑产业地理格局（孙林、李岳云，2003；陈建军、肖晨明，2004；李玉举，2013；韩永辉等，2015）。这种对产业地理格局的重塑在边境地区表现得尤其明显，区域一体化带来的产业转移和跨国投资加速了中国边境地区的经济发展（段春锦，2014）。同时，一些学者也关注了中国区域协同发展下的产业特征，发现中国长三角及环渤海地区的区域协同战略产生了产业结构趋同化的效应（刘传江、吕力，2005；彭飞、韩增林，2012）。尽管中国参与区域一体化相对较晚，其所在的东亚地区的区域一体化发展也尚处于较低层次的起步阶段（宋兰旗，2012），然而目前中国正在引领区域合作的新一轮浪潮。长期以来，有关区域一体化和地方发展的研究主要聚焦在欧美地区，但随着中国的积极参与，世界范围内区域一体化进程正不断加速，中国也不断实施省际、市际协同发展战略，因此，研究中国参与区域一体化所带来的动态和静态经济效应以及对地方发展模式和产业格局的影响显得尤为重要。

中国参与区域一体化的实践既带来机遇，也面临挑战。中国的改革开放历程表明，融入经济全球化、积极实施国际经贸合作是实现经济崛起的主要途径。因此，基于现有的区域合作协议，进一步寻求更广泛范围和更深层次的区域一体化发展已成为中国实现经济与社会大发展的必由之路。中国需要制定自己的区域经济合作战略，推动中国区域经济合作不断发展，尤其是在推进亚洲地区的区域经济合作和一体化方面，这将有助于构建以自由贸易区为起点的多层次、多元化、深入化的区域一体化网络。

第七节　小结

过去几十年间，国际贸易中全球化与区域化并存，前者表现为不同国家集团形成贸易关系，而后者则表现为区域贸易协定和自由贸易区内的贸易联系。

尤其是 20 世纪 90 年代以来，区域内贸易协作蓬勃发展成为世界贸易格局的一个鲜明特征，区域贸易协定数量在全球的迅猛增加重构了世界版图。本章梳理了区域一体化的概念、类型和理论演进历程，介绍了欧盟、北美自由贸易区、中国-东盟自由贸易区等典型的区域一体化组织及相关贸易地理研究，并梳理了中国参与区域一体化的进程。

中国的区域一体化实践是一个多阶段的历程。早期凭借劳动力成本和劳动力素质的优势在全球分工中崭露头角，后来逐渐深入全球供应链体系，加强了与周边国家的贸易合作。伴随着全球范围内区域一体化进程的加快，中国正逐步从区域一体化的被动接受者转变为主导区域内双边和有限多边自由贸易的积极参与者。这一进程不仅彰显了中国积极参与国际经济合作的决心，为全球贸易和供应链的形成及发展做出了重要贡献，同时也需要更多学者参与到相关研究，不断深化对区域一体化的认识，并探讨区域一体化对全球经济格局和国内产业地理的深刻影响。伴随着中国继续在全球经济中发挥更大的作用，其区域一体化实践将继续引领未来的经济格局和地缘政治关系。

参 考 文 献

[1] Abbott, K. W., D. Snidal, 2000. Hard and Soft Law in International Governance. *International Organization*, Vol. 54, pp. 421-456.

[2] Acharya, R., 2011. 19 Multilateralization of Regional Trade Agreements. In *The Future of the World Trading System: Asian Perspectives*, p. 157.

[3] Adams, P. D., M. Horridge, B. R. Parmenter, *et al*., 2010. Long-Run Effects on China of APEC Trade Liberalization. *Pacific Economic Review*, Vol. 5, pp. 15-47.

[4] Balassa, B., 1961. *The Theory of Economic Integration*. Richard D. Irwin.

[5] Baldwin, R. E., 1997. The Causes of Regionalism. *World Economy*, Vol. 20, pp. 865-888.

[6] Baldwin, R. E., A. J. Venables, 1995. Regional Economic Integration. *Handbook of International Economics*, Vol. 3, pp. 1597-1644.

[7] Baran, P., 1962. *On Distributed Communication Networks*. Rand Corporation.

[8] Baumont, C., C. Ertur, J. L. Gallo, 2003. *Spatial Convergence Clubs and the European Regional Growth Process, 1980-1995*. Springer Berlin Heidelberg, pp. 131-158.

[9] Bethlehem, D., 2014. The End of Geography: The Changing Nature of the International System and the Challenge to International Law. *European Journal of International Law*, Vol. 25, pp. 9-24.

[10] Bhagwati, J., 1993. Regionalism and Multilateralism: An Overview. In *New Dimensions in*

Regional Integration, pp. 51-72.

[11] Blanchard, O., F. Giavazzi, 2002. Current Account Deficits in the Euro Area: The End of the Feldstein-Horioka Puzzle? *Social Science Electronic Publishing*, Vol. 33, pp. 147-186.

[12] Blomstrom, M., A. Kokko, 1997. *Regional Integration and Foreign Direct Investment*. National Bureau of Economic Research.

[13] Boschma, R., G. Capone, 2014. Relatedness and Diversification in the EU-27 and ENP Countries. *Papers in Evolutionary Economic Geography*, Vol. 14, pp. 1-43.

[14] Brown, D. K., A. V. Deardorff, R. M. Stern, 1995. *Estimates of a North American Free Trade Agreement*. Springer Netherlands, pp. 59-74.

[15] Brülhart, M., J. Torstensson, 1996. *Regional Integration, Scale Economies and Industry Location in the European Union*. CEPR Discussion Paper, No. 1435.

[16] Brunner, H. P. W., 2009. South Asia Regional Integration in Global Production Networks as Effective Response to the Economic Crisis. *SSRN Electronic Journal*, No. 1506682.

[17] Chang, W., L. A. Winters, 2002. How Regional Blocs Affect Excluded Countries: The Price Effects of MERCOSUR. *American Economic Review*, Vol. 92, pp. 889-904.

[18] Chen, L., P. D. Lombaerde, 2014. Testing the Relationships between Globalization, Regionalization and the Regional Hubness of the BRICs. *Journal of Policy Modeling*, Vol. 36, pp. 111-131.

[19] Coase, R. H., 1960. The Problem of Social Cost. In *Classic Papers in Natural Resource Economics*. Palgrave Macmillan, pp. 87-137.

[20] Coe, N. M., M. Hess, H. W. C. Yeung, *et al.*, 2004. Globalizing Regional Development: A Global Production Networks Perspective. *Transactions of the Institute of British Geographers*, Vol. 29, pp. 468-484.

[21] Combes, P. P., M. Lafourcade, J. F. Thisse, *et al.*, 2011. The Rise and Fall of Spatial Inequalities in France: a Long-Run Perspective. *Explorations in Economic History*, Vol. 48, pp. 243-271.

[22] Cooper, C. A., B. F. Massell, 1965. A New Look at Customs Union Theory. *Economic Journal*, Vol. 75, pp. 742-747.

[23] Corden, W. M., 1972. Economies of Scale and Customs Union Theory. *Journal of Political Economy*, Vol. 80, pp. 465-475.

[24] Davis, C., K. I. Hashimoto, 2016. Economic Integration, Monopoly Power and Productivity Growth without Scale Effects. *Review of Development Economics*, Vol. 20, pp. 152-163.

[25] De Benedictis, L., L. Tajoli, 2011. The World Trade Network. *The World Economy*, Vol. 34, pp. 1417-1454.

[26] De Melo, J., A. Panagariya, 1993. *New Dimensions in Regional Integration*. Cambridge University Press.

[27] Delaney, D., H. Leitner, 1997. The Political Construction of Scale. *Political Geography*, Vol. 16, pp. 93-97.

[28] Dicken, P., 2003. *Global Shift: Reshaping the Global Economic Map in the 21st Century* (*4th Edition*). SAGE Publications.

[29] Dicken, P., 2005. Tangled Webs: Transnational Production Networks and Regional Integration. In Harald, B., S. Strambach (Eds.), *Spaces: Spatial Aspects Concerning Economic Structures*. Faculty of Geography, Philipps-University of Marburg, pp. 1-27.

[30] Dunning, J. H., 1997. The European Internal Market Programme and Inbound Foreign Direct Investment. *Common Mkt. Stud.*, Vol. 35, p. 189.

[31] Eichengreen, B., J. A. Frankel, 1995. Economic Regionalism: Evidence from Two 20th Century Episodes. *Journal of International Economics*, pp. 255-268.

[32] Erll, A., 2010. Regional Integration and (Trans) Cultural Memory. *Asia Europe Journal*, Vol. 8, pp. 305-315.

[33] Falcıoğlu, P., S. Akgüngör, 2006. Geographical Concentration Patterns and Innovativeness of Turkish Manufacturing Industry. In *Selected Proceedings of the Second International Conference*. Yaşar University.

[34] Francois, J., M. Rombout, 2000. *Preferential Trade Arrangements, Induced Investment, and National Income in a Heckscher-Ohlin-Ramsey Model*. Tinbergen Institute Discussion Paper.

[35] Frankel, J. A., 1991. Is a Yen Bloc Forming in Pacific Asia? *Finance and the International Economy*, Vol. 5, pp. 5-20.

[36] Frankel, J. A., E. Stein, S. J. Wei, 1997. *Regional Trading Blocs in the World Economic System*. Peterson Institute.

[37] Fukao, K., H. Ishido, K. Ito, 2003. Vertical Intra-Industry Trade and Foreign Direct Investment in East Asia. *Journal of the Japanese & International Economies*, Vol. 17, pp. 468-506.

[38] Graham, S., 1998. The End of Geography or the Explosion of Place? Conceptualizing Space, Place, and Information Technology. *Progress in Human Geography*, Vol. 22, pp. 336-349.

[39] Greig, J. M., 2002. The End of Geography? Globalization, Communications, and Culture in the International System. *Osteoarthritis & Cartilage*, Vol. 46, pp. 225-243.

[40] Guglielmo, M. C., R. Christophe, S. Robert, *et al.*, 2009. On the Bilateral Trade Effects of Free Trade Agreements between the EU-15 and the CEEC-4 Countries. *Review of World Economics*, Vol. 145, pp. 189-206.

[41] Hanson, G. H., 1998. North American Economic Integration and Industry Location. *Oxford Review of Economic Policy*, Vol. 14, pp. 30-44.

[42] Henderson, J., P. Dicken, M. Hess, *et al.*, 2002. Global Production Networks and the Analysis of Economic Development. *Review of International Political Economy*, Vol. 9, pp. 436-464.

[43] Henrekson, M., J. Torstensson, R. Torstensson, 1997. Growth Effects of European Integration. *European Economic Review*, Vol. 41, pp. 1537-1557.

[44] Hettne, B., 1999. Globalization and the New Regionalism: The Second Great

Transformation. In Björn, H., I. András, S. Osvaldo (Eds.), *Globalism and the New Regionalism*. Palgrave Macmillan.

[45] Hinojosa-Ojeda, R. A., S. Robinson, J. D. Lewis, 1995. Regional Integration Options for Central America and the Caribbean after NAFTA. *North American Journal of Economics & Finance*, Vol. 6, pp. 121-148.

[46] Holinski, N., C. J. Kool, J. Muysken, 2012. Persistent Macroeconomic Imbalances in the Euro Area: Causes and Consequences. *Federal Reserve Bank of St. Louis Review*, Vol. 94, pp. 1-20.

[47] Israel, S., F. Buttler, C. Ingensiep, *et al*., 2017. Connected Europe(ans): Does Economic Integration Foster Social Interaction? *Journal of Contemporary European Studies*, Vol. 25, pp. 88-106.

[48] Karras, G., 1997. Economic Integration and Convergence: Lessons from Asia, Europe and Latin America. *Journal of Economic Integration*, Vol. 12, pp. 419-432.

[49] Kindleberger, C. P., 1966. European Integration and International Corporation. *Columbia Journal of World Business*, Vol. 1, pp. 65-73.

[50] Koffs, L. S., 2008. Going All in: The Gamble of Globalization and European Economic Integration. *Pepperdine Policy Review*, Vol. 1, p. 6.

[51] Kox, H., A. Lejour, R. Montizaan, 2004. *Intra-EU Trade and Investment in Service Sectors, and Regulation Patterns*. International Trade.

[52] Krapohl, S., S. Fink, 2013. Different Paths of Regional Integration: Trade Networks and Regional Institution-Building in Europe, Southeast Asia and Southern Africa. *Journal of Common Market Studies*, Vol. 51, pp. 472-488.

[53] Krishna, P., 1998. Regionalism and Multilateralism: A Political Economy Approach. *The Quarterly Journal of Economics*, Vol. 113, pp. 227-250.

[54] Kruger, A., 1999. *Trade Creation and Trade Diversion under NAFTA*. Social Science Electronic Publishing.

[55] Krugman, P., 1991. *Increasing Returns and Economic Geography*. NBER Working Papers, pp. 483-499.

[56] Krugman, P., 1994. *Rethinking International Trade*. MIT Press.

[57] Krugman, P., 1995. Increasing Returns, Imperfect Competition and the Positive Theory of International Trade. In *Handbook of International Economics*, Vol. 3, pp. 1243-1277.

[58] Krumm, K. L., H. J. Kharas, 2004. *East Asia Integrates: a Trade Policy Agenda for Shared Growth*. World Bank, pp. 675-676.

[59] Lawrence, P., M. Bouzeghoub, F. Fabret, *et al*., 1997. Workflow Handbook. In *Proc. Intl. Workshop on Design and Management of Data Warehouses DMDW'99*.

[60] Lee, J. W., I. Park, 2010. Free Trade Areas in East Asia: Discriminatory or Non-Discriminatory? *World Economy*, Vol. 28, pp. 21-48.

[61] Linklater, A., 1998. *The Transformation of Political Community: Ethical Foundations of the*

Post-Westphalian Era. Univ. of South Carolina Press.

[62] Lipsey, R. G., K. Lancaster, 1956. The General Theory of Second Best. *Review of Economic Studies*, Vol. 24, pp. 11-32.

[63] Magrini, S., 1999. The Evolution of Income Disparities among the Regions of the European Union. *Regional Science and Urban Economic*, Vol. 29, pp. 257-281.

[64] Mansfield, E. D., H. V. Milner, 1999. The New Wave of Regionalism. *International Organization*, Vol. 53, pp. 589-627.

[65] Martin, A. A., 2010. Geographies of International Trade: Theory, Borders, and Regions. *Geography Compass*, Vol. 4, pp. 94-105.

[66] McCallum, J., 1995. National Borders Matter: Canada-US Regional Trade Patterns. *American Economic Review*, Vol. 85, pp. 615-623.

[67] Meade, J. E., 1955. *The Theory of Customs Unions*. North-Holland Publishing Company.

[68] Niebuhr, A., 2008. The Impact of EU Enlargement on European Border Regions. *International Journal of Public Policy*, Vol. 3, pp. 163-186.

[69] O'Brien, R., 1992. Global Financial Integration: The End of Geography. *International Affairs*, Vol. 68, pp. 225-243.

[70] Oh, C. H., W. Selmier Ⅱ, 2008. Expanding International Trade Beyond the RTA Border: The Case of Asean's Economic Diplomacy. *Economics Letters*, Vol. 100, pp. 385-387.

[71] Olson, E. M., O. C. Walker Jr, R. W. Ruekert, 1995. Organizing for Effective New Product Development: The Moderating Role of Product Innovativeness. *The Journal of Marketing*, Vol. 59, pp. 48-62.

[72] Panagariya, A., 1999. *Preferential Trading and Welfare: The Small-Union Case Revisited.* University of Maryland.

[73] Park, D., 2007. The Prospects of the ASEAN-China Free Trade Area (ACFTA): A Qualitative Overview. *Journal of the Asia Pacific Economy*, Vol. 12, pp. 485-503.

[74] Pomfret, R., P. Sourdin, 2009. Have Asian Trade Agreements Reduced Trade Costs? *Journal of Asian Economics*, Vol. 20, pp. 255-268.

[75] Poon, J. P., 1997. The Cosmopolitanization of Trade Regions: Global Trends and Implications, 1965-1990. *Economic Geography*, Vol. 73, pp. 390-404.

[76] Prebisch, R., N. Unies, 1950. *The Economic Development of Latin America and Its Principal Problems*. UY.

[77] Sazanami, Y., 1997. Globalization and Regionalization: Japanese Multinational Enterprises in the Asia-Pacific. *Journal of Asian Economics*, Vol. 8, pp. 1-13.

[78] Schiff, M., A. L. Winters, 2003. *Regional Integration and Development*. The World Bank.

[79] Schott, J. J., 1991. Trading Blocs and the World Trading System. *World Economy*, Vol. 14, pp. 1-18.

[80] Sekkat, K., O. Galgau, 2004. The Impact of the Single Market and the Single Currency on Foreign Direct Investment in the European Union. *ULB Institutional Repository*, Vol. 94, pp.

641-661.

[81] Shen, H., 1999. Economic Integration in APEC and the Role of China. *J. Struct. Biol.*, Vol. 117, pp. 70-72.

[82] Shu, Y., K. Zeng, 2006. FDI Flows between China and ASEAN: Emerging Factors and Prospect. *China & World Economy*, Vol. 14, pp. 98-106.

[83] Smith, M., 2000. *Transnational Urbanism: Locating Globalization*. Blackwell Publishers.

[84] Soloaga, I., L. A. Winters, 2001. *How Has Regionalism in the 1990s Affected Trade?* Social Science Electronic Publishing.

[85] Sopranzetti, S., 2018. Overlapping Free Trade Agreements and International Trade: A Network Approach. *The World Economy*, Vol. 41, pp. 1549-1566.

[86] Swyngedouw, E., 2004. Globalisation or "Glocalisation"? Networks, Territories and Rescaling. *Cambridge Review of International Affairs*, Vol. 17, pp. 25-48.

[87] Telò, M., 2001. Introduction: Globalization, New Regionalism and the Role of the European Union. In *European Union and New Regionalism*. Ashgate.

[88] Tinbergen, J. J., 1962. *Shaping the World Economy: Suggestions for an International Economic Policy*. The Twentieth Century Fund, New York.

[89] Tongzon, J., 2001. Efficiency Measurement of Selected Australian and Other International Ports Using Data Envelopment Analysis. *Transportation Research Part A: Policy & Practice*, Vol. 35, pp. 107-122.

[90] Tornell, A., G. Esquivel, 1995. *The Political Economy of Mexico's Entry to NAFTA*. National Bureau of Economic Research, No. W5322.

[91] Urata, S., M. Okabe, 2013. Trade Creation and Diversion Effects of Regional Trade Agreements: A Product-Level Analysis. *World Economy*, Vol. 37, pp. 267-289.

[92] Vamvakidis, A., 1999. Regional Trade Agreements or Broad Liberalization: Which Path Leads to Faster Growth? *IMF Staff Papers*, Vol. 46, pp. 42-68.

[93] Van Hoa, T., 2010. Impact of the WTO Membership, Regional Economic Integration, and Structural Change on China's Trade and Growth. *Review of Development Economics*, Vol. 14, pp. 577-591.

[94] Venables, A. J., 1999. *Regional Integration Agreements: A Force for Convergence or Divergence?* The World Bank.

[95] Venables, A. J., 2016. Regional Integration Agreements: A Force for Convergence or Divergence? *Social Science Electronic Publishing*, Vol. 113, pp. 747-761.

[96] Venables, A. J., K. H. M. Knarvik, H. G. Overman, *et al.*, 2000. The Location of European Industry. *Economic Papers*, Vol. 142, pp. 1-76.

[97] Viner, J., 1950. The Customs Union Issue. *International Affairs*, Vol. 3, p. 93.

[98] Winters, L. A., W. Chang, 2000. Regional Integration and Import Prices: An Empirical Investigation. *Journal of International Economics*, Vol. 51, pp. 363-377.

[99] WTO, 2011. *The WTO and Preferential Trade Agreements: From Coexistence to Coherence.*

World Trade Organization.

[100] WTO, 2015. *World Trade Report 2015: Speeding up Trade: Benefits and Challenges of Implementing the WTO Trade Facilitation Agreement*. World Trade Organization.

[101] Yeung, H. W., 2009. Regional Development and the Competitive Dynamics of Global Production Networks: An East Asian Perspective. *Regional Studies*, Vol. 43, pp. 325-351.

[102] Yoskowitz, D. W., J. R. Giermanski, R. Pena-Sanchez, 2002. The Influence of NAFTA on Socio-Economic Variables for the US-Mexico Border Region. *Regional Studies*, Vol. 36, pp. 25-31.

[103] Zhu, S., J. Pickles, 2014. Bring in, Go up, Go West, Go out: Upgrading, Regionalisation and Delocalisation in China's Apparel Production Networks. *Journal of Contemporary Asia*, Vol. 44, pp. 36-63.

[104] 陈航航、贺灿飞、毛熙彦："区域一体化研究综述：尺度、联系与边界"，《热带地理》，2018 年第 1 期，第 1—12 页。

[105] 陈建军、肖晨明："中国与东盟主要国家贸易互补性比较研究"，《世界经济研究》，2004 年第 8 期，第 22—28+21 页。

[106] 陈可达、杜德斌、张战仁："欧盟一体化与经济增长趋同性研究"，《经济地理》，2011 年第 4 期，第 548—554 页。

[107] 陈雯："中国-东盟自由贸易区的贸易效应研究——基于引力模型'单国模式'的实证分析"，《国际贸易问题》，2009 年第 1 期，第 61—66 页。

[108] 段春锦："CAFTA 背景下中国边界地区一体化效应"（博士论文），山东大学，2014 年。

[109] 高潮："澳大利亚：矿业之外投资天地宽"，《中国对外贸易》，2008 年第 8 期，第 70—73 页。

[110] 韩永辉、罗晓斐、邹建华："中国与西亚地区贸易合作的竞争性和互补性研究——以一带一路战略为背景"，《世界经济研究》，2015 年第 3 期，第 89—98 页。

[111] 贺灿飞、郭琪、邹沛思："基于关系视角的中国对外直接投资区位"，《世界地理研究》，2013 年第 4 期，第 1—12 页。

[112] 贺灿飞、毛熙彦："尺度重构视角下的经济全球化研究"，《地理科学进展》，2015 年第 9 期，第 1073—1083 页。

[113] 李景峰、刘英："国际贸易的新制度经济学分析"，《国际经贸探索》，2004 年第 2 期，第 11—14 页。

[114] 李欣红："国际区域一体化的经济效应分析理论综述"，《财经政法资讯》，2007 年第 3 期，第 50—57 页。

[115] 李玉举："中国双边自由贸易区建设的进展、成效及建议"，《国际经济合作》，2013 年第 4 期，第 34—38 页。

[116] 梁双陆、程小军："国际区域经济一体化理论综述"，《经济问题探索》，2007 年第 1 期，第 40—46 页。

[117] 林玲、王炎："贸易引力模型对中国双边贸易的实证检验和政策含义"，《世界经济研究》，2004 年第 7 期，第 54—38 页。

[118] 刘澄、王东峰："区域经济一体化的新制度经济学分析"，《亚太经济》，2007 年第 2

期，第 27—28 页。
[119] 刘传江、吕力：“长江三角洲地区产业结构趋同、制造业空间扩散与区域经济发展”，《管理世界》，2005 年第 4 期，第 35—39 页。
[120] 楼朝明：“影响中国企业在澳大利亚投资的政治经济因素分析”，《国际商务研究》，2014 年第 1 期，第 86—96 页。
[121] 毛熙彦、贺灿飞：“‘全球-国家-地方’尺度下的国际贸易环境效应研究进展”，《地理科学进展》，2016 年第 8 期，第 1027—1038 页。
[122] 彭飞、韩增林：“区域一体化背景下的环渤海地区制造业产业同构性分析”，《世界地理研究》，2012 年第 1 期，第 121—130 页。
[123] 朴光姬：“经济全球化与区域化的关系”，《首都经济贸易大学学报》，2000 年第 4 期，第 11—12 页。
[124] 全毅、高军行：“东亚经济一体化的贸易与投资效应”，《国际贸易问题》，2009 年第 6 期，第 64—70 页。
[125] 邵秀燕：“区域经济一体化进程中东盟投资效应分析”，《世界经济与政治论坛》，2009 年第 5 期，第 43—50 页。
[126] 史智宇：“中国东盟自由贸易区贸易效应的实证研究”（博士论文），复旦大学，2004 年。
[127] 宋兰旗：“亚太区域经济一体化的进程与影响因素”，《经济纵横》，2012 年第 12 期，第 87—89 页。
[128] 孙烽：“再论区域经济一体化和经济全球化的关系：一种新制度经济学角度的解释”，《当代财经》，2000 年第 9 期，第 14—17 页。
[129] 孙林、李岳云：“中国与东盟主要国家农产品的贸易、竞争关系分析”，《世界经济研究》，2003 年第 8 期，第 81—85 页。
[130] 王亮、刘卫东：“西方经济地理学对国家边界及其效应的研究进展”，《地理科学进展》，2010 年第 5 期，第 601—608 页。
[131] 徐婧：“CAFTA 对中国和东盟贸易扩大效应的实证研究”，《世界经济研究》，2008 年第 10 期，第 63—68+89 页。
[132] 杨树明、刘会春：“区域贸易协定对非协定成员国隐性歧视的分析”，《中山大学学报（社会科学版）》，2007 年第 6 期，第 106—112+133 页。
[133] 周曙东、崔奇峰：“中国-东盟自由贸易区的建立对中国进出口贸易的影响——基于 GTAP 模型的模拟分析”，《国际贸易问题》，2010 年第 3 期，第 54—59 页。
[134] 周文贵：“北美自由贸易区：特点、运行机制、借鉴与启示”，《国际经贸探索》，2004 年第 1 期，第 16—21 页。
[135] 朱润东、张彬：“美国和墨西哥在 CUSTA 和 NAFTA 中的贸易增长效应”，《国际贸易问题》，2009 年第 8 期，第 45—51 页。

第七章　国际贸易的地方影响

第一节　引言

国际贸易的地方影响一直是经济学和地理学领域中备受关注的研究课题。随着全球贸易网络将世界各个国家、各个地区紧密联系在一起，不同国家和地区的主体行动者间不但产生了商品和服务的交换，同时还受到无形的知识、技术、制度等因素的影响，不同地区的贸易关系将产生差异化的地方效应。这些地方效应既表现为经济层面对技术创新、区域韧性等的影响，也表现为空间层面对产业集聚、区域不平衡等的影响。长期以来，国际贸易研究似乎忽略了对地理空间的关注，然而贸易联系本身实际上包含了丰富的空间内涵，也会产生一定的空间异质性。

关于国际贸易的空间效应研究，地理学的创新与贡献体现在以下三个方面：①地理内生性。贸易既可能消弭边界和差异，也可能塑造与强化现有的边界和差异，因此，地理上的差异可能是贸易的结果而非原因，即地理差异可能是“内生变量”，体现在对贸易与韧性、贸易与制度的研究中。②尺度差异性。贸易理论预测国家通过开放获得福利水平的提升，然而国家内部存在丰富的尺度结构，宏观国家尺度的贸易利得在不同的次国家尺度上并非均等分配，可能导致区域间差异扩大，体现在贸易与不平衡的相关研究中。③全球-地方互动的非经济因素。贸易理论关注商品和服务的交换，实际上随着商品跨区域流动的还有知识技术、管理经验、文化制度等非经济因素，它们可能成为区域路径突破与转型升级的动力来源，这体现在贸易与创新、贸易与产业演化的相关研究中。

本章聚焦国际贸易的地方影响研究，先梳理一般效应，再讨论空间效应。

从地理学的差异视角出发，不论是一般效应还是空间效应，本章都重点突出国际贸易效应的空间差异性，并总结目前国际贸易效应的产生机制与机理研究。

第二节　国际贸易的一般效应

一、贸易与创新

关于贸易与创新的关系，通常认为国际贸易促进了不同地区之间创新资源的流动和共享，进而推动全球创新网络的形成与发展。大量研究发现，参与全球化或贸易自由化能够使国家（地区）间比较优势得以发挥，从而促进区域产业创新与经济增长，并提供了理论模型和经验证据（Dollar，1993；Edwards，1992；Frankel and Romer，2017；Sachs *et al.*，1995；Wacziarg and Welch，2008）。从图 7-1 中也可以发现，随着企业出口规模增大，创新企业占比增加。经济学

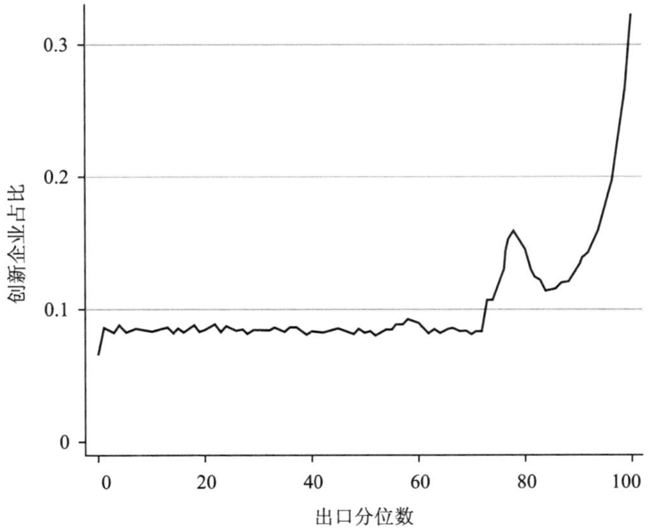

图 7-1　出口与非出口企业中的创新企业占比

注：图中横轴根据中国工业企业数据库中企业出口交货值的大小进行 100 分位分组，其中 0 包含所有的非出口企业，除 0 之外的其他各个分位数内包含的出口企业数量相同；纵轴表示每个分位数内创新企业的数量占比。

资料来源：何欢浪等（2023）。

倾向于在纯粹的市场供求范畴内分析贸易与创新的关系，贸易仅通过市场规模和市场竞争影响创新，而经济地理学认为传统的“贸易利得”理论需要补充动态和演化视角（Storper，2009），关注贸易带来的外部知识如何与本地互动，从而导致区域的技术创新和产业变革。

在经济学分析框架中，贸易流被视为完全同质的、货币意义上的商品价格和出口额，通过市场交易、市场竞争等经济行为引发企业的创新决策，推动区域创新能力的提升。早在 20 世纪 90 年代，格罗斯曼和赫尔普曼（Grossman and Helpman，1991）提出了一个通过参与贸易促进企业创新的经典模型，认为参与国际贸易能够扩展市场规模，企业能够发挥规模经济效应，获得更高的“创新租金”从而促进创新。现有研究从这一思路出发，对发展中国家（地区）和发达国家（地区）开展实证检验。对于发展中国家（地区）而言，出口能够通过企业创新提高产品成本加成（图 7–2）（黄先海等，2018），提高企业更新生产技术的收益，从而促进企业进行创新（Bustos，2011）；而对于发达国家（地区）而言，贸易自由化带来了发展中国家（地区）的廉价产品，导致更严峻的国内市场竞争，企业若想在这一环境下生存，就需要不断创新来改善自身的经营绩效。因此，现有研究强调进口发展中国家的低价产品会加剧本地市场的竞争，从而倒逼本地企业创新、提高生产率，并且这种“进口渗透”还可能造成一种“创造性破坏”，导致新产业的衍生。例如，减少针对中国出口产品的贸易壁垒能够通过竞争效应提高欧洲企业的平均生产率（Hsieh and Ossa，2016）；

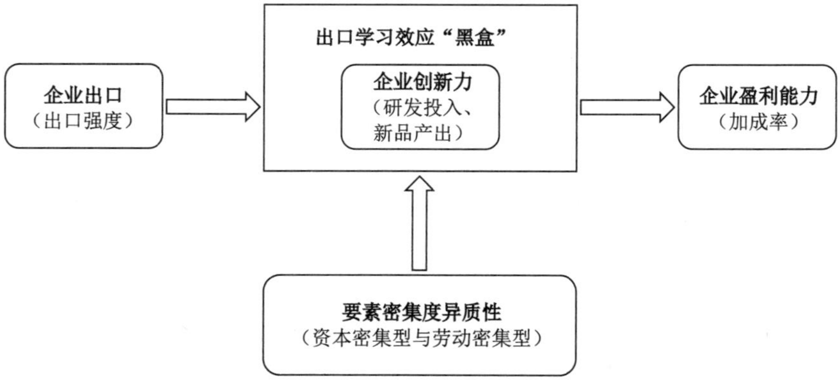

图 7–2 创新对出口影响加成率的中介效应模型

资料来源：黄先海等（2018）。

来自中国的低价产品竞争能够直接促进存活企业的创新，降低技术水平较低的企业的就业和存活概率（Bloom *et al.*，2016）；进一步研究发现，进口竞争程度的空间异质性会导致美国不同区域新产业衍生的异质性，而且新产业常常在与本地产业具有关联的产业领域进行衍生（Liang，2017）。

经济学分析框架没有考虑贸易流的非经济属性，然而经济地理学者认为，贸易不仅是买与卖的纯经济过程，随着贸易流传播的还有知识、技术和信息（Reiffenstein *et al.*，2002）。贸易活动本身以及贸易中介能够为区域带来外生的新知识来源，对于区域或产业集群的发展起着独特作用（Bathelt *et al.*，2004），可以促进区域内部知识的创造和再组合，推动企业出口产品拓展（蒋晟、贺灿飞，2022），达到区域长期发展的目的（Storper，2009），避免陷入技术锁定的陷阱（Owen-Smith and Powell，2004）。这种知识溢出效应和学习效应具有丰富的空间含义与动态含义，受到地理学者的长期关注，是传统贸易利得理论所需要补充的方面。此外，这种溢出效应具有显著的空间差异性：发达国家（地区）的产品技术水平较高，对外部产品蕴含的知识较不敏感；而发展中国家（地区）的产品技术水平较低，高技术进口产品带来的知识溢出对本地生产能力的构建可能起到相对更强的作用。因此，当前大量研究关注高技术产品进口对发展中国家技术创新与产业升级的影响。以中国为例，研究发现进口贸易能够产生技术外溢效应，促进中国的技术进步（谢建国、周露昭，2009）；进一步细分进口产品的类别，发现进口相关产品带来了显著正向的外部技术溢出效应，能够促进区域产业出口优势的扩展深化，而不相关产品则相反（贺灿飞、郭佳宏等，2023）；同时，进口商品的作用存在行业异质性，上游行业进口种类的增加能够显著提升行业全要素生产率，而行业自身的进口则无显著效应（钱学锋等，2011）；然而，也有一部分研究发现进口对创新的作用不显著，对全要素生产率和行业技术效率存在“负溢出效应”（高凌云、王洛林，2010；张翊等，2015）。

关于贸易对创新的作用，通常认为其促进效应明显，然而也有部分研究得出了贸易效应不显著或不稳健的结论。这一结果可能可以从两方面进行解释：一方面，地理邻近性对于企业间的互动学习十分重要，贸易研究的不稳健结果可能由于其采用了过于宏观的研究尺度，并不能捕获贸易引发的高度本地化的学习效应；另一方面，国际贸易并非必然带来知识溢出，这种知识溢出可能仅当本地产业集群知识基础十分薄弱、外部输入的知识与本地产业基础之间存在适度认知邻近性时才能发生，进而促进创新行为的发生（Morrison *et al.*，2013；Boschma，2005；Boschma and Iammarino，2009）。因此，地理学视角对贸易与创新研究的可能贡献在于：贸易对创新的促进作用很可能是有条件的，有必要关注地理邻近性和产品认知邻近性的作用，并在全球-国家-地方的多尺度框架下进行理解。

二、贸易与韧性

现有研究越来越关注区域如何抵抗外部冲击的影响，从而催生了经济韧性的概念。韧性原本是描述系统受到外部冲击后的回弹能力的物理学概念，近年来被引入区域科学领域，指经济体承受冲击、恢复增长态势、转型并衍生出新的增长路径的能力（Martin，2012）。现有研究对韧性的影响因素分析集中在两个方面：一是区域内资产方面，关注区域系统内部结构在应对冲击时的恢复和抵抗作用，例如区域产业结构多样化和专业化等（Martin and Sunley，2015）；二是区域外联系方面，关注以国际贸易为代表的全球-地方联系对区域恢复和抵抗能力的塑造，这同样是韧性研究中不可忽视的重要力量，尤其是在当前“逆全球化”趋势上涨和贸易保护主义抬头的情况下，国际贸易连接地方和全球，是地方经济与世界经济波动冲击的重要传导途径，贸易地理研究更需要基于全球-地方联系视角，深度探讨贸易在区域经济抵抗外部冲击过程中发挥的作用。

当前国内外对于贸易影响经济韧性的研究较少，主要聚焦在贸易市场结构和全球价值链参与度两个方面。首先，在贸易市场结构方面，多数文献发现区域出口市场多样化作为一种风险分散策略，可以分散贸易冲击带来的经济衰退和就业减少等负面影响（Davies and Tonts，2010；Albornoz *et al.*，2012）。通常认为，产业结构的相关多样化不利于经济韧性提升，因为行业间的高度关联关系会将经济冲击迅速传导到相关行业，导致各行业受到不同程度的需求萎缩的冲击；但是市场结构的相关多样化可以借助互补性的出口经验和风险分散的市场结构，减少需求冲击的直接和间接影响，表现出更强的出口韧性（王文宇等，2021）。刘慧和綦建红（2021）发现市场多样化有利于企业出口韧性的提高；许朝凯和刘宏曼（2023）发现低贸易成本偏向型市场多样化和高产品质量偏向型产品多样化均有助于提升出口韧性。20 世纪 90 年代以来，发展中国家进一步融入世界经济体系，但是由于其通常具有的从属特征，发展中国家融入世界经济体系反而增加了其经济依赖性和脆弱性。从结果来看，大多数发展中国家参与全球市场后并没有实现较平稳的发展，原因之一就是经济上对国外市场过分依赖，使出口市场集中度较高的地区更容易受到国际冲击的影响（Courvisanos *et al.*，2016；Eraydin，2016）。但是也有学者提出了不同的观点，认为从应对风险的经验积累来看，出口市场的专业化程度越高，可能更有利于应对外部冲击。企业在从事出口贸易活动时面临较高的不确定性和风险（鲁晓东、刘京军，2017），需要凭借在专业化市场积累的出口经验和先发优势，如建立分销渠道、服务网络和收集海外市场信息等，来预测市场需求和风险并做出应对策略（Arkolakis，2010），因此过于分散化的出口市场结构不利于积累应对贸易波动的经验。关于市场多样化带来的风险分散和市场专业化带来的经验积累，现有区域韧性文献较少综合考虑其影响，需要进一步探讨（王文宇等，2021）。

其次，在全球价值链参与度方面，研究认为区域韧性不仅需要关注内部的产业结构，对外部冲击的抵御能力还依赖于从属的全球生产体系。全球价值链分工使得各国企业生产合作关系日益密切，因此难以简单地用传统贸易观点去理解当前国际贸易的危机传导效应，而是需要从一国企业在全球价值链体系中的所处位置与分工环节来更为深刻地考察贸易危机的波及和冲击。一方面，全球贸易网络能够提升各国家、各企业的经济水平，从而提升其应对经济冲击的稳定性；另一方面，国家间频繁的贸易互动也会通过传导效应放大经济波动，从而降低出口韧性（贺灿飞、陈韬，2019），具体的影响方向是不确定的。马小淇（2021）以服务业全球价值链参与度为切入点，研究发现一国的参与程度越高，制造业的出口韧性越差；蒋含明和李婷（2023）发现，随着制造企业嵌入价值链程度的加深，企业的抵抗能力与恢复能力均会随之降低。与之相反，魏均妍等（2022）发现区域贸易协定通过减少企业出口风险和提高企业出口产品质量来增强企业出口韧性；戴翔等（2023）以中美贸易摩擦和新冠疫情暴发为外生冲击，发现自贸试验区制度创新对城市出口韧性提升发挥积极的作用。另外值得关注的是，在有关全球价值链参与度和出口韧性的研究中，“长鞭效应”是价值链嵌入位置影响企业出口韧性的重要机制。“长鞭效应”是指，供应链最末端产品的需求波动会通过供应链的传递而被放大，导致最上游的生产商面临最大幅度的需求变动（吕越等，2020）。姜帅帅和刘慧（2021）研究发现，全球价值链上游嵌入度对中国企业出口韧性发挥了“双刃剑”的作用，嵌入上游降低了企业面对风险冲击时的抵抗能力，但是同时能够加快企业经历冲击后的出口恢复速度。

三、贸易与制度

在贸易与制度话题下，研究通常关注制度边界的存在和变迁对贸易的影响，其中区域经济一体化所塑造的新边界是研究的焦点。其中的关键在于，对于成员方而言，签署自由贸易协定等区域一体化措施代表国家边界的打破；而对于非成员方而言，区域一体化形成了新的贸易壁垒，成为全球化时代的新边界（陈航航等，2018）。这种排他性的自由贸易协定似乎天然地导致成员国间的双边贸易额提升，但是实证研究结论却与这一预想的结果存在较大分歧：一些研究发现这一结论值得商榷，自由贸易协定对成员国双边贸易额的提升效应较弱且不稳健，抑或仅存在于部分区域一体化组织内部（Frankel *et al.*，1995，1997；Ghosh and Yamarik，2004）。甚至有研究发现，连 WTO 这一世界性的促进多边贸易的组织，其成员方与非成员方之间的贸易模式都没有显著区别（Rose，2004）。

区域贸易一体化的制度不能显著促进区域内部的国际贸易，这一违反直觉的结论吸引了诸多研究探讨，其中最具有代表性的解释是贸易与区域一体化制度的内生性问题。在以往的研究中，关税和区域一体化等政策变量通常直接作为外生变量引入引力模型，可能存在内生性偏差。20 世纪 90 年代，克鲁格曼（Krugman，1991）使用静态垄断竞争框架刻画了自由贸易协定，认为大多数自由贸易协定是在“自然”的贸易伙伴之间产生，并得出结论：对自由贸易区成员而言，区域自由贸易协定的利大于弊，但是很难带来大量的贸易转移。几年后，克鲁格曼（Krugman，1994）从理论上说明基于地理邻近的区域经济一体化才能提高福利，由此说明区域一体化协议本身就具有某些地理动因，可能是贸易的区域化趋势导致了区域一体化协议的签订，而不是区域一体化协议促进了贸易的区域化。然而，克鲁格曼并未展开支持性的实证分析，因此后续的研究主要从实证角度对区域贸易一体化制度进行补充论证。其中，贝尔和伯格斯特兰（Baier and Bergstrand，2004，2007）在对自由贸易协定的经济决定因素展开实证研究时发现，能够解释双边贸易流的变量往往也能解释经济一体化协议的形成，因此认为区域一体化制度可能并非外生，而是存在一定的内生性。采用各种方法缓解内生性问题后，学者们发现自由贸易协定的效应比用 OLS 估计扩大了 5 倍，说明制度边界本身在一定程度上受到了贸易的影响，贸易的集群化在一定程度上促进了区域一体化边界的形成（Lee and Swagel，1997；Trefler，1993）。

除了区域一体化以外，国际贸易对于更广义的制度变迁同样具有作用，包括正式制度和非正式制度。在正式制度方面，纳瑞塔米等（Naritomi *et al.*，2012）以巴西为样本，发现与殖民贸易循环紧密关联的城市，如今的不平等水平更高，政府治理水平更低，且具有更糟糕的财产权制度；普加和特雷夫勒（Puga and Trefler，2014）研究了中世纪时期威尼斯的制度变迁，发现利润丰厚的长途国际贸易使贸易商的经济力量逐渐强大，推动了制度变革以支持国际贸易的发展，说明了长距离贸易的繁荣如何促进商业制度的创新和变迁；许和咸（Heo and Hahm，2015）关注了全球各国的民主制度，发现一个国家的国际贸易越开放就越可能实现民主化，并通过贸易促进民主制度的存续和成熟。在非正式制度方面，杰哈（Jha，2013）发现中世纪印度的远洋贸易能够促进印度教教徒和穆斯林之间形成相互协作的良好制度，提高不同宗教之间的包容性，降低发生宗教冲突的可能性；纳恩和万塔契科（Nunn and Wantchekon，2011）发现罪恶的“三角贸易”导致非洲地区亲友之间互相欺瞒，降低了社会信任水平，这一影响时至今日仍然显著。上述研究说明，贸易与制度变迁之间存在复杂的互动，制度既影响贸易，也会受到贸易的影响，不同地区间看似外生的制度差异在很多情况下可能是由贸易的作用内生决定的。

四、贸易与企业出口动态

不同于前文提到的其他效应，企业出口动态是企业层面的微观研究，更关注企业自身可用资源及其从外部获取知识信息的能力。国际贸易理论为企业出口行为及其空间分布规律提供了解释：新贸易理论强调在集聚外部性作用下，出口企业为获取本地知识溢出和技术扩散进而实现规模报酬递增，倾向于在空间上集聚（Krugman，1979；Ottaviano *et al.*，2002）；新新贸易理论引入企业异质性，指出企业必须支付沉没成本，才能顺利进入出口市场，企业出口决策会由于各自属性特征不同而存在差异（Melitz，2003）。经济地理学在经济学基础上强调外部知识溢出的作用，通过引入全球-地方互动视角来探讨出口企业的出口能力来源与影响。

在全球-地方互动视角下，国际贸易对企业出口的影响是通过出口集聚溢出、进口知识溢出两个方面实现的。这是因为企业出口面临的最大障碍之一是获取海外需求信息、建立分销渠道、服务网络、推广新产品等环节的沉没成本，对于没有出口经验的新出口企业来说，贸易的出口与进口环节都能帮助其学习外界出口知识、减少沉没成本，从而最大限度地跨越出口市场进入门槛。贸易的出口集聚溢出表现在，出口企业之间空间邻近有利于出口信息的共享交流，使潜在出口企业更容易克服沉没成本，开始对外出口（Grabher，2002；郭琪，2016）。研究发现，拥有丰富出口经验的企业不仅可以通过借鉴以往进出口案例来降低不完全合约带来的负面影响（Evenett and Venables，2002），还可以利用现有的国（境）外消费者的需求偏好信息来预测其产品在新市场的吸引力。这些企业通过学习自身出口经验以及观察周边出口企业的实践，可减少开拓新市场所需支付的沉没成本，不少研究从这一视角验证了出口集聚对出口决策的正向作用（Malmberg and Lundequist，2000；Koenig，2009）。贸易的进口知识溢出表现在，进口产品包含生产企业的先进知识技术，通过进口产品尤其是中间品导入的知识和信息同样可以成为企业学习的来源。贸易活动将全球范围内的经济活动主体链接起来，并借助进出口关系推动知识流动（Borghini *et al.*，2006；郭佳宏等，2022；贺灿飞、郭佳宏等，2023）。因此，新出口企业不仅要关注集群内部的集聚溢出强度，也要关注集群对外贸易联系是否可以带来更多为自己所用的外部知识，国际贸易可以从出口与进口两个方向共同作用于企业的出口能力构建，这体现了全球-地方互动的多维度溢出效应。

演化经济地理学的认知邻近性理论为知识溢出的前提条件和具体内容给出了解释。在集聚外部性作用下，与所在集群存在适当“认知邻近性”的新企业能够以更高效率整合集群内知识，实现对外出口（Boschma and Wenting，2007）。因此，新出口企业在开拓市场时，倾向于选择与其他企业以往出口市场相似的目的地，以此降低适应性成本（Albornoz-Crespo *et al.*，2010），这里的“相似”代表多维邻近性的概念，包括地理邻近性、文化邻近性、经济邻近性等。实证研究表明，企业出口市场选择具有一定的路径依赖性，如莫拉莱斯等（Morales *et al.*，2014）提出扩展引力模型，并通过对智利出口企业的实证研究发现，企业出口市场动态一方面依赖于目的国（地区）与东道国（地区）之间的相似程度，另一方面依赖于新目的国（地区）与企业已出口目的国（地区）之间的相似程度；阿尔博诺兹-克雷斯波等（Albornoz-Crespo *et al.*，2010）、劳利斯（Lawless，2011）以及法布令等（Fabling *et al.*，2009）分别对阿根廷、爱尔兰、新西兰开展研究，也得到了类似结论；贺灿飞等（2020）对中国出口企业研究发现，中国出口市场的拓展进程呈现出典型的路径依赖特征，既包括供给视角下基于本地技术知识溢出的路径依赖，也包含需求视角下基于目的地市场信息溢出的路径依赖（图 7–3）。

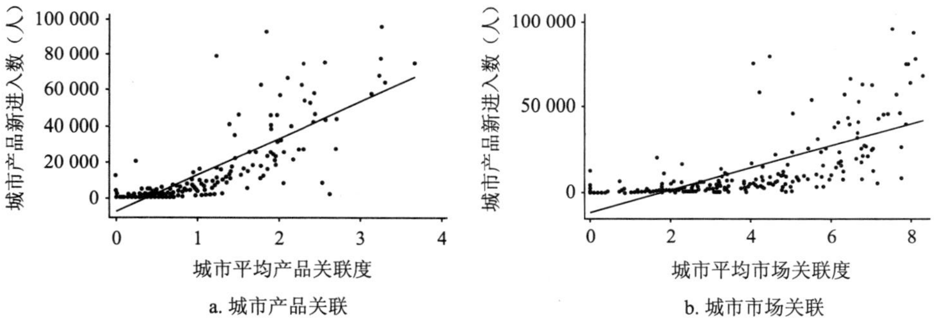

图 7–3　城市产品关联、市场关联与城市产品进入数量之间的关系

资料来源：贺灿飞等（2020）。

第三节　国际贸易的空间效应

一、贸易与集聚

贸易与集聚之间体现出复杂的互动关系。一方面，产业集聚有利于贸易的发生，可能降低企业出口的需求不确定性和固定成本（Fernandes and Tang，2014；Koenig *et al.*，2010），促进企业进入出口市场以及提高出口产品的质量和技术复杂度（Zhou *et al.*，2019；苏丹妮等，2018；周沂、贺灿飞，2018）；另一方

面，贸易自由化也有利于城市集聚水平的提高，可能引发相同或相关行业企业集聚，以便发挥规模效应，促进贸易企业的空间集群和行业集中。本节重点介绍贸易对集聚的单向影响，即贸易带来的集聚效应。

关于贸易对城市集聚水平的影响，现有研究通常基于核心-边缘模型或区域生产要素分布不均理论来解释。其中，核心-边缘模型表明，一个最初具有对称结构的经济系统由于区域贸易条件不平等，会内生性地演化出工业核心区和农业边缘区，而区域的空间关系会不断调整，核心区与边缘区的边界会发生变化，最终形成区域空间一体化格局。而区域生产要素分布不均理论则基于 H-O 模型展开推论，认为一个国家内部生产要素的空间分布不均匀时，会带来城市地区生产要素的集聚性问题，并以复杂的方式潜在影响着贸易流动的结构格局。

地理学研究进一步关注贸易集聚效应的城市规模异质性，即考虑贸易自由化对不同规模城市的影响并不一致。在 H-O 模型视角下，贸易自由化使专业化生产具有比较优势产品的城镇数量增多，而由于专业化生产资本密集型产品的部门均衡规模较大，故贸易自由化有利于资本密集国家的大城市发展以及资本稀缺国家的小城市发展（Henderson，1982）。而在克鲁格曼的规模报酬递增模型视角下，一个自然的推论是贸易自由化有利于小城市发展，因为小城市缺乏足够的本地需求支撑，会比大城市更加依赖国际市场的需求来发挥规模经济优势。基于这一推论，一些国家或地区层面的宏观研究发现，贸易对集聚的影响在尺度上具有异质性，贸易降低了大城市的重要性（Brülhart *et al.*，2018；Ades and Glaeser，1995；Henderson，2003）。然而这些研究往往具有一定程度的内生性问题，可能遗漏了其他影响城市规模的关键解释变量，例如城市之间制度和要素禀赋等的差异。为了将贸易与市场可达性的影响与制度、要素禀赋的影响区分开，雷丁和斯特姆（Redding and Sturm，2008）利用德国二战后的分裂以及柏林墙倒塌这两个事件作为自然实验，巧妙地分离了市场可达性和其他方面的影响因素，对德国城市的人口规模增长进行研究。研究发现，战后德国的分裂使西德东部边境地区的城市失去了原有的贸易伙伴和市场，引起人口在空间上的重新配置，使部分人口转移到了本国其他地区，这可以认为是较为纯粹地由于市场可达性消失而导致的集聚规模缩小。同时，研究也发现这种市场可达性消失的效应存在空间异质性，具体来说，市场可达性消失对小城市的规模影响更明显，因为小城市更加依赖与外部市场的联系。在国际贸易受到阻碍的情况下，国内市场的重要性增强，本地的需求和前后向联系会使企业与人口向大城市集聚，呈现出核心–边缘模型所预测的累积循环因果效应。

集聚效应的异质性研究通常得出“贸易自由化对于小城镇有利”的结论，但是这一结论建立在国家内部对外开放程度相同的假设之上，通常仅适用于市场机制完备的发达国家。然而，发展中国家存在市场对外开放不完全的阶段，可能呈现不一样的结果，还需要更进一步的探索。例如，中国的改革开放进程具有从沿海向内陆渐进开放的特征，那些率先对外开放的城市得到了额外的市场空间，更可能发展成贸易枢纽，通过拓展市场而扩大城市规模、形成集聚（Ge，2008）。亨德森等（Henderson *et al.*，2018）运用夜间灯光数据，发现不同地理变量对集聚效应的解释力因城市化时间的不同而不同：在城市化较早、发展较早的国家，气温、降水量等与农业相关的地理变量能更好地解释经济活动的集聚；而在城市化较晚、发展较晚的国家，与贸易相关联的地理变量，例如是否靠近港口、运河等，能够更好地解释经济活动的集聚，这一逻辑解释了贸易对区域经济活动集聚产生的影响事实上因区域发展阶段与发展水平而异，是区域发展模式特征的体现。

二、贸易与不平衡

关于贸易效应的尺度差异和空间差异的讨论是地理学视角对国际贸易研究的一大贡献。无论是传统贸易理论还是新贸易理论、新新贸易理论，都认为国家的对外开放能够提升消费者总福利水平，主要原因在于，各地区可以通过对外开放发挥各自的比较优势，其生产不再受本国消费限制，同时消费者可能获得更多样的产品，消费者效用得到进一步满足，因此开放贸易使落后地区实现更高的经济增长率。然而，经典国际贸易理论并未考虑国内空间尺度，只能从宏观上得出国家尺度的贸易利得结论，而难以预测一国贸易利得在国内空间上的分配问题。越来越多的研究开始补充经典国际贸易理论的缺陷，发现如果考虑尺度和空间差异，贸易对不同尺度区域的经济影响并不明确，国家总的福利水平提升并不意味着福利分配更加平等，反而贸易常常伴随着区域内部生产的重构。因此当考虑不同地理尺度时，贸易在宏观国家尺度上带来了发展和实际收入的上升，而在中观和微观尺度上却塑造了更显著的空间差异和不平等发展格局。

中微观尺度的区域不平衡问题十分复杂，国际贸易的引入使其愈发复杂化。地理学常常从区域内外部联系的视角来研究区域的发展，当不考虑贸易等外部联系时，全球贸易的不断增加会导致区域内部的不平等呈现出先上升、后下降的变化过程（Rodríguez-Pose，2012）；当考虑区域与外部的联系时，结论就会变得模糊且复杂（Milanovic，2011）。总体而言，贸易作为区域与外部联系的一个重要渠道，在全球尺度上对不平等分配具有加剧作用（Dix-Carneiro and Traiberman，2023），在区域尺度上对区域内部不平等的影响则呈现出明显的空间异质性，并且这一结论在发展中国家和发达国家通常有所不同，贸易制度变化对区域内部不平等的增强效应在低收入和中等收入国家更为明显（图 7–4）（Silva and Leichenko，2004；Rodríguez-Pose，2012）。

针对发展中国家，许多研究认为接入国际贸易网络能够使发展中国家获得更多的发展机遇，但是也会造成更明显的空间不平衡现象（Henderson *et al.*，2018；Rodríguez-Pose，2012）。发展中国家因贸易导致不平衡加剧的原因是多样的：首先，较高的贸易依存度意味着更多的外部风险，也更容易受到世界市场金融波动的冲击（Bernard and Jensen，1998；Krugman，1995；王智勇，2010）；其次，价值链的低端锁定也是过度依赖国际市场的另一个潜在弊端（卢福财、胡平波，2008）；最后，经济贸易的空间不平等会影响国家内部教育资源的分布（Henderson *et al.*，2018），同样会加剧空间不平等。

在发展中国家里，中国和墨西哥是受到研究广泛关注的两大代表。如图 7–5、图 7–6 所示，中国的区域不平衡在改革开放之后的 20 年中显著上升（Wei and Fan，2000），这种省际不平衡重点表现为不断扩大的沿海与内陆省份差距，各省份和地区的人均生产与消费出现分化，持续加剧的地区不平衡现象受到了研究者的重视。许多研究运用贸易依存度、FDI 占比等方式来衡量对外开放程度，从而解释中国的省际不平衡现象（Kanbur and Zhang，2005；Yang，2002；Zhang and Zhang，2003），均发现对外开放程度差异确实导致了中国省际经济发展的不平衡。杨（Yang，2002）认为，中国自改革开放以来的区域发展战略导致区域不平衡的加剧，改革开放后沿海地区率先建立经济特区，能够吸引国外投资

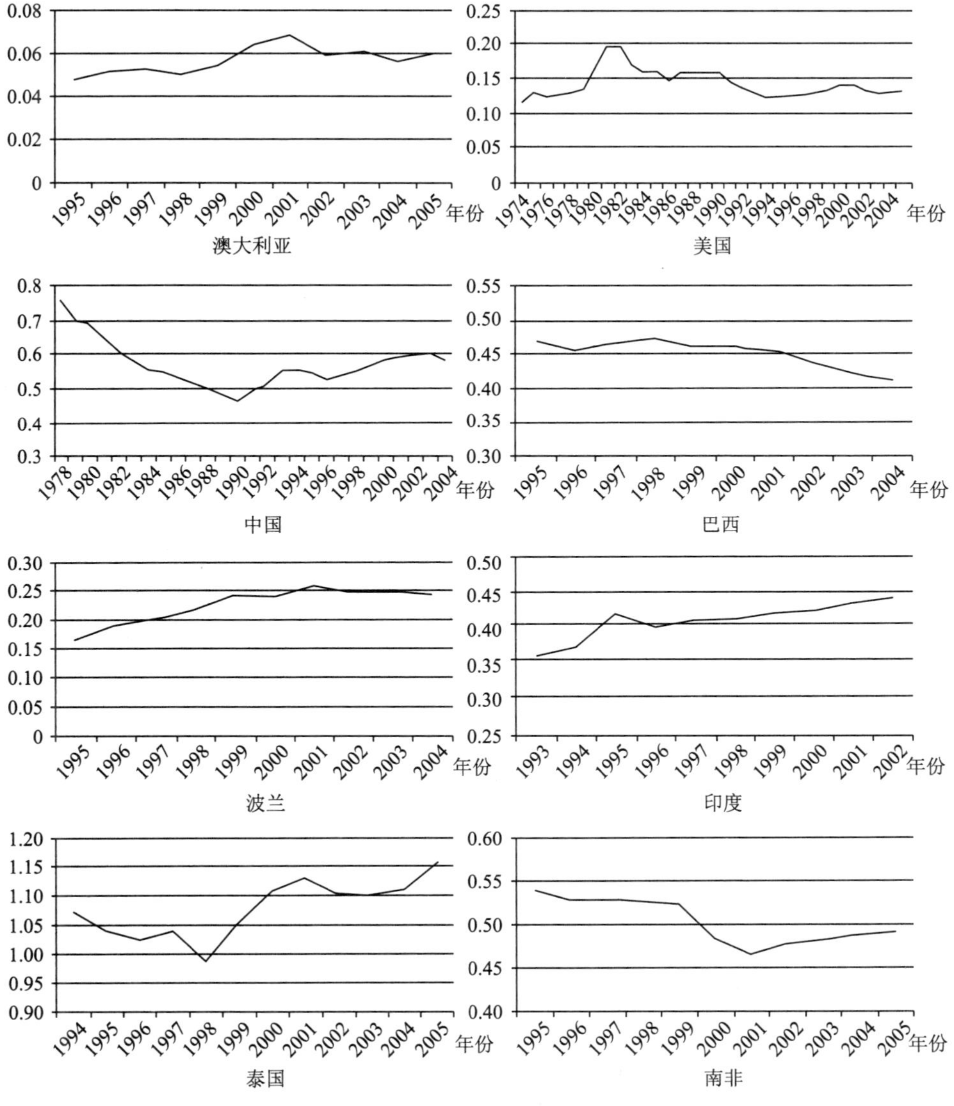

图 7–4　部分国家区域不平等程度变化趋势

注：纵轴为区域不平衡指数，以人口加权的变异系数衡量。

资料来源：Rodríguez-Pose（2012）。

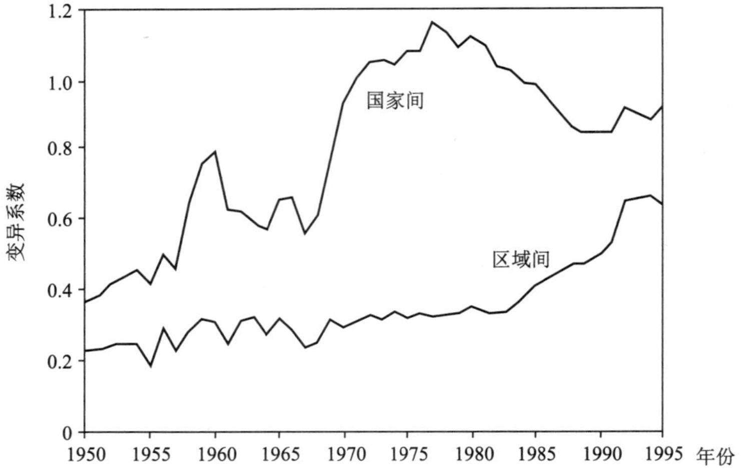

图 7-5 中国区域不平衡现象（以江苏省为例）

资料来源：Wei and Fan（2000）。

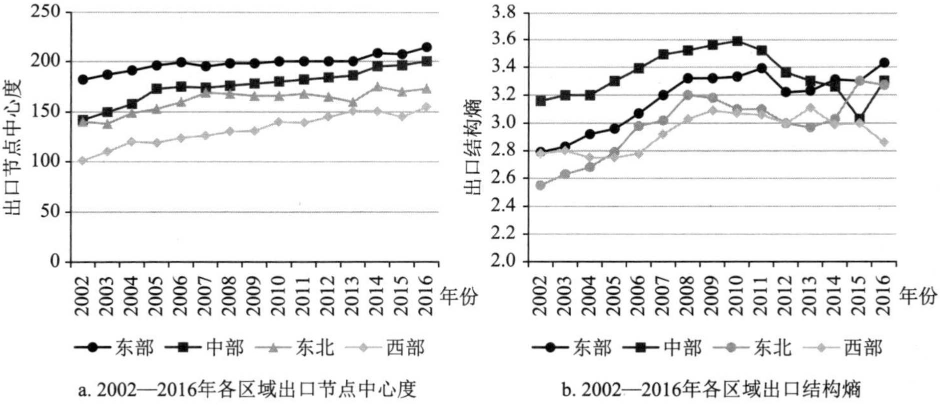

图 7-6 中国四大区域出口中心度与结构熵差异

资料来源：根据中国海关数据库计算。

和国际贸易，而内陆地区很多城市是在 1994 年开放，这一时间滞后可能导致内陆地区在吸引投资和经济增长上落后。还有研究引入了价值链的核算框架，基于区域间投入产出表来量化不同类别出口贸易对中国收入不平等的影响，发现加工出口相比于普通出口更加剧了区域不平衡（Duan *et al.*，2023）。另一个广受关注的发展中国家是墨西哥。1993 年墨西哥签署了北美自由贸易协定，但是墨西哥国内的区域不均衡发展问题并未因此得到缓解，所以众多研究关注了北美自由贸易区建立带来的贸易增加对墨西哥区域经济发展不平衡的影响。研究发现，墨西哥受到的影响遵从斯托帕-萨缪尔森定理的结论：墨西哥是一个劳动密集型国家，长期出口过程中密集使用的要素获利，即总体工资水平相对上升。因此，对外贸易联系确实能够提高边境地区的工资，促使企业转移（Chiquiar，2008），进而加剧发展中国家内部的收入不平衡（Sánchez-Reaza and Rodríguez-Pose，2002）。

针对发达国家，研究更加关注进口发展中国家的低成本产品对收入不平衡的影响。由于发达国家多为资本密集型国家，开放贸易会使资本密集部门的工资提高，劳动密集部门的工资降低，从而给本国的劳动密集型行业带来冲击，影响就业的稳定。研究大多遵循这一思路，探讨贸易与区域收入不平衡之间的关系（Bernard and Jensen，2000；Karoly and Klerman，1994），发现贸易虽然可能导致消费者福利提升，但随之而来的是更明显的区域收入不平衡现象，且低技能劳动力密集的地区尤其容易受到贸易带来的冲击（Autor *et al.*，2013；Silva and Leichenko，2004）。

综上所述，可以发现宏观尺度上的贸易利得在中观和微观尺度上并不是均等分配的，并且贸易开放经常伴随着更加明显的空间不平衡现象。参与国际贸易可能导致国家经济整体增长，但是如果考虑中观、微观尺度的差异性和各种跨尺度联系，这一结论尚不清晰，贸易甚至可能会加剧不同生产部门和不同地区的不平衡（Autor *et al.*，2013；Dingel *et al.*，2019；Nelson and Zolnik，2013）。总体而言，贸易对一国内部区域不平衡的影响存在丰富的空间差异，地理学关注的尺度差异和地方异质性特征对探讨贸易是否加剧发展与收入的不平衡而言十分重要。

三、贸易与产业演化

区域产业演化与产业重构是经济地理学的重要研究议题。传统的“新区域主义”强调区域产业演化的地方性因素，认为地方尺度的要素共享、社会组织、制度环境等共同作用于区域发展，通过制度厚度、嵌入性、产业集聚等机制影响区域产业演化。然而“新区域主义”对地方内部机制的过分强调导致其聚焦于区域内生力量的作用，而在一定程度上忽视了外生力量的影响。在经济全球化时代，区域内外联系、本地与非本地要素的相互作用共同影响地方产业演化，区域产业研究视角逐渐转向区域内外联系的全球-地方互动机制（Trippl *et al.*，2018；He *et al.*，2016）。在此背景下，国际贸易作为影响区域产业重构的重要全球-地方互动要素得到了极大关注。

关于国际贸易对区域产业演化影响的研究主要分为出口与进口两类，其中探究出口与产业演化关系的研究起步更早且成果更丰富。出口方面的研究集中在解析区域出口与产业的演化机制上，推导得出了相关多样化和路径依赖等重要演化途径。演化经济地理学认为，区域现有的知识、技术、能力与制度结构等会影响未来新产业的产生空间，新产业从现有产业中分化而来并且二者存在较强的技术关联（Boschma *et al.*，2013），导致区域产业演化的路径依赖（Kogler，2015）。在此过程中，区域的出口产品结构作为区域优势产业的体现，代表了新产业演化的可能方向。实证研究证实了这一点，相关多样化分化是区域产业分化的常态，而不相关多样化分化相对较少。例如，伊达尔戈等（Hidalgo *et al.*，2007）考察了世界各国出口产品的演变，发现各国新出口产品与现有出口产品在“产品空间”中的距离较短，存在高度关联性；博什马等（Boschma *et al.*，2013）基于西班牙出口数据发现，生产新产品所需的知识、技术、能力与生产区域现有产品所需的知识、技术、能力较为相似；贺灿飞等（2016）利用中国31个省级行政区的出口数据研究了中国出口产品的演化路径，发现2001—2007年中国四大区域的出口产品演化都受到技术关联的显著影响，表明中国整体出口情况会在一定程度上影响下一阶段出口的新产品。出口贸易会导致区域产业演化的路径依赖，原因在于相关产品对区域资源和能力的需求相似，区域通过产品出口建立的生产经验与技术得以在相关产品上发挥作用，从而引发了区域产品结构向相邻空间的演化。

进口方面的研究相对较少，随着全球-地方联系理论的发展而逐渐引起重视。在当今时代背景下，全球价值链生产模式扩张，国际贸易蓬勃发展，以中间产品和先进制造业等进口为渠道的技术溢出成为影响一国经济发展和区域产业演化的重要因素。与出口贸易强调发挥本地生产能力不同，进口贸易强调吸收区域外的先进知识、技术、管理经验和生产模式，发挥全球-地方联系的技术溢出效应。科和赫尔普曼（Coe and Helpman，1995）最早对进口贸易的技术溢出效应进行了检验，发现贸易伙伴的技术研发能够通过中间品进口贸易传导到进口国，并且国内开放度越高，进口产品促进本国生产力提高的效应越大。在此基础上，科等（Coe *et al.*，1997）进一步发现，发展中国家的全要素生产率与其贸易伙伴的研发投入和机械设备进口呈显著正相关，且人力资本存量较高的国家可以从进口贸易中获取发达国家的研发成果，这证实了进口贸易对产业演化与产业升级的积极作用。一般认为进口溢出效应是通过学习模仿来发挥作用的：在研发资本主要集中在发达国家的情形下，蕴含丰富国外研发知识的中间产品和资本品成为技术转移的关键媒介。因此，进口能够为进口国厂商提供学习模仿技术前沿国技术的机会，他们可以通过“干中学”和逆向工程的方式进行学习模仿，进而掌握生产该产品的技术（Keller，2004；贺灿飞、郭佳宏等，2023）。

第四节　国际贸易的地方效应机制

国际贸易的地方影响具体表现为一系列的经济绩效和非经济绩效，已有研究主要聚焦于贸易对创新、韧性、集聚、产业演化等方面的影响，前文已经进行了详细介绍和讨论。从本质上看，这类研究讨论了国际贸易影响区域发展的不同方面，共同探究了国际贸易发挥作用的途径，即探讨了国际贸易的地方效应机制，可以总结为以下几个方面。

一、本地经济因素

1. 规模经济效应

规模经济是指在一定的市场需求范围内，随着生产规模的扩大，企业生产产品的平均成本持续下降的现象。规模经济效应反映了生产规模对企业与区域发展的积极作用，可以分为内部规模经济和外部规模经济。其中，内部规模经济是针对企业而言的，是指厂商在扩大生产规模过程中产量增加、效益提高的现象；外部规模经济是针对区域或产业而言的，是指企业数量增加导致区域产业产量扩大时，各个企业都能享受平均生产成本下降、平均收益提升的好处。规模经济效应是区域发展过程中天然存在的重要机制，而对外贸易使本地厂商具有更大的市场空间，有助于提升内部规模经济与外部规模经济，从而对区域经济的各个方面产生积极影响。克鲁格曼（Krugman，1979）的新贸易理论认为，规模经济奠定了国际贸易产生与发展的基础。目前许多国家的爆炸性出口增长都依赖于少数产品或在少数市场上出口数量的持续增长来实现（陈勇兵等，2015），这在一定程度上正是规模经济效应的体现。企业将资源更多地用于扩大现有产品、现有行业的生产规模，拓展新客户的主要目的也是扩大生产规模，所以往往不会进行产品出口转移，而是生产更多产品以满足新客户的需求（赵金龙等，2019）。

规模经济效应放大了进出口企业生产决策与贸易决策的影响，进而产生了多样的地方效应，这一点在贸易与创新、贸易与集聚关系的研究中得到了体现。规模经济效应是影响创新的重要途径，这主要是通过降低生产成本、扩大企业利润空间来实现的（何欢浪等，2023）。生产成本是影响企业创新的重要因素，而降低企业生产成本的一个普遍做法就是扩大生产规模，发挥规模效应（何卫刚，2005）。企业在规模经济驱动下有动力扩大生产并提高出口，而出口带来的市场规模扩大则会提高企业利润，降低创新风险，进而增加企业前期创新研发投入的补偿与回报空间，增加企业的创新激励（Baldwin and Gu，2004；Lileeva and Trefler，2010；Lim *et al.*，2018）。至于规模经济与集聚的关系，规模经济效应正是集聚效应的重要一环，空间集聚效应是通过同类企业集聚的规模经济和不同企业集聚的范围经济来共同发挥作用的，贸易通过规模经济来降低企业成本、推动企业与区域产业生产规模扩大，导致了集聚经济，故区位选择、规模经济和产业集聚间存在天然联系（吴向鹏、郑芳，2019）。

2. 竞争效应

竞争效应是指由出口贸易繁荣引致的国内企业数量增加，或进口贸易繁荣引致的大量国外产品进入本国市场，进而加剧国内市场竞争的一种经济现象（Bloom *et al.*，2006；魏浩、连慧君，2020）。竞争效应揭示了贸易扩大产业规模所带来的另一面影响：企业数量的增加虽然有助于发挥规模经济效应，但是也提升了市场竞争强度，可能对区域发展存在复杂的、方向不确定的影响效应。竞争效应主要在贸易与创新关系的研究中得到体现。

一方面，竞争加剧可能发挥“鲶鱼效应”，即通过强化内部竞争或引入外部竞争来激发国内企业活力，促使其提升现有技术利用效率或寻求新技术，实现产品创新或技术变革，从而实现产业技术进步和转型升级（Amiti and Khandelwal，2013）。新贸易理论和新新贸易理论都认为企业参与出口市场会导致行业内企业的竞争加剧，进而影响企业的生产、出口、创新、合作等行为。从理论上来讲，企业希望通过创新在竞争中获得更大的市场份额，将自身与同行业中的其他企业区分开来，市场竞争程度加剧会激励企业通过研发新产品，以逃离现有产品的市场竞争（Aghion *et al.*，2005）或者增大获取市场份额的动力，因此一定程度的竞争有利于企业创新。阿克希吉特等（Akcigit *et al.*，2016）研究发现，面对贸易成本下降引致的国际市场竞争加剧，出口企业会通过防御型和扩张型研发创新来“逃离竞争”；布鲁姆等（Bloom *et al.*，2016）基于欧洲样本的研究发现，来自中国的进口竞争优化了本土企业劳动力结构，使得更多劳动力流入了技术密集型企业，显著促进了本国企业专利申请、研发投入以及全要素生产率的增长。

另一方面，竞争加剧也可能存在“气馁效应”，即国内同质产品竞争加剧导致部分产品不具备生产优势，加上其前期研发投入较大、创新沉没成本较高，部分国内企业不得不放弃自主创新从而转向“低质低价”的低端发展路线（魏浩等，2019）。竞争效应的另一种可能的结果是，由于创新需要企业投入大量资金，而愈发激烈的竞争环境可能导致企业的利润不断降低，使得企业无法开展研发创新活动。阿吉翁等（Aghion *et al.*，2018）构建模型说明市场竞争程度加剧会抑制低生产率企业的创新；类似地，利姆等（Lim *et al.*，2018）研究发现，国际市场需求扩张所引致的竞争效应总体上对企业创新存在负向的影响。针对竞争效应的具体影响方向，部分研究探究了竞争效应对不同样本的异质性，如埃米蒂和坎德维尔（Amiti and Khandelwal，2013）基于美国样本的研究发现，进口竞争对靠近质量前沿的产品具有促进质量升级作用，而对于远离前沿的产品具有抑制质量升级作用；亚科沃内等（Iacovone *et al.*，2011）基于企业异质性视角研究发现，来自中国的进口竞争抑制了低生产率企业的创新，但促进了高生产率企业的创新；魏浩和连慧君（2020）基于2000—2006年中国海关库和工企库数据研究发现，中国进口竞争在总体上抑制了本土企业出口产品质量的提升，最终品进口竞争表现为抑制效应，而投入品进口竞争表现为促进效应；黄漓江和李长英（2020）研究发现，在初始竞争程度较低的市场中，进口竞争会激励企业提高生产效率，但在初始竞争程度较高的市场中，进口竞争反而会恶化市场竞争。

二、全球-地方互动因素

1. 出口溢出效应

出口溢出效应主要是通过企业出口行为实现的，是指企业从事出口活动时，其通过对自身出口经验的学习可以减少开发新产品、开拓新市场所需支付的沉没成本，在贸易与创新、贸易与产业演化关系的研究中都得到了体现。具体而言，出口经验丰富的企业不仅可以通过学习以往的出口经验来减少不完全合约带来的影响（Evenett and Venables，2002），也可以利用现有的国外消费者的需求偏好信息来推测产品对新市场的吸引力；因此在知识溢出效应影响下，企业更倾向于进入与过去出口市场相似的目的地以降低适应性成本（Albornoz-Crespo *et al.*，2010）。实证研究表明，企业出口市场选择具有一定路径依赖性，体现了知识溢出效应的这一特点，如莫拉莱斯等（Morales *et al.*，2014）通过对智利出口企业的实证研究发现，企业出口市场动态一方面依赖于目的国与东道国之间的相似程度，另一方面依赖于新目的国与企业已出口目的国之间的相似程度。阿尔博诺兹-克雷斯波等（Albornoz-Crespo *et al.*，2010）、劳利斯（Lawless，2011）以及法布令等（Fabling *et al.*，2009）分别对阿根廷、爱尔兰、新西兰的研究也得到了类似结论。

具体而言，出口的知识溢出效应体现在两个方面（图 7-7）：①产品知识溢出，指企业充分利用出口经验来开发并出口新产品，衡量的是区域内所拥有的技术关联产品的生产经验。产品知识溢出遵循认知邻近性规律，潜在出口产品与已有出口产品之间的认知邻近性越高，新出口企业需要主动搜寻的产品技术和知识越少，在产品研发、市场拓展等方面付出的代价也越小，出口行为的成功率便会相应上升（Boschma *et al.*，2012）。②市场信息溢出，指企业充分利用出口经验将已有产品出口到新市场，衡量的是区域对于出口市场消费者偏好、营商环境、市场竞争等信息的经营经验。市场信息溢出对潜在出口企业的出口决策具有指导作用（Rinallo and Golfetto，2006），产品进入新市场可以遵循路径依赖的规律，利用已有出口产品的生产经验，享受技术信息的外部性和规模效应，从而降低生产转换成本，进而提高出口以后的竞争力和存活率（Morales *et al.*，2014；Fafchamps *et al.*，2002）。

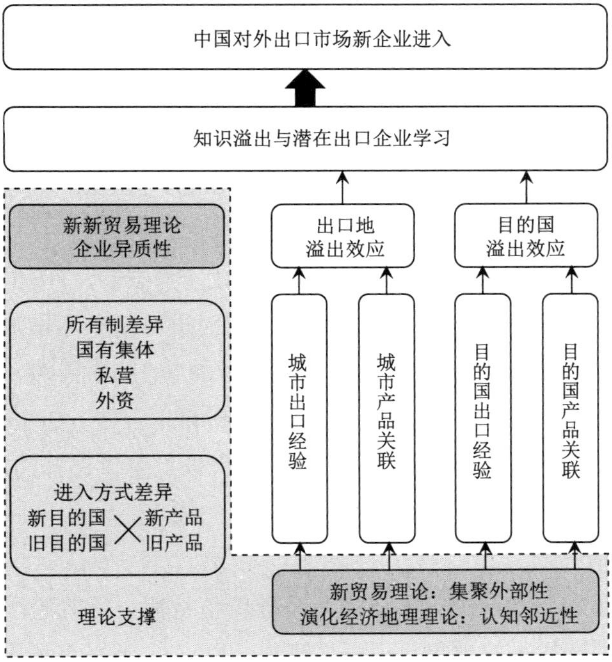

图 7-7　全球-地方出口溢出效应与企业出口

资料来源：贺灿飞等（2019）。

2. 进口溢出效应

进口溢出效应主要是通过企业进口行为实现的，是指企业通过产品进口将技术、知识和信息输入国内并吸收学习，从而提升企业自身的研发、生产、经营、贸易水平，在贸易与创新、贸易与韧性、贸易与产业演化关系的研究中都得到了体现。大量研究揭示了进口产品导致的国际技术溢出和转移是提高本国技术水平的一条重要途径（Grossman and Helpman，1991；Coe and Helpman，1995；Eaton and Kortum，2002；Coe *et al.*，2009）。知识具有非竞争性特点，通过进口更高技术水平的进口品来进行模仿、学习和创新，是企业获取技术外溢正外部性的重要途径（Shepherd and Stone，2012；田巍、余淼杰，2014）。在国际贸易中，技术落后国往往不具备自主创新的能力，而进口高技术产品或直接购买设备能够给予进口国厂商模仿技术前沿国技术的机会，通过“干中学”

和逆向工程进行学习模仿并获取该产品的生产技术，降低了自身研发成本，实现自身的技术进步和经济增长（陈昭、欧阳秋珍，2009）。

从影响效果上看，进口的学习模仿效应有两种实现形式：①进口的质量效应。企业进口的中间品是物化了的国外企业的研发和技术投入（Blalock and Veloso，2007），往往具有更高的技术和质量水平，而高质量的进口产品能够促进企业出口产品质量的提升（Bas and Strauss-Kahn，2015）。发展中国家难以满足国内企业对高质量中间品的需求，因此从发达国家进口较高质量的中间品是其实现出口质量升级的重要途径（Ethier，1982；张杰等，2015）。②进口的种类效应。进口产品无法完全替代国内产品，因而进口新产品增加了企业中间投入品的种类，有利于企业提高生产率和增加出口产品的种类（Bas and Strauss-Kahn，2014；Goldberg *et al.*，2010；Damijan *et al.*，2013），提高地方出口产品的多样化水平。同时，进口产品使国内市场上可供选择的产品种类增加，加剧产品市场竞争从而降低了企业使用中间品的成本。

3. 挤出效应

挤出效应通常指发展中国家在嵌入全球价值链后，因为缺少核心竞争力而被排挤出全球生产体系的现象（王磊、魏龙，2017）。新兴市场国家嵌入全球价值链的方式通常是以代工方式承接发达国家的加工制造订单，往往在全球价值链中分工地位低、利润空间小、增值能力弱，因而人均收入、技术水平提升缓慢，容易面临“低端锁定”困境（卓越、张珉，2008）。随着其他工资更低、资源禀赋更丰富的发展中经济体融入全球生产体系，部分新兴经济体可能面临与发达经济体脱钩、无法继续参与全球分工的问题，即产生挤出效应（田文等，2015）。汉弗莱和施米茨（Humphrey and Schmitz，2002）最早描述了全球生产体系中不升反降的挤出效应：巴西西诺斯谷的制鞋业专注于为耐克、阿迪达斯代工生产制造环节，在20世纪60年代相当兴盛，但是到了90年代迅速被更具价格优势的中国制鞋业取代，市场份额下降，产业陷入萧条。

挤出效应发生的根本原因是低端企业间的同质化竞争，因此与竞争效应的负面效应有类似影响。一方面，发展中经济体为了避免被挤出全球价值链，在缺乏研发突破能力的情况下往往会压低产品价格，发起“逐底竞争”，进一步降低利润空间与研发实力，陷入恶性循环。由于这类竞争涉及的产品类型比较低端，受到波及的一般是欠发达的代工企业，而具有较强技术研发能力的大企业则不会受影响。艾肯格林等（Eichengreen *et al.*，2004）分析了中国经济增长对其他亚洲国家出口的影响，最终结论是中国出口会排挤其他亚洲国家的出口，但是这种影响主要体现在欠发达国家的消费品产业，而先进经济体的资本品市场不会受到影响。另一方面，发达经济体为了维持自身在全球价值链体系中的核心地位，也有动力阻碍新兴经济体的产业升级，以使其长期锁定在价值链低端，时刻面临挤出压力。施米茨和克诺林加（Schmitz and Knorringa，2000）认为新兴国家一旦完成产业升级，会削弱价值链治理者的核心竞争力，因此国际买家和关键技术持有企业将阻碍这一升级，限制价值链内部的知识流动。发达经济体始终保持非对称优势，而依附于价值量的新兴经济体不具备议价能力，极易受到价格、成本波动的冲击（Fernandez，2015）。为了在全球价值链中生存，新兴经济体只能被动接受分工任务，高端人才、先进技术等升级必备要素积累不足，逐步失去转型升级条件，被俘获和锁定（Porter，1990）。

第五节　小结

国际贸易的地方影响这一主题是经济地理学对国际贸易研究有所贡献的重要研究领域。不论是一般效应中贸易与创新、贸易与韧性等的关系，还是空间效应中贸易与集聚、贸易与不平衡等的关系，这些主题的研究无法再采用传统国际贸易理论的同质化视角，而需要充分刻画地理与贸易的多尺度异质性，考察二者之间复杂的互动关系。在国际贸易的地方影响研究中，经济地理学充分体现了其综合性思维、尺度思维与关系思维，通过复杂的全球-地方联系视角，从多尺度、多主体互动的角度打开贸易的“黑箱”，深入理解贸易与地理的关系，进而探讨贸易如何消弭或强化空间上的差异、塑造具有多样性和地方性的独特地理景观。本章介绍了国际贸易对区域发展、集聚、不平衡等的异质性影响，主要从对创新、韧性、制度的一般效应以及对集聚、不平衡、产业演化的空间效应展开讨论；还介绍了国际贸易地方效应的主要影响机制，可以分为本地经济因素和全球-地方互动视角下的非经济因素。本章说明，至少从贸易与创新、贸易与集聚等几个方面来看，考虑多尺度、跨尺度影响的地理学能够为国际贸易的研究提供具有本学科特色的独特研究视角。

参 考 文 献

[1] Ades, A. F., E. L. Glaeser, 1995. Trade and Circuses: Explaining Urban Giants. *The Quarterly Journal of Economics*, Vol. 110, pp. 195-227.

[2] Aghion, P., A. Bergeaud, M. Lequien, 2018. The Impact of Exports on Innovation: Theory and Evidence. *NBER Working Paper*, No. 24600.

[3] Aghion, P., N. Bloom, R. Blundell, *et al.*, 2005. Competition and Innovation: An Inverted-U Relationship. *The Quarterly Journal of Economics*, Vol. 120, pp. 701-728.

[4] Akcigit, U., S. Baslandze, S. Stantcheva, 2016. Taxation and the International Mobility of Inventors. *American Economic Review*, Vol. 106, pp. 2930-2981.

[5] Albornoz, F., H. F. C. Pardo, G. Corcos, *et al.*, 2012. Sequential Exporting. *Journal of International Economics*, Vol. 88, pp. 17-31.

[6] Albornoz, F., H. F. C. Pardo, G. Corcos, *et al.*, 2010. Sequential Exporting. *CEPR Discussion Papers*, Vol. 88, pp. 17-31.

[7] Álvarez, I. C., J. Barbero, A. Rodríguez-Pose, *et al.*, 2018. Does Institutional Quality Matter for Trade? Institutional Conditions in a Sectoral Trade Framework. *World Development*, Vol. 103, pp. 72-87.

[8] Amiti, M., A. K. Khandelwal, 2013. Import Competition and Quality Upgrading. *Review of Economics and Statistics*, Vol. 95, pp. 476-490.

[9] Arkolakis, C., 2010. Market Penetration Costs and the New Consumers Margin in International Trade. *Journal of Political Economy*, Vol. 118, pp. 1151-1199.

[10] Autor, D., D. Dorn, G. Hanson, 2013. The China Syndrome: The Impact of Import Competition on US Labor Markets. *American Economic Review*, Vol. 103, pp. 2121-2168.

[11] Baier, S. L., J. H. Bergstrand, 2004. Economic Determinants of Free Trade Agreements. *Journal of International Economics*, Vol. 64, pp. 29-63.

[12] Baier, S. L., J. H. Bergstrand, 2007. Do Free Trade Agreements Actually Increase Members' International Trade? *Journal of International Economics*, Vol. 71, pp. 72-95.

[13] Baldwin, J. R., W. Gu, 2004. Innovation, Survival and Performance of Canadian Manufacturing Plants. *Economic Analysis(EA) Research Paper*, No. 022.

[14] Bas, M., V. Strauss-Kahn, 2014. Does Importing More Inputs Raise Exports? Firm-Level Evidence from France. *Review of World Economics*, Vol. 150, pp. 241-275.

[15] Bas, M., V. Strauss-Kahn, 2015. Input-trade Liberalization, Export Prices and Quality Upgrading. *Journal of International Economics*, Vol. 95, pp. 250-262.

[16] Bathelt, H., A. Malmberg, P. Maskell, 2004. Clusters and Knowledge: Local Buzz, Global Pipelines and the Process of Knowledge Creation. *Progress in Human Geography*, Vol. 28, pp. 31-56.

[17] Bernard, A. B., J. B. Jensen, 1998. Understanding the US Export Boom. In *National Bureau of Economic Research Cambridge*, Mass., USA.

[18] Bernard, A. B., J. B. Jensen, 2000. Understanding Increasing and Decreasing Wage Inequality. In *The Impact of International Trade on Wages*. University of Chicago Press.

[19] Blalock, G., F. M. Veloso, 2007. Imports, Productivity Growth, and Supply Chain Learning. *World Development*, Vol. 35, pp. 1134-1151.

[20] Bloom, N., M. Draca, J. Van Reenen, 2016. Trade Induced Technical Change? The Impact of Chinese Imports on Innovation, It and Productivity. *The Review of Economic Studies*, Vol. 83, pp. 87-117.

[21] Borghini, S., F. Golfetto, D. Rinallo, 2006. Using Anthropological Methods to Study Industrial Marketing and Purchasing: An Exploration of Professional Trade Shows. Paper Presented at the Industrial Marketing Purchasing Conference.

[22] Boschma R., 2005. Proximity and Innovation: A Critical Assessment. *Regional Studies*, Vol. 39, pp. 61-74.

[23] Boschma, R., S. Iammarino, 2009. Related Variety, Trade Linkages, and Regional Growth in Italy. *Economic Geography*, Vol. 85, pp. 289-311.

[24] Boschma, R., A. Minondo, M. Navarro, 2012. Related Variety and Regional Growth in Spain. *Papers in Regional Science*, Vol. 91, pp. 241-257.

[25] Boschma, R., A. Minondo, M. Navarro, 2013. The Emergence of New Industries at the Regional Level in Spain: A Proximity Approach Based on Product Relatedness. *Economic Geography*, Vol. 89, pp. 29-51.

[26] Boschma, R., R. Wenting, 2007. The Spatial Evolution of the British Automobile Industry: Does Location Matter? *Industrial and Corporate Change*, Vol. 16, pp. 213-238.

[27] Brülhart, M., C. Carrère, F. Robert-Nicoud, 2018. Trade and Towns: Heterogeneous Adjustment to a Border Shock. *Journal of Urban Economics*, Vol. 105, pp. 162-175.

[28] Bustos, P., 2011. Trade Liberalization, Exports, and Technology Upgrading: Evidence on the Impact of MERCOSUR on Argentinian Firms. *American Economic Review*, Vol. 101, pp. 304-340.

[29] Chiquiar, D., 2008. Globalization, Regional Wage Differentials and the Stolper-Samuelson Theorem: Evidence from Mexico. *Journal of International Economics*, Vol. 74, pp. 70-93.

[30] Coe, D. T., E. Helpman, 1995. International R&D Spillovers. *European Economic Review*, Vol. 39, pp. 859-887.

[31] Coe, D. T., E. Helpman, A. W. Hoffmaister, 1997. North-South R&D Spillovers. *The Economic Journal*, Vol. 107, pp. 134-149.

[32] Coe, D. T., E. Helpman, A. W. Hoffmaister, 2009. International R&D Spillovers and Institutions. *European Economic Review*, Vol. 53, pp. 723-741.

[33] Courvisanos, J., A. Jain, K. Mardaneh, 2016. Economic Resilience of Regions Under Crises: A Study of the Australian Economy. *Regional Studies*, Vol. 50, pp. 629-643.

[34] Damijan, J. P., J. Konings, S. Polanec, 2013. Pass-on Trade: Why Do Firms Simultaneously Engage in Two-Way Trade in the Same Varieties? *Review of World Economics*, Vol. 149, pp.

85-111.

[35] Davies, A., M. Tonts, 2010. Economic Diversity and Regional Socioeconomic Performance: An Empirical Analysis of the Western Australian Grain Belt. *Geographical Research*, Vol. 48, pp. 223-234.

[36] Dingel, J. I., K. C. Meng, S. M. Hsiang, 2019. *Spatial Correlation, Trade, and Inequality: Evidence from the Global Climate*. National Bureau of Economic Research.

[37] Dix-Carneiro, R., B. K. Kovak, 2017. Trade Liberalization and Regional Dynamics. *American Economic Review*, Vol. 107, pp. 2908-2946.

[38] Dix-Carneiro, R., S. Traiberman, 2023. Globalization, Trade Imbalances and Inequality. *Journal of Monetary Economics*, Vol. 133, pp. 48-72.

[39] Dollar, D., 1993. Technological Differences as a Source of Comparative Advantage. *The American Economic Review*, Vol. 83, pp. 431-435.

[40] Duan, Y., E. Dietzenbacher, B. Los, *et al.*, 2023. Regional Inequality in China During Its Rise as a Giant Exporter: A Value Chain Analysis. *Journal of Regional Science*, Vol. 63, pp. 148-172.

[41] Eaton, J., S. Kortum, 2002. Technology, Geography, and Trade. *Econometrica*, Vol. 7, pp. 1741-1779.

[42] Edwards, S., 1992. Trade Orientation, Distortions and Growth in Developing Countries. *Journal of Development Economics*, Vol. 39, pp. 31-57.

[43] Eichengreen, B., Y. Rhee, H. Tong, 2004. The Impact of China on the Exports of Other Asian Countries. *NBER Working Paper*, No. 10768.

[44] Eraydin, A., 2016. Attributes and Characteristics of Regional Resilience: Defining and Measuring the Resilience of Turkish Regions. *Regional Studies*, Vol. 50, pp. 600-614.

[45] Ethier, W. J., 1982. National and International Returns to Scale in the Modern Theory of International Trade. *The American Economic Review*, Vol. 72, pp. 389-405.

[46] Evenett, S. J., A. J. Venables, 2002. *Export Growth in Developing Countries: Market Entry and Bilateral Trade Flows*. University of Bern.

[47] Fabling, R., A. Grimes, L. Sanderson, 2009. Whatever Next? Export Market Choices of New Zealand Firms. *Reserve Bank of New Zealand Discussion Paper*, Vol. 91, pp. 137-159.

[48] Fafchamps, M., 2002. Spontaneous Market Emergence. *The BE Journal of Theoretical Economics*, Vol. 2, No. 20021010.

[49] Fernandez, A. P., H. Tang, 2014. Learning to Export from Neighbors. *Journal of International Economics*, Vol. 94, pp. 67-84.

[50] Fernandez, V. R., 2015. Global Value Chains in Global Political Networks Tool for Development or Neoliberal Device? *Review of Radical Political Economics*, Vol. 47, pp. 209-230.

[51] Fitjar, R. D., F. Huber, 2014. Global Pipelines for Innovation: Insights from the Case of Norway. *Journal of Economic Geography*, Vol. 15, pp. 561-583.

[52] Frankel, J. A., D. Romer, 2017. Does Trade Cause Growth? In *Global Trade*. Routledge.

[53] Frankel, J. A., E. Stein, S. Wei, 1995. Trading Blocs and the Americas: The Natural, the Unnatural, and the Super-Natural. *Journal of Development Economics*, Vol. 47, pp. 61-95.

[54] Frankel, J. A., E. Stein, S. Wei, 1997. *Regional Trading Blocs in the World Economic System*. Peterson Institute.

[55] Ge, Y., 2008. Globalization and Industry Agglomeration in China. *World Development*, Vol. 37, pp. 550-559.

[56] Ghosh, S., S. Yamarik, 2004. Are Regional Trading Arrangements Trade Creating? An Application of Extreme Bounds Analysis. *Journal of International Economics*, Vol. 63, pp. 369-395.

[57] Goldberg, P. K., A. K. Khandelwal, N. Pavcnik, *et al.*, 2010. Imported Intermediate Inputs and Domestic Product Growth: Evidence from India. *The Quarterly Journal of Economics*, Vol. 125, pp. 1727-1767.

[58] Grabher, G., 2002. Cool Projects, Boring Institutions: Temporary Collaboration in Social Context. *Regional Studies*, Vol. 36, pp. 205-214.

[59] Grossman, G. M., E. Helpman, 1991. Trade, Knowledge Spillovers, and Growth. *European Economic Review*, Vol. 35, pp. 517-526.

[60] He, C., Q. Guo, X. Ye, 2016. Geographical Agglomeration and Co-Agglomeration of Exporters and Nonexporters in China. *GeoJournal*, Vol. 81, pp. 947-964.

[61] Henderson, J. V., 1982. Systems of Cities in Closed and Open Economies. *Regional Science and Urban Economics*, Vol. 12, pp. 325-350.

[62] Henderson, J. V., T. Squires, A. Storeygard, *et al.*, 2018. The Global Distribution of Economic Activity: Nature, History, and the Role of Trade. *The Quarterly Journal of Economics*, Vol. 133, pp. 357-406.

[63] Henderson, V., 2003. The Urbanization Process and Economic Growth: The So-What Question. *Journal of Economic Growth*, Vol. 8, pp. 47-71.

[64] Heo, U., S. D. Hahm, 2015. Democracy, Institutional Maturity, and Economic Development. *Social Science Quarterly*, Vol. 96, pp. 1041-1058.

[65] Hidalgo, C. A., B. Klinger, A. L. Barabási, *et al.*, 2007. The Product Space Conditions the Development of Nations. *Science*, Vol. 317, pp.482-487.

[66] Hsieh, C., R. Ossa, 2016. A Global View of Productivity Growth in China. *Journal of International Economics*, Vol. 102, pp. 209-224.

[67] Hu, C., Y. Tan, 2016. Export Spillovers and Export Performance in China. *China Economic Review*, Vol. 41, pp. 75-89.

[68] Humphrey, J., H. Schmitz, 2002. How Does Insertion in Global Value Chains Affect Upgrading in Industrial Clusters? *Regional Studies*, Vol. 36, pp. 1017-1027.

[69] Iacovone, L., W. Keller, F. Rauch, 2011. *Innovation Responses to Import Competition*. Banco Mundial, Washington, DC.

[70] Jha, S., 2013. Trade, Institutions, and Ethnic Tolerance: Evidence from South Asia. *American Political Science Review*, Vol. 107, pp. 806-832.

[71] Kanbur, R., X. Zhang, 2005. Fifty Years of Regional Inequality in China: A Journey through Central Planning, Reform, and Openness. *Review of Development Economics*, Vol. 9, pp. 87-106.

[72] Karoly, L. A., J. A. Klerman, 1994. Using Regional Data to Reexamine the Contribution of Demographic and Sectoral Changes to Increasing US Wage Inequality. In *Contributions to Economic Analysis*. Elsevier.

[73] Keller, W., 2004. International Technology Diffusion. *Journal of Economic Literature*, Vol. 42, pp. 752-782.

[74] Koenig, P., 2009. Agglomeration and the Export Decisions of French Firms. *Journal of Urban Economics*, Vol. 66, pp. 186-195.

[75] Koenig, P., F. Mayneris, S. Poncet, 2010. Local Export Spillovers in France. *European Economic Review*, Vol. 54, pp. 622-641.

[76] Kogler, D. F., 2015. Evolutionary Economic Geography — Theoretical and Empirical Progress. *Regional Studies*, Vol. 49, pp. 705-711.

[77] Krugman, P., 1979. Increasing Returns, Monopolistic Competition and International Trade. *Journal of International Economics*, Vol. 9, pp. 469-479.

[78] Krugman, P., 1991. The Move toward Free Trade Zones. *Economic Review*, Vol. 76, p. 5.

[79] Krugman, P., 1994. *Rethinking International Trade*. MIT Press.

[80] Krugman, P., 1995. Increasing Returns, Imperfect Competition and the Positive Theory of International Trade. *Handbook of International Economics*, Vol. 3, pp. 1243-1277.

[81] Krugman, P., R. L. Elizondo, 1996. Trade Policy and the Third World Metropolis. *Journal of Development Economics*, Vol. 49, pp. 137-150.

[82] Lawless, M., 2011. Marginal Distance: Does Export Experience Reduce Firm Trade Costs? *Open Economies Review*, Vol. 24, pp. 819-841.

[83] Lee, J. W., P. Swagel, 1997. Trade Barriers and Trade Flows across Countries and Industries. *Review of Economics and Statistics*, Vol. 79, pp. 372-382.

[84] Liang, J., 2017. Trade Shocks, New Industry Entry and Industry Relatedness. *Regional Studies*, Vol. 51, pp. 1749-1760.

[85] Lileeva, A., D. Trefler, 2010. Improved Access to Foreign Markets Raises Plant-Level Productivity for Some Plants. *The Quarterly Journal of Economics*, Vol. 125, pp. 1051-1099.

[86] Lim, K., D. Trefler, M. Yu, 2018. *Trade and Innovation: the Role of Scale and Competition Effects*. University of Toronto Manuscript.

[87] Malmberg, A., P. Lundequist, 2000. Agglomeration and Firm Performance: Economies of Scale, Localisation, and Urbanisation among Swedish Export Firms. *Environment and Planning A*, Vol. 32, pp. 305-322.

[88] Martin, R., 2012. Regional Economic Resilience, Hysteresis and Recessionary Shocks.

Journal of Economic Geography, Vol. 12, pp. 1-32.

[89] Martin, R., P. Sunley, 2015. On the Notion of Regional Economic Resilience: Conceptualization and Explanation. *Journal of Economic Geography*, Vol. 15, pp. 1-42.

[90] Melitz, M. J., 2003. The Impact of Trade on Intra-Industry Reallocations and Aggregate Industry Productivity. *Econometrica*, Vol. 71, pp. 1695-1725.

[91] Milanovic, B., 2011. *Worlds Apart: Measuring International and Global Inequality*. Princeton University Press.

[92] Moodysson, J., 2008. Principles and Practices of Knowledge Creation: On the Organization of "Buzz" and "Pipelines" in Life Science Communities. *Economic Geography*, Vol. 84, pp. 449-469.

[93] Morales, E., G. Sheu, A. Zahler, 2014. Gravity and Extended Gravity: Using Moment Inequalities to Estimate a Model of Export Entry. *NBER Working Paper*, No. 19916.

[94] Morrison, A., R. Rabellotti, L. Zirulia, 2013. When Do Global Pipelines Enhance the Diffusion of Knowledge in Clusters? *Economic Geography*, Vol. 89, pp. 77-96.

[95] Naritomi, J., R. R. Soares, J. J. Assunção, 2012. Institutional Development and Colonial Heritage within Brazil. *The Journal of Economic History*, Vol. 72, pp. 393-422.

[96] Nelson, A. J., E. J. Zolnik, 2013. Regional Effects of Trade on Income. *Regional Studies*, Vol. 47, pp. 740-755.

[97] Nunn, N., L. Wantchekon, 2011. The Slave Trade and the Origins of Mistrust in Africa. *American Economic Review*, Vol. 101, pp. 3221-3252.

[98] Ottaviano, G., T. Tabuchi, J. F. Thisse, 2002. Agglomeration and Trade Revisited. *International Economic Review*, Vol. 43, pp. 409-435.

[99] Owen-Smith, J., W. W. Powell, 2004. Knowledge Networks as Channels and Conduits: The Effects of Spillovers in the Boston Biotechnology Community. *Organization Science*, Vol. 15, pp. 5-21.

[100] Porter, M. E., 1990. *Competitive Advantage of Nations*. New York, The Free Press.

[101] Puga, D., D. Trefler, 2014. International Trade and Institutional Change: Medieval Venice's Response to Globalization. *The Quarterly Journal of Economics*, Vol. 129, pp. 753-821.

[102] Redding, S. J., D. M. Sturm, 2008. The Costs of Remoteness: Evidence from German Division and Reunification. *American Economic Review*, Vol. 98, pp. 1766-1797.

[103] Reiffenstein, T., R. Hayter, D. W. Edgington, 2002. Crossing Cultures, Learning to Export: Making Houses in British Columbia for Consumption in Japan. *Economic Geography*, Vol. 78, pp. 195-219.

[104] Rinallo, D., F. Golfetto, 2006. Representing Markets: The Share of Fashion Trends by French and Italian Fabric Companies. *Industrial Marketing Management*, Vol. 35, pp. 856-869.

[105] Rodríguez-Pose, A., 2012. Trade and Regional Inequality. *Economic Geography*, Vol. 88, pp. 109-136.

[106] Rose, A. K., 2004. Do We Really Know that the WTO Increases Trade? *American Economic Review*, Vol. 94, pp. 98-114.

[107] Sachs, J. D., A. Warner, A. Åslund, *et al.*, 1995. Economic Reform and the Process of Global Integration. *Brookings Papers on Economic Activity*, pp. 1-118.

[108] Sánchez-Reaza, J., A. Rodríguez-Pose, 2002. The Impact of Trade Liberalization on Regional Disparities in Mexico. *Growth and Change*, Vol. 33, pp. 72-90.

[109] Schmitz, H., P. Knorringa, 2000. Learning from Global Buyers. *Journal of Development Studies*, Vol. 37, pp. 177-205.

[110] Shepherd, B., S. Stone, 2012. *Imported Intermediates, Innovation, and Product Scope: Firm-Level Evidence from Developing Countries*. MPRA Paper.

[111] Silva, J. A., R. M. Leichenko, 2004. Regional Income Inequality and International Trade. *Economic Geography*, Vol. 80, pp. 261-286.

[112] Storper, M., 2009. Roepke Lecture in Economic Geography — Regional Context and Global Trade. *Economic Geography*, Vol. 85, pp. 1-21.

[113] Trefler, D., 1993. Trade Liberalization and the Theory of Endogenous Protection: An Econometric Study of US Import Policy. *Journal of Political Economy*, Vol. 101, pp. 138-160.

[114] Trippl, M., M. Grillitsch, A. Isaksen, 2018. Exogenous Sources of Regional Industrial Change: Attraction and Absorption of Non-Local Knowledge for New Path Development. *Progress in Human Geography*, Vol. 42, pp. 687-705.

[115] Wacziarg, R., K. H. Welch, 2008. Trade Liberalization and Growth: New Evidence. *The World Bank Economic Review*, Vol. 22, pp. 187-231.

[116] Wei, Y. D., C. C. Fan, 2000. Regional Inequality in China: A Case Study of Jiangsu Province. *The Professional Geographer*, Vol. 52, pp. 455-469.

[117] Yang, D. T., 2002. What Has Caused Regional Inequality in China? *China Economic Review*, Vol. 13, pp. 331-334.

[118] Zhang, X., K. H. Zhang, 2003. How Does Globalisation Affect Regional Inequality within a Developing Country? Evidence From China. *Journal of Development Studies*, Vol. 39, pp. 47-67.

[119] Zhou, Y., S. Zhu, C. He, 2019. Learning from Yourself or Learning from Neighbors: Knowledge Spillovers, Institutional Context and Firm Upgrading. *Regional Studies*, Vol. 53, pp. 1397-1409.

[120] 陈航航、贺灿飞、毛熙彦：“区域一体化研究综述：尺度、联系与边界”，《热带地理》，2018 年第 1 期，第 1—12 页。

[121] 陈勇兵、李梦珊、赵羊等：“中国企业的出口市场选择：事实与解释”，《数量经济技术经济研究》，2015 年第 10 期，第 20—37 页。

[122] 陈昭、欧阳秋珍：“技术溢出的主渠道：外商直接投资还是进口？——一个文献综述与评论”，《经济评论》，2009 年第 5 期，第 135—146 页。

[123] 戴翔、徐海峰、曾令涵：“自贸试验区制度创新与城市出口韧性”，《经济体制改革》，2023 年第 4 期，第 23—32 页。

[124] 高凌云、王洛林：“进口贸易与工业行业全要素生产率”，《经济学（季刊）》，2010 年第 2 期，第 391—414 页。

[125] 郭佳宏、马佳卉、贺灿飞：“中间产品进口时空格局演化及其知识溢出效应”，《地理科学》，2022 年第 12 期，第 2085—2096 页。

[126] 郭琪：“中国制造业出口多样化及其空间动态演化研究”（博士论文），北京大学，2016 年。

[127] 何欢浪、师艳敏、章韬：“国际市场出口需求与中国企业创新行为——基于企业专利数量和质量的经验研究”，《世界经济文汇》，2023 年第 3 期，第 1—17 页。

[128] 何卫刚：“规模经济与范围经济的适用性”，《经济问题》，2005 年第 4 期，第 27—29 页。

[129] 贺灿飞、陈韬：“外部需求冲击、相关多样化与出口韧性”，《中国工业经济》，2019 年第 7 期，第 61—80 页。

[130] 贺灿飞、董瑶、周沂：“中国对外贸易产品空间路径演化”，《地理学报》，2016 年第 6 期，第 970—983 页。

[131] 贺灿飞、郭佳宏、谢玉欢：“基于认知邻近性的进口溢出效应对区域出口产业重构的影响”，《地理学报》，2023 年第 6 期，第 1323—1338 页。

[132] 贺灿飞、胡绪千、罗芊：“全球-地方出口溢出效应对新企业进入出口市场的影响”，《地理科学进展》，2019 年第 5 期，第 731—744 页。

[133] 贺灿飞、毛熙彦：“尺度重构视角下的经济全球化研究”，《地理科学进展》，2015 年第 9 期，第 1073—1083 页。

[134] 贺灿飞、任卓然、吴婉金：“产品动态技术关联与中国出口产业地理共聚”，《地理研究》，2023 年第 9 期，第 2283—2301 页。

[135] 贺灿飞、余昌达、金璐璐：“贸易保护、出口溢出效应与中国出口市场拓展”，《地理学报》，2020 年第 4 期，第 665—680 页。

[136] 黄漓江、李长英：“进口竞争如何影响了中国制造业企业的生产率？”，《世界经济文汇》，2020 年第 2 期，第 19—35 页。

[137] 黄先海、金泽成、余林徽：“出口、创新与企业加成率：基于要素密集度的考量”，《世界经济》，2018 年第 5 期，第 125—146 页。

[138] 姜帅帅、刘慧：“危机冲击下全球价值链嵌入对企业出口韧性的‘双刃剑’效应”，《国际商务（对外经济贸易大学学报）》，2021 年第 1 期，第 1—17 页。

[139] 蒋晟、贺灿飞：“贸易中介对于企业出口产品多样化的影响”，《经济地理》，2022 年第 6 期，第 92—102 页。

[140] 蒋含明、李婷：“全球价值链嵌入与企业出口韧性”，《南方经济》，2023 年第 8 期，第 35—51 页。

[141] 刘慧、綦建红：“‘邻居’对中国企业出口生存的影响有多大——基于信息溢出的视角”，《财贸经济》，2018 年第 8 期，第 96—109+125 页。

[142] 刘慧、綦建红："外需冲击下多元化策略如何影响企业出口韧性"，《国际经贸探索》，2021 年第 12 期，第 4—19 页。
[143] 卢福财、胡平波："全球价值网络下中国企业低端锁定的博弈分析"，《中国工业经济》，2008 年第 10 期，第 23—32 页。
[144] 鲁晓东、刘京军："不确定性与中国出口增长"，《经济研究》，2017 年第 9 期，第 41—56 页。
[145] 吕越、罗伟、包群："企业上游度、贸易危机与价值链传导的长鞭效应"，《经济学（季刊）》，2020 年第 19 期，第 875—896 页。
[146] 马小淇："危机冲击下服务业 GVC 参与程度对制造业出口韧性的影响川"，《对外经贸》，2021 年第 5 期，第 36—39 页。
[147] 钱学锋、王胜、黄云湖等："进口种类与中国制造业全要素生产率"，《世界经济》，2011 年第 5 期，第 3—25 页。
[148] 苏丹妮、盛斌、邵朝对："产业集聚与企业出口产品质量升级"，《中国工业经济》，2018 年第 11 期，第 117—135 页。
[149] 田巍、余淼杰："中间品贸易自由化和企业研发：基于中国数据的经验分析"，《世界经济》，2014 年第 6 期，第 90—112 页。
[150] 田文、张亚青、佘珉："全球价值链重构与中国出口贸易的结构调整"，《国际贸易问题》，2015 年第 3 期，第 3—13 页。
[151] 王磊、魏龙："'低端锁定'还是'挤出效应'——来自中国制造业 GVCs 就业、工资方面的证据"，《国际贸易问题》，2017 年第 8 期，第 62—72 页。
[152] 王文宇、贺灿飞、陈新明："贸易壁垒、贸易协定与中国制造业出口网络演化"，《经济地理》，2021 年第 11 期，第 118—128 页。
[153] 王文宇、任卓然、李伟等："贸易壁垒、市场相关多样化与城市出口韧性"，《地理研究》，2021 年第 12 期，第 3287—3301 页。
[154] 王智勇："贸易风险经济影响与区域分布的实证研究——以广东省为例"，《地理科学进展》，2010 年第 4 期，第 445—453 页。
[155] 魏浩、连慧君："进口竞争与中国企业出口产品质量"，《经济学动态》，2020 年第 10 期，第 44—60 页。
[156] 魏浩、连慧君、巫俊："中美贸易摩擦、美国进口冲击与中国企业创新"，《统计研究》，2019 年第 8 期，第 46—59 页。
[157] 魏昀妍、龚星宇、柳春："数字化转型能否提升企业出口韧性"，《国际贸易问题》，2022 年第 10 期，第 56—72 页。
[158] 吴向鹏、郑芳："集聚经济与城市创新：一个文献综述"，《重庆理工大学学报（社会科学）》，2019 年第 12 期，第 48—57 页。
[159] 谢建国、周露昭："进口贸易、吸收能力与国际 R&D 技术溢出：中国省区面板数据的研究"，《世界经济》，2009 年第 9 期，第 68—81 页。
[160] 许朝凯、刘宏曼："国际贸易网络演化与中国出口韧性提升"，《世界经济研究》，2023 年第 6 期，第 100—114+136 页。

[161] 张国峰、王永进、李坤望："产业集聚与企业出口：基于社交与沟通外溢效应的考察"，《世界经济》，2016 年第 2 期，第 48—74 页。
[162] 张杰、郑文平、陈志远："进口与企业生产率——中国的经验证据"，《经济学（季刊）》，2015 年第 3 期，第 1029—1052 页。
[163] 张翊、陈雯、骆时雨："中间品进口对中国制造业全要素生产率的影响"，《世界经济》，2015 年第 9 期，第 107—129 页。
[164] 赵金龙、张蕊、陈健："中国自贸区战略的贸易创造与转移效应研究——以中国-新西兰 FTA 为例"，《国际经贸探索》，2019 年第 4 期，第 27—41 页。
[165] 赵赛："基于制度环境视角的中国 OFDI 的贸易效应研究——基于'一带一路'沿线 64 个国家的实证分析"，《经济问题探索》，2022 年第 1 期，第 166—180 页。
[166] 周沂、贺灿飞："集聚类型与中国出口产品演化——基于产品技术复杂度的研究"，《财贸经济》，2018 年第 6 期，第 115—129 页。
[167] 卓越、张珉："全球价值链中的收益分配与'悲惨增长'——基于中国纺织服装业的分析"，《中国工业经济》，2008 年第 7 期，第 131—140 页。

第八章　国际贸易的环境效应

第一节　引言

随着工业化的推进和全球化的深入，环境污染、气候变化、全球变暖等环境问题成为全球共同关注的重要议题。经济活动的全球化加快了资源的跨国流动，也带来了环境污染和生态退化等问题，并促使国际贸易领域相关学者的研究兴趣逐渐从单纯的经济效益扩展到如何在保障经济增长的同时维护全球环境。伴随着全球扩大贸易开放的步伐加速，《北美自由贸易协定》《关税及贸易总协定》陆续签订，WTO 建立，贸易自由化对环境的影响也开始受到关注（Cole and Elliott，2003）。由于国际贸易导致商品生产和消费的地理分离，消费污染密集型产品的国家不必承担生产过程中的环境污染代价，这种自由贸易条件下的国际生产分工带来了国家间环境绩效的显著差异。随着气候变化的挑战愈发严峻，碳排放的区域再分配以及碳泄漏等问题成为热点。学者们普遍认为，国际贸易中隐含的 CO_2 显著增加，对全球 CO_2 排放的影响日益显著。

本章概述国际贸易中的环境影响与污染避难所假说（Pollution Haven Hypothesis，PHH）、波特假说（Porter Hypothesis，PH）等关键环境规制理论，并对国际贸易中的隐含碳排放、其他隐含污染转移、隐含能源与虚拟水问题进行详细分析，旨在为理解国际贸易如何塑造全球环境绩效提供一个全面的视角，同时探索如何实现经济增长与环境可持续性之间的平衡。

第二节　贸易的环境效应与理论

一、贸易与环境

国际贸易与区域环境之间的关系十分复杂，学术界对于其具体效应存在极大争论。国际贸易的环境效应是通过重塑全球资源的空间分布来实现的，即引起生产与消费的空间分离：一方面，国际贸易导致消费地的资源禀赋与生产地的丰裕程度分离甚至完全脱节；另一方面，国际贸易导致消费污染密集型产品的国家不需要承担生产过程中释放的污染，由此造成国际生产分工的差异，带来国家间环境绩效的差异。基于国际贸易引致的空间分离现象，学术界对国际贸易与区域环境的关系进行了长期探究，产生了两类截然不同的观点。

学术界两类观点最大的分歧在于贸易环境效应的方向，一类观点认为贸易带来了积极的环境效应，另一类观点认为贸易加剧了环境问题。国际贸易的支持方认为，国际贸易推动全球资源的重新分配，在一定程度上有助于解决消费和生产脱节的问题。基于比较优势的国际专业分工能提高资源的配置效率，为改善环境质量提供资金支持，还能促进清洁生产技术的国际转移。例如，缺水流域、国家和地区可以通过进口水直接解决缺水问题，或者进口水密集型产品来确保有限的水资源用于更有价值的地方。然而国际贸易的反对方认为，国际贸易所引起的环境效应是消极的，特别是对于发展中国家而言。自由贸易会加剧环境污染和自然资源的非可持续性，削弱现有环境保护法规的效力，影响国际环境公约与协定，使发展中国家沦为发达国家的“污染天堂”。例如，水密集型产品贸易会使水出口国家被迫承受更大的水资源压力，当缺水国家过度开发净出口国家的水资源时，其商品水需求往往会超出当地的基本需求以及自然承受能力（UNEP，2012），甚至一些水资源缺乏的地区也是净虚拟水出口国，如澳大利亚或南非，而某些水资源很充足的国家也是净虚拟水进口国，商品贸易可能进一步加剧了可用资源的不平衡分布。事实上，国际贸易的环境效应还可能存在区域或对象层面的异质性。马纳吉等（Managi *et al.*，2009）的研究发现，贸易开放在 OECD 国家减少了 SO_2 和 CO_2 排放，但在非 OECD 国家却增加了这些排放；而鹤见和马纳吉（Tsurumi and Managi，2014）的研究发现，贸易开放在发达国家减少了森林砍伐，但在发展中国家并未产生同样的效果。

关于贸易环境效应的最著名理论是污染避难所假说和波特假说，分别代表了反对国际贸易和支持国际贸易的两个极端。前者描绘了发展中国家因国际贸易而承受环境代价的场景，污染密集型产业倾向于迁移到环境法规较为宽松的国家或地区，发展中国家可能成为发达国家的污染避难所；后者描绘了发展中国家从国际贸易中获益的场景，贸易自由化为发展中国家带来了新知识和新技术，从而促进了发展中国家的企业技术创新和环境改善。下面分别对这两个代表性假说进行介绍。

二、污染避难所假说

污染避难所假说由科普兰和泰勒（Copeland and Taylor，1994）最早提出，将环境规制的严格程度和贸易模式与一个国家的污染水平联系起来。污染避难所假说认为，在开放和自由化的贸易中，发展中国家将成为发达国家“脏”产业的污染避难所。当时的现实例子是，在《北美自由贸易协定》下，美国、加拿大等高环境规制国家的企业与墨西哥等环境规制宽松的贫穷国家的企业直接竞争，生产“脏”产品的企业将从环境法规严格的发达国家转移到环境法规相对薄弱的发展中国家，造成了墨西哥的环境灾难和美国的就业灾难，因此污染避难所假说预测，这些环境法规相对薄弱的发展中国家将面临环境灾难。

近几十年间，污染避难所假说引起了学术界的长期关注。多位学者针对不同国家（地区）展开了对污染避难所假说的实证检验，从中国台湾到东南亚、中国大陆、墨西哥以及其他地区，基本都得到了支持证据。这些研究表明，贸易和工业化加剧了这些国家（地区）的环境退化，而发达国家（地区）则通过外包污染密集型产业来减少自身的环境负担，发达国家（地区）因环境法规的严格性而导致的污染减排成本差异是推动全球贸易和产业转移的关键因素（Levinson and Taylor，2008）。凯伦堡（Kellenberg，2009）研究了将美国生产流程外包到新兴经济体的根本原因，并认为环境严格程度明显降低是制造企业从美国转移到新兴经济体的主要原因（Xia *et al.*，2022；Bashir *et al.*，2020）；诺格拉迪（Nogrady，2018）的研究也证实了污染避难所假说，中国禁止从欧盟、美国和日本进口废料，导致这些工业出口国将此类产品出口到环境法规较少的国家（地区），因此该研究提出，严格的环境法规将成为向发展中经济体出口废物的有效政策措施。

污染密集型产业的转移不仅证实了污染避难所假说，也反映了全球经济重组的趋势。一方面，发展中国家面临严重的环境污染和退化问题，贸易和工业化直接加剧了东南亚、中东等地区的环境压力。石见（Iwami，2001）发现，东南亚国家的贸易和工业化加剧了环境退化的问题；同样地，武田和松浦（Takeda and Matsuura，2006）发现，随着向发达国家出口污染产品，东亚国家的环境退化程度有所增加，虽然可能增加了就业和收入，但是也加剧了这些国家的环境问题；查克拉博蒂和慕克吉（Chakraborty and Mukherjee，2013）对 2000—2011 年 114 个国家的贸易和环境关系的分析支持了污染避难所假说，他们使用环境绩效指数作为污染的衡量标准，发现发展中国家的初级和制造商品出口导致了这些国家的环境退化。另一方面，发达国家如美国通过增加从发展中国家的进口，有效降低了自身的污染排放，表明发达国家通过全球贸易网络转移了环境污染的责任。麦科洛等（McCollough *et al.*，2016）也证明了污染避难所假说的存在，发现美国轮胎业这类污染密集型产业将其生产业务转移到海外，从而减少了美国的排放量，为证明“先进国家将污染负担转嫁给发展中国家”的观点提供了强有力的实证支持。

三、波特假说

自污染避难所假说提出以来，多项研究从不同角度和理论对污染避难所假说的合理性提出了质疑，多位学者在分析国家间贸易时没有得到支持污染避难所假说的实证结果（Jaffe *et al.*，1995；Tobey，1990；Poelhekke and Van der Ploeg，2015）。这些研究涉及从生产成本、劳动力生产率到技术转让、国际贸易政策等多个领域，提供了对污染避难所假说进行深入理解和评估的多样化视角。通过这些研究，我们可以看到污染避难所假说并非影响全球产业和环境格局的唯一或主要因素，其他因素如经济、技术、法规和社会责任同样起着重要的作用。

波特和范德林德提出的波特假说是一个反对污染避难所假说的典型论据。如该假说所述，严格的环境规制会通过刺激管理创新、技术创新来提升企业的生产效率，从而催生更多的清洁高效技术，实现经济发展与环境改善的双赢（Porter and Van der Linde，1995）。国际贸易将现代先进技术从发达国家转移到发展中国家，比发展中国家的传统技术更有效、更清洁，因此从长远来看，国际贸易使发展中国家的生产过程变得清洁。波特假说在后来的学术探讨中获得了部分实证研究的支持。埃利斯特和弗雷德里克松（Eliste and Frederiksson，1998）从理论层面论证了波特假说，表明包括环境税及补贴在内的环境规制在带来环境质量改善的同时也会增强产业竞争力；弗兰克尔（Frankel，2003）针对环境与全球化的研究发现，环境友好型、清洁型技术创新领先的国家在未来的世界竞争中能占得先机，获得竞争优势；科尔（Cole，2004）、贺和王（He and Wang，2012）的研究也都认为，贸易自由化通常会带来更多的经济增长和财富积累，积累的财富会提高人们对环境标准的认识。

基于波特假说，有学者进一步提出了其他反对污染避难所假说的环境规制假说。例如，污染光环假说（Pollution Halo Hypothesis）认为，技术转让和知识溢出有利于发展中国家的环境改善，一些发展中国家和地区，如印度、中东、北非等，可以从外国直接投资和国际贸易中获益，减少温室气体排放（Dietzenbacher and Mukhopadhyay，2007；Jiang *et al.*，2018）。绿色避风港假说（Green Haven Hypothesis）指出，资本和污染密集型产业也关注企业的社会责任，也遵循人、利润、地球的三重底线并保持其绿色声誉，因此有助于最大限度地减少生态足迹（Herzig *et al.*，2006）。资本-劳动力假说（Capital-Labor Hypothesis）认为，资本密集型产品往往也是污染密集型产品，基于要素禀赋理论可以发现，资本充裕的北方国家将专门出口污染密集型产品，而劳动力充裕的南方国家将专门出口污染程度较低的劳动密集型产品，形成了与污染避难所假说相反的贸易和投资模式（Ethier，1982；Markusen，1984）。还有学者从推导出污染避难所假说的新古典比较优势理论出发，认为在其他生产成本方面以及制度环境等因素的比较优势也会影响企业的迁移决策，导致污染避难所假说不显著。比如，企业在向环境法规宽松的国家转移时，也会考虑到污染会降低劳动力的生产率，从而提高企业的劳动力成本（Becker and Henderson，2000）；或者，环境法规宽松的国家通常法律体系薄弱、商业法律不明确，而发达国家的投资者则更青睐那些法规明确、执法有效的国家，因此他们很可能会避免在环境法规宽松的国家投资。科尔和弗雷德里克松（Cole and Fredriksson，2009）

对立法单位总数进行了研究，认为跨国公司对制度质量较低的国家施加压力，迫使其不引入新的环境标准（Fareed *et al.*，2021）。

四、小结

根据上述研究，污染避难所假说为我们展现了一个明确的全球趋势：环境政策和经济发展模式在全球化背景下导致了显著的产业和贸易转移。发达国家通过实施严格的环境法规，成功地减少了本国的污染排放，但这种做法的代价往往是将污染产业转移到环境法规较宽松的发展中国家，结果是这些发展中国家的产业结构向污染密集型产业转变，环境退化问题随之加剧。发达国家在降低本国污染的同时，未能充分考虑其政策对全球环境和发展中国家的影响，而发展中国家在追求经济增长和参与全球贸易的过程中，常常承担了更大的环境成本。

然而现实情况往往不如理论假说那般简洁清晰，目前学术界关于污染避难所假说的正确性并没有形成统一认识。以往研究忽略了一些重要的污染决定因素，因此没有正确地指定模型来研究污染避难所假说，污染避难所假说的合理性和普适性在学术界仍然存在重大争议。一方面，大量研究发现环境法规的差异在促进全球产业和贸易转移中扮演了重要角色，支持了污染避难所假说；另一方面，也有大量研究表明，其他因素如生产成本、劳动生产率、制度环境等在企业迁移决策中起着同样或更重要的作用，从而质疑了污染避难所假说的普适性。一些学者还提出了与污染避难所假说相反的观点，其中的代表便是波特假说，此外还有污染光环假说、绿色避风港假说等，从不同角度对波特假说进行了补充和拓展。这些多元化的研究结果揭示了一个复杂的现实，即全球贸易和产业转移的动因是多方面的，不仅取决于环境法规的松紧，而且受到经济、技术、政策和社会因素的共同影响，因此在评估污染避难所假说及其对全球环境和经济的影响时，需要一个更全面和综合的视角，这种多维度的分析不仅有助于更深入地理解国际贸易对环境的影响，也为制定更有效的全球环境和经济政策提供了重要的参考。

第三节 贸易的环境问题

一、隐含碳排放问题

隐含碳是指为满足本部门最终需求和其他部门中间投入，在产品生产中由直接或间接消耗含碳元素的化石燃料所产生的碳排放，即原料提取、中间加工、销售运输等生产过程中排放的碳（Machado *et al.*，2001）。与直接碳排放概念相比，隐含碳从经济活动中生产要素交换的视角，对碳在经济系统中的流动给出了更为系统的诠释，考虑了产品在全生命周期中的碳排放以及随产品流动而产生的碳流动。以图 8-1 为例，炼化石油中包含开采、炼化、加工、消费等不同环节，隐含碳会伴随商品流转而在社会和自然界之间不断流动。

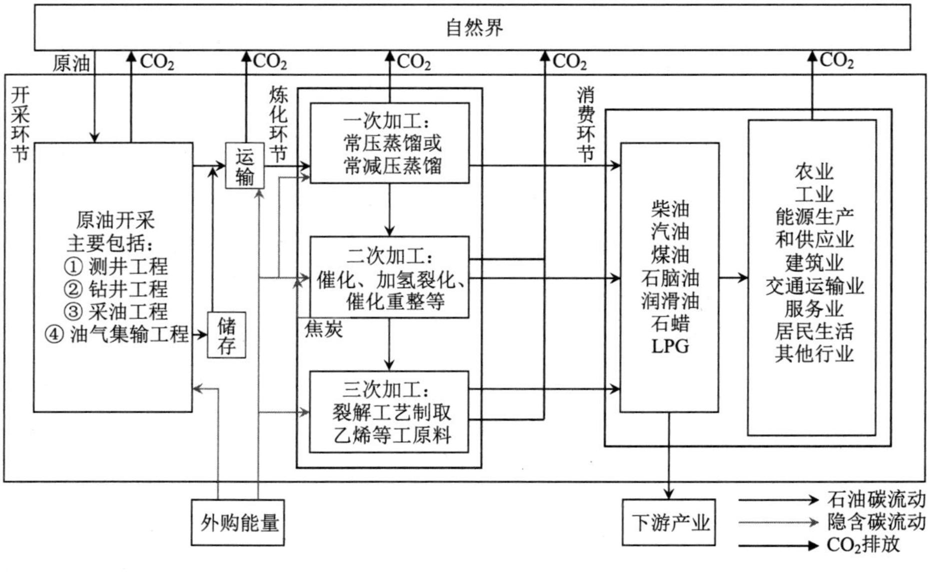

图 8-1 炼化企业石油中的隐含碳流动

资料来源：吴明等（2018）。

随着全球化进程的加速，国际贸易成为碳排放转移的重要途径，国际贸易中的隐含碳流动问题已成为环境经济学和国际贸易研究的重要议题。在国际贸易中，产品出口意味着将碳排放留在国内、将产品输出国外，进口则相反，因此，如果一国的出口隐含碳排放高于进口量，意味着该国代替贸易对象承担了生产的环境代价，即国际贸易对该国环境产生了负面作用。

1. 隐含碳模式

研究者们采用了不同方法来分析和理解国际贸易中碳流动的模式与后果。首先，从产品类型看，贸易过程中产生的隐含碳排放主要来自碳排放密度高的产品（Li *et al.*，2017），它们不仅会消耗大量资源，还会对环境造成影响。以高污染、低技术产品为主导的出口结构并不能提升国际竞争力（Fu，2017），而发展具有附加值和技术密集度的高新技术产业才是促进竞争力与生产技术创新的关键（Ding，2019），可以通过提高生产技术水平来减少内含碳排放量（Sandu and Ciocanel，2014；Simonen *et al.*，2015）。

其次，根据研究对象的差异，贸易环节的隐含碳研究可以分为“一对一”“一对多”和“多对多”三种类型。①“一对一”的贸易隐含碳用于揭示两个地区之间贸易往来所引起的隐含碳流动，用以分析二者的碳减排责任与路径。例如，金姆和特罗姆普（Kim and Tromp，2021）使用2000—2014年的多区域投入产出模型测算了中国与巴西主要行业贸易往来的隐含碳流动，结果表明中国在与巴西的贸易隐含碳方面处于顺差地位，说明中国需提高清洁生产技术水平、降低隐含碳输出。②“一对多”的贸易隐含碳主要关注中心地区与其他地区的隐含碳流动关系，为中心地区争取更大的贸易优势和更少的减排责任提供数据支撑。例如，马远和骆佩（2021）使用2015年EORA世界投入产出表测算了中国与RCEP成员国进出口贸易间的隐含能耗及隐含碳排放，得出了中间品贸易在中国贸易隐含能耗及隐含碳排放中占据主导地位的结论。③“多对多”的贸易隐含碳研究主要用于分析国际贸易带来的全球性碳转移。彭等（Peng *et al.*，2016）使用MRIO模型对国际贸易隐含碳的研究指出，发达国家通过从发展中国家进口大量能源密集型产品从而造成隐含碳转移，加剧了二者之间的环境不平等；陈晖等（2020）通过编制中国31个省份的多区域投入产出表对中国省域间的贸易隐含碳排放进行了测算，发现隐含碳从经济发达且产业结构以高附加值低碳型产业为主的省份转移到欠发达且能源产业密集的省份。基于

MRIO 对贸易隐含碳的测算可以刻画隐含碳在区域间转移的路径，为各地区划分碳排放责任提供了重要参考。

2. 隐含碳泄漏问题

随着全球价值链分工的深入发展，全球化供应链导致了大量隐含碳排放的转移，引发了贸易污染转移的不公平性问题。从贸易隐含碳的国家关系来看，国家间贸易会产生大量隐含 CO_2 的直接或间接排放（Su *et al.*，2011），并且通常表现为发展中国家出口、发达国家进口的形式，因而发达国家通过进口高碳密集度产品实现了碳排放成本向发展中国家的转移（Davis and Caldeira，2010）。在过去20年中，全球约25%的碳排放源于出口贸易生产过程中的隐含碳排放（Li *et al.*，2017），主要由全球化供应链导致且在国际贸易中被转移。正如污染避难所假说所描述的那般，发展中国家因其生产结构的排放密度较高而承担了更多的碳排放责任，而发达国家往往着重发展高附加值、低碳排放的产业，同时将低附加值、高碳排放的产业转移到发展中国家，从而加速了这些国家的环境退化（Ertugrul *et al.*，2016）。最近的研究表明，全球贸易中隐含碳排放的分布以欧洲和北美为主要驱动力（Tukker *et al.*，2014），并且随着全球供应链的不断扩展，隐含碳排放的问题变得更加复杂和全球化。

这一发生在贸易隐含碳排放过程中的不公平现象被总结为“碳泄漏”（Carbon Leakage），指由于碳排放环境规制的区域差异，导致某些国家或地区的碳排放减少，而其他无此类措施的国家或地区的碳排放相应增加（Felder and Rutherford，1993）。碳泄漏问题在随后的研究中得到了证实。伯尼奥和奥利维拉-马丁斯（Burniaux and Oliveira-Martins，2012）通过模型分析强调了碳泄漏现象的全球性质，指出发达国家的碳减排努力可能因发展中国家的排放增加而被抵消；谢弗和德萨（Schaeffer and De Sá，1996）的研究也发现，通过提高服务业的比重和从发展中国家进口更多能源密集型消费品，发达国家正在向发展中国家转移其本国的部分碳排放；彼得斯和赫特维奇（Peters and Hertwich，2006）研究显示发达国家的消费活动在很大程度上依赖于发展中国家的高排放生产活动。由于发达国家对发展中国家存在碳泄漏现象，传统的基于领土范围的 CO_2 排放统计方法极易歪曲一国 CO_2 排放的真实情况，也会间接导致全球 CO_2 排放的增加（Wyckoff and Roop，1994；Shui and Harriss，2006）。

中国作为全球最大的制造业国家和出口量最大的发展中国家，其隐含碳排放和碳泄漏问题备受关注（Geng *et al.*，2017）。魏本勇等（2009）的研究表明，中国的对外贸易活动导致了大量的隐含碳出口，用于出口的国内碳排放达到 261.19MtC，约占当年国内一次能源消费碳排放量的 23.45%，这一现象在全球碳排放格局中占有重要地位；王涛和沃森（Wang and Watson，2007）的研究也支持了这一观点，中国通过对外贸易在 2004 年净出口了大约 11.09 亿吨的 CO_2 排放，占中国当年 CO_2 排放总量的 23%，表明中国 CO_2 排放的相当一部分是由其他国家消费中国制造的产品引起的。然而，傅京燕和张春军（2014）、李小平和卢现祥（2010）的研究则提出了不同的观点，他们认为在碳泄漏问题上，中国的对外贸易对国内碳排放的影响是积极的，污染避难所假说在中国不成立，中国无须为了减少碳排放而限制其制造业的对外贸易；冯娅等（2022）利用 IO-SDA 模型分析了中国的贸易隐含碳变动，结果表明，2007—2017 年中国的工业品出口贸易隐含碳排放经历了先显著下降再小幅提升的过程，整体上有所好转（图 8–2）。

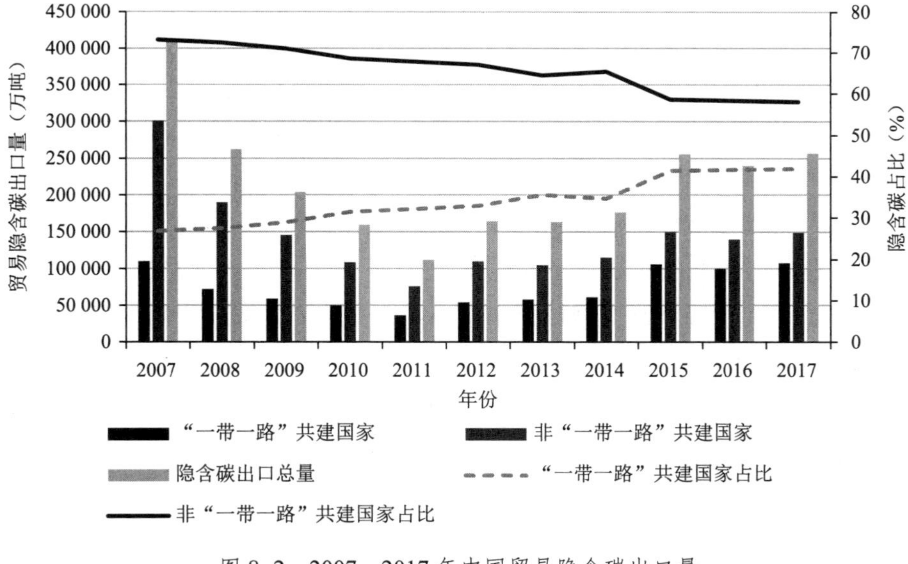

图 8–2　2007—2017 年中国贸易隐含碳出口量

资料来源：冯娅等（2022）。

二、其他隐含污染转移问题

隐含碳排放是国际贸易中最受关注、最典型的隐含污染物，但是除此之外的其他典型污染物同样值得注意，包括空气污染物二氧化硫（SO_2）和氮氧化物（NO_X）、水污染物化学需氧量（COD）和氨氮（NH_3）、固体废弃物等。与隐含碳排放相同，隐含污染流随商品贸易流进行国际转移，一国可以通过减少本国产品生产而增加进口产品来达到降低本国污染排放的目标（Wyckoff and Roop，1994）。同样，在贸易隐含污染研究中，出口含污量代表一国为生产出口产品而产生的污染量，增加了本国的污染排放；进口含污量则相反，代表一国因进口产品而节约的污染量。

1. 一般测算方法

可行有效的隐含污染物测算方法是各部门减排路径规划的科学性保障，也是设计减排路径的基础和前提。目前学术研究与现实生产领域对污染物排放水平的测算主要基于两种方法：生命周期法与投入产出法，后者尤其在环境与贸易研究领域得到广泛的应用。

（1）生命周期法。生命周期法将"自上而下"的分析设计方法和"自下而上"的实施相结合，考虑了产品或系统从生产到使用再到废弃全过程的环境性能。通过生命周期法计算污染物排放可以分为四个步骤，分别是系统界定、清单分析、影响评价和结果解释（姜雪等，2014；邹安全等，2013）。例如，吴明等（2018）以中国国内某大型炼化企业为例，计算了各个环节的隐含碳排放、石油燃烧碳排放量和能量消耗（图 8–3）。生命周期法在核算碳排放或其他污染物排放时有一定效果，但是往往应用于较微观层面上某一具体产品的排放核算，由于其需要的数据量较大，在宏观层面应用较为困难。

（2）投入产出法。投入产出法是一种"自上而下"的研究方法，最初由里昂惕夫（Leontief，1936）提出，后于 20 世纪 70 年代开始应用于能源环境领域的研究（Wiedmann *et al.*，2005）。自里昂惕夫开创性地把投入产出模型拓展到经济发展与环境恶化关系的研究领域以来，投入产出模型也成为研究贸易与环境污染关系的主要分析工具之一。通过投入产出表可以将产业部门间的价值关系转换为污染物流动关系，对各产业部门或区域间的生产、消费关系进行清晰

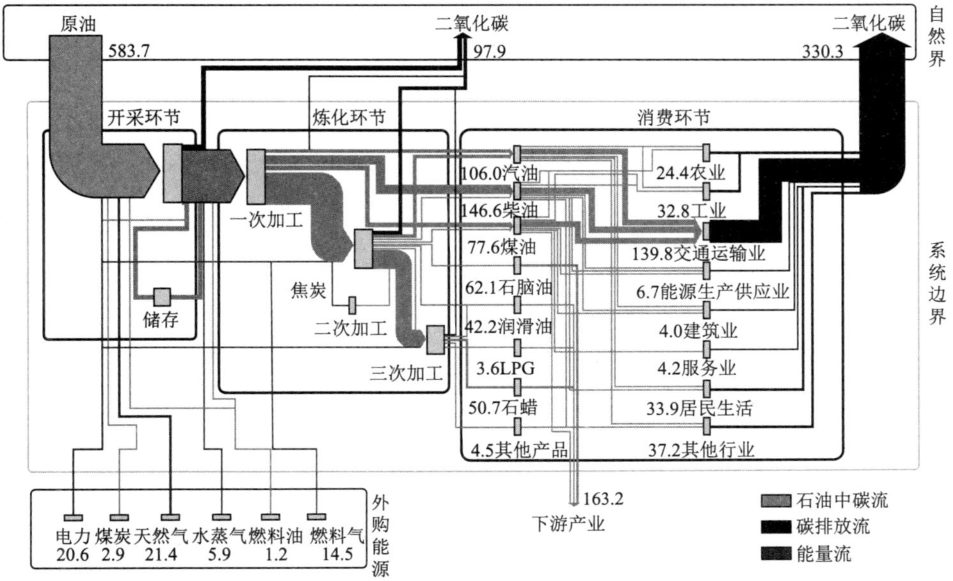

图 8–3　生命周期法计算炼化企业石油中的隐含污染问题

资料来源：吴明等（2018）。

的描述，从而避免了由产业部门间的复杂联系所导致的排放重复或遗漏计算。由于其能够清晰地描述产业部门或区域间的直接和间接碳排放，目前已成为中观和宏观层面广泛应用的方法。

投入产出模型包括“单区域投入产出”（Single-Region Input-Output，SRIO）模型及“多区域投入产出”（Multi-Region Input-Output，MRIO）模型（邓光耀，2020）。其中，SRIO 模型常用于测算一个经济体内由最终需求引起的隐含排放（Wiedmann，2009）或生产过程中产业部门之间的隐含排放关系（Shi *et al.*，2017），但在测算某地区进出口隐含排放时，由于其假定商品和服务的生产技术水平相同，往往会产生较大误差。MRIO 模型弥补了 SRIO 模型无法描述生产和供应路径差异的缺陷，将隐含排放分析从国家内扩展到国家间（Su *et al.*，2021），为定量描述隐含污染排放量的跨区域转移提供了切实可行的途径。欧盟开发的 1995—2011 年包含 41 个区域、35 个部门的全球多区域（进口）非竞争型投入产出表（WIOD 数据库）和 1995—2009 年 CO_2、NH_3、NO_x、SO_x 等 8 类污染排放数据，已成为研究贸易对环境影响的重要数据库，被广泛运用于计算进口隐含排放量研究贸易中隐含污染物转移问题（Boitier，2012；Loschel *et al.*，2013；

Arto *et al.*，2014）。

2. 隐含污染物扩散问题

近年来，大气污染物、水污染物、固体污染物等随着国际贸易从主要工业国家向全球扩散，引发了越来越严重的全球环境问题，全球尺度或区域尺度的贸易隐含污染物排放的研究也逐渐增多。目前对外贸易污染物研究的主要对象是空气污染物，如 CO_2、SO_2、$PM_{2.5}$ 等，整体而言，贸易隐含的大气污染物转移研究要远少于碳转移研究。

当前研究通常在全球尺度上进行，考虑“多对多”模式下的贸易隐含污染问题。研究者通常将主要大气污染物（SO_2、NO_x、CO、VOCs、PM_{10} 等）作为指标，测算美国、日本、西欧等主要工业化国家在与其他国家开展双边贸易过程中通过进出口转移出去的大气污染排放。结果表明，发达国家进口隐含的大气污染要远大于其出口隐含的大气污染，这表明发达国家在过去几十年通过严厉的法规将污染产业转移到欠发达区域，使大气污染在空间上向发展中国家转移（图 8–4、图 8–5），造成了与隐含碳问题类似的局面（Muradian *et al.*，2002；Kanemoto *et al.*，2014；Peng *et al.*，2016）。莫兰和加根治（Moran and Kanemoto，2016）进一步采用 EORA 模型测算了全球国家间贸易隐含的 SO_2、NO_x、PM_{10} 的生态足迹，识别了隐含于贸易中的污染排放热点区域。研究发现，随着 1970

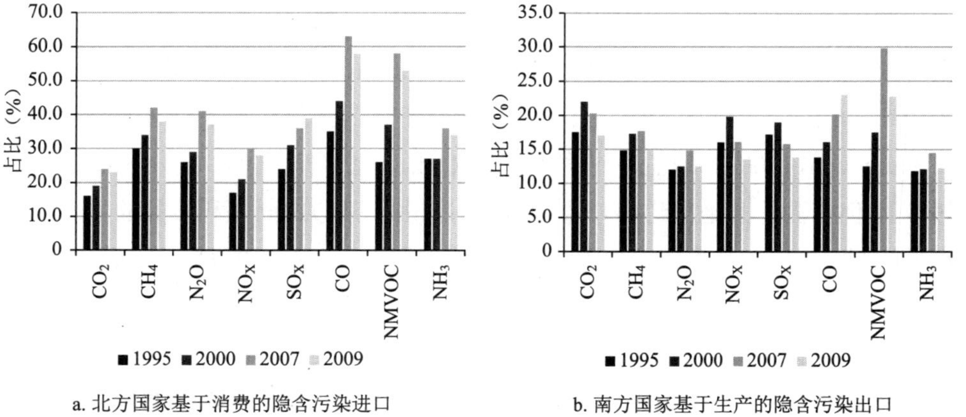

a. 北方国家基于消费的隐含污染进口

b. 南方国家基于生产的隐含污染出口

图 8–4 北方国家与南方国家的隐含污染进出口情况

资料来源：Peng *et al.*（2016）。

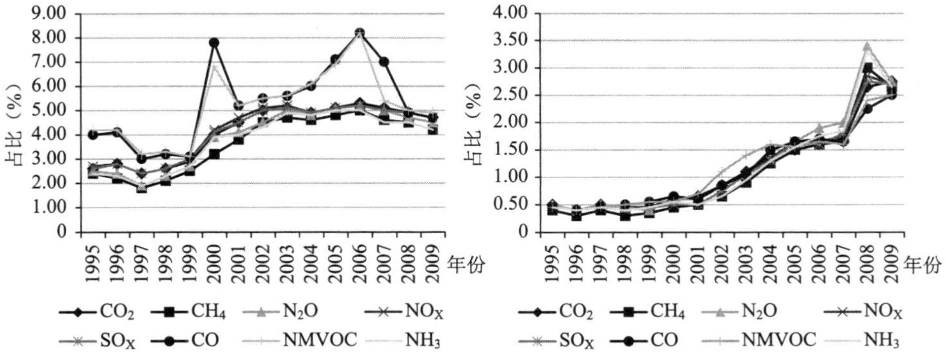

a. 中国　　b. 除中国以外的其他南方国家

图 8–5　南方国家对北方国家出口的隐含污染占总量的比例

资料来源：Peng *et al.*（2016）。

年以来经济全球化的快速发展，发达国家逐渐将污染产业转移到发展中国家，在通过国际贸易满足国内消费的同时也导致发展中国家（尤其是中国和印度）产生了大量大气污染物。

在贸易隐含污染转移问题的研究中，中国因大量承接污染密集企业、大量出口污染密集产品、大量承受额外环境代价而受到关注。对于中国而言，对外出口的主要方向是日韩、美国和欧洲，因此这三个方向上的中国贸易环境效应都引起了关注。日韩方向，鞠（Ju，2017）采用世界投入产出数据库（World Input-Output Database，WIOD）以及 $PM_{2.5}$ 排放清单，估算了东亚的中国、日本和韩国三个主要经济体之间贸易隐含的 $PM_{2.5}$ 排放及转移路径，发现中国向日本和韩国出口中隐含了大量污染排放。美国方向，苏昕等（2013）基于环境投入产出模型和结构分解模型，核算了中国与美国贸易中隐含的大气污染物排放，结果显示，中国对美国出口贸易顺差较大且行业污染物排放强度较高，导致中国对美国出口隐含较多的污染物排放及转移。欧洲方向，李等（Li *et al.*，2021）基于最新的全球供应链数据库定量分析了 1995—2014 年中国和欧盟生产端与消费端的氮氧化物排放总量，结果表明，在中欧贸易中，中国是典型的隐含 NO_x 净出口国，而欧盟是隐含 NO_x 净进口国，其自身消费造成的对外排放超过了国内排放并大部分由中国承担（图 8–6）。

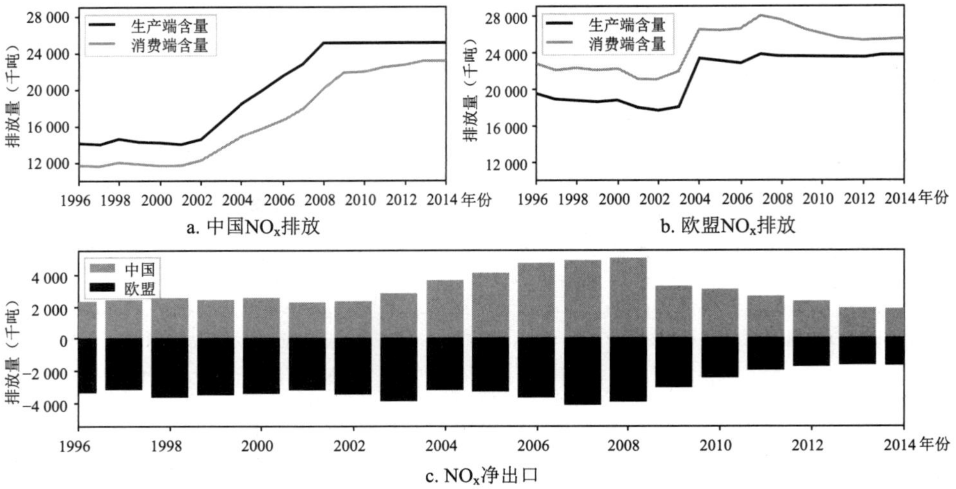

图 8-6 1996—2014 年中国和欧盟基于生产端与消费端的 NO_x 排放量

资料来源：Li *et al.*（2021）。

三、隐含资源消耗问题

1. 隐含能源问题

在经济全球化快速发展的今天，国际分工和贸易所导致的能源消耗跨国转移近年来得到了广泛关注，被学术界用“隐含能源”或“内涵能源”（Embodied Energy）一词进行概括描述。隐含能源是指产品在原材料生产、加工、制造、运输等全过程中所消耗的能源总量，是从全生产周期角度来测算产品的全部能源消耗。特别地，对于出口产品而言，隐含能源代表了出口产品在本国生产、制造及运输过程中所消耗的能源量；对于进口产品而言，隐含能源则代表了进口产品在国外生产、运输过程中所消耗的能源量；出口产品与进口产品隐含能源之差即净出口的隐含能源量，代表一个国家为满足其他国家消费需求而额外付出的能源消耗代价。

伴随着世界各国对资源环境问题的日益重视，学术界早就针对国际贸易发展与能源消耗之间的关系进行研究。对外贸易已经成为影响一国国内工业结构及能源使用方式的最主要决定因素。具体而言，一国可以通过发展对外贸易将国内原有的高耗能产业转移出去，即一国可以利用对外贸易来改变国内的能耗结构和能耗规模，从而达到节能减排和保护环境的目的。但是现实中有实力实现对外直接投资的通常是发达国家的跨国企业，因而在国际贸易中往往出现发达国家消耗发展中国家的能源来生产供自己消费的产品的情况。欧文（Owen，1982）研究了秘鲁、巴西等拉美国家的能源消耗与出口贸易之间的关系，发现出口贸易规模的快速扩张是秘鲁、巴西等国在 19 世纪六七十年代深陷能源危机的主要原因；苏瑞和查普曼（Suri and Chapman，1998）研究认为，传统发达经济体通过发展贸易合作将其国内的资源密集型产业转移到发展中国家，直接导致了后者国内资源密集型产业比重的上升。

受数据收集、分析工具、研究规模等多方面的限制，国际上在贸易隐含能源方面的研究更多的是针对单个国家进行的案例分析。伦琴（Lenzen，1998）分析了澳大利亚最终消费中的贸易隐含能源和温室气体排放，研究揭示了商品生产过程中的间接能源消耗不可忽视；马查多等（Machado *et al.*，2001）研究了巴西的国际贸易对其能源消耗和 CO_2 排放量的影响，结果表明，1995 年巴西出口的非能源产品中的隐含能源和碳含量明显大于进口产品中的含量，表明巴西是一个隐含能源与隐含碳出口国；而与巴西不同，穆科帕德亚（Mukhopadhyay，2004）对印度商品贸易结构的计算表明，印度出口的所有商品中的能源和碳含量小于相应的进口商品，因此印度是一个能源和碳的净进口国。此外，基于可获取的双边贸易和多边贸易数据，学者们还通过投入产出分析研究了美国、意大利、芬兰、泰国等国家的对外贸易能源消耗问题（Shui and Harriss，2006；Mongelli *et al.*，2006；Maenpaa and Siikavirta，2007；Limmeechokchai and Suksuntornsiri，2007），结果通常符合污染避难所假说。尽管部分发达国家也是隐含能源或隐含碳出口国，但是相比之下发展中国家的隐含能源消耗和隐含碳排放强度要高很多。例如，根据中国与美国之间的贸易隐含能源问题研究，如果美国将从中国进口的产品全部改为自己生产，则其国内的能源消耗规模与温室气体排放规模将大幅增长（图 8-7）（Shui and Harriss，2006）。

2. 虚拟水问题

虚拟水（Virtual Water）是指商品或服务中嵌入在生产和交付过程中消耗的水（Allan，1998），与隐含能源一同作为生产与贸易活动中的隐含资源消耗而

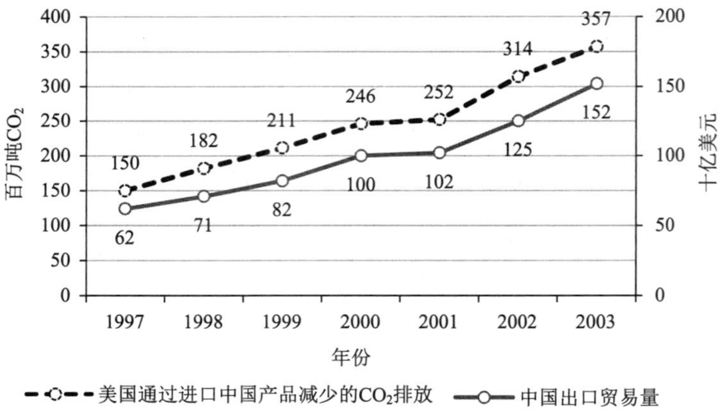

图 8-7 1997—2003 年美国转嫁 CO_2 排放与中国对美出口贸易价值的比较

资料来源：Shui and Harriss（2006）。

被关注。虚拟水通常与粮食生产贸易问题联系在一起，也首先从农产品生产全过程所需水资源问题开始逐渐得到学界的关注。因为粮食贸易过程中隐含较为完整的粮食-能源-水关联系统，虚拟水概念可以较好地应对日益增加的稀缺水资源压力（Ioris *et al.*，2004；Vora *et al.*，2017；Vora *et al.*，2019）。在其他产品的区域间贸易和运输中，虚拟水也被包含其中，一定程度上比水的直接流动更能体现区域生产过程对水资源的依赖与消耗。例如，当一个地区水资源匮乏时，可以通过进口农作物来抵消作物生产所消耗的水，而将有限的水资源用于其他更重要的生产和生活部门。通过进口耗水量大的农业和非农业商品，各国可以避免因调动当地所需的水资源来生产国内产品而承受的经济和政治压力（Allan，2001）。

虚拟水与区域发展、国际贸易等息息相关，受虚拟水概念启发，许多研究人员也试图评估不同空间尺度的区域间贸易相关的虚拟水流量。例如，在全球范围内，达林等（Dalin *et al.*，2012）、赵等（Zhao *et al.*，2019）分别从国际食品贸易、气候变化等角度分析全球虚拟水贸易网络。根据他们的研究结果，虚拟水资源短缺风险最大的关键国家包括叙利亚、巴基斯坦、印度、伊朗、中国等亚洲国家，关键部门主要是这些国家的农业部门。1986—2007 年亚洲的虚拟水进口量增加了 170%。类似的结果也发生在其他国家，如秘鲁的农产品贸易对国家层面的水资源保护产生了积极影响（Schwarz *et al.*，2019）。值得注意的是，研究发现了关于虚拟水流动的一个反常现象，即水资源稀缺的地区出口了过多的虚拟水，而水资源丰富的地区可能是虚拟水的净进口国（Da Silva *et al.*，2016）。尽管大部分缺水国家都是虚拟水的进口国，但是当其选择出口水密集产品时，这种出口状况是不可持续的，并且可能将水资源压力同步出口到其他国家（Sartori *et al.*，2017）。

由于人类社会和水资源之间复杂的相互依存关系，多项研究表明虚拟水贸易的驱动因素不能仅用水资源短缺程度来解释（Tamea *et al.*，2014；D'Odorico *et al.*，2019）。霍克斯特拉和鸿（Hoekstra and Hung，2005）证实，农产品中虚拟形式的水资源交换取决于除水资源供应之外的更多因素，建议使用相关的社会经济和环境因素来解释农作物的虚拟水贸易模式（Chouchane *et al.*，2018）。在虚拟水流动与经济贸易的关系方面，重力模型被广泛用于分析虚拟水流动的驱动因素（Fracasso，2014；Song *et al.*，2020），通常选择贸易伙伴之间的 GDP、人口、水资源、耕地资源、地理距离等变量作为虚拟水转移的影响因素（Duarte *et al.*，2018，2019）。塔梅亚等（Tamea *et al.*，2014）首先开发了类重力模型来建立每个国家的进出口的多元回归线性关系，表明人口、GDP 和地理距离是农业与食品中虚拟水贸易的主要决定因素（图 8–8）；此后，萨托里等（Sartori *et al.*，

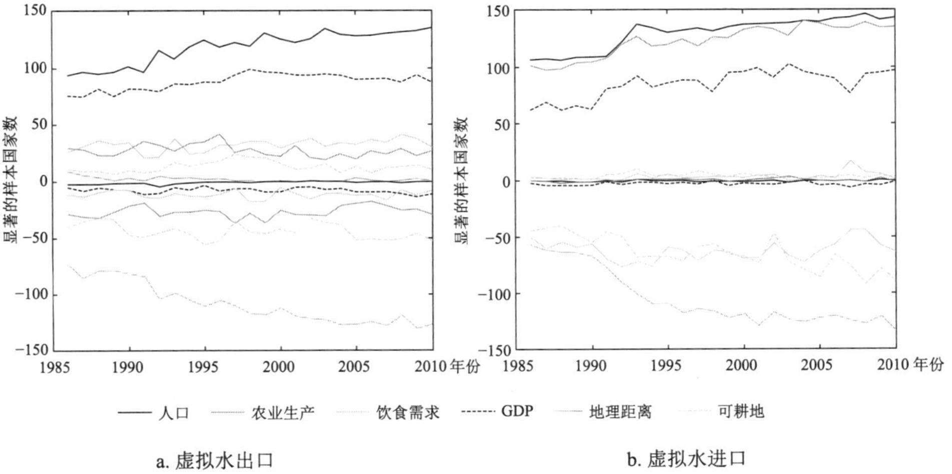

图 8–8　1985—2010 年虚拟水贸易影响因素显著的样本国家数

注：纵轴表示每个回归变量显示显著的样本国家数，正负表示正显著或负显著。

资料来源：Tamea *et al.*（2014）。

2017）将 GDP、水资源禀赋、降水量确定为虚拟水贸易网络结构的驱动因素。此外，由于工业和农业是出口商品和产生废水的主要部门，可用水资源的质量也被证明会影响虚拟水贸易（Deng *et al.*，2015）。

第四节　小结

随着经济全球化的持续推进，国际贸易与环境绩效之间的密切联系愈发受到关注。贸易自由化导致国际生产分工和全球价值链的变化，引起生产与消费的空间分离，从而在全球范围内造成了环境绩效的显著差异。由于不同国家的环境规制强度不同，学者们提出了污染避难所假说，认为污染密集型产业倾向于迁移到环境规制较宽松的国家，导致全球环境影响的不平等分布。然而目前关于污染避难所假说的正确性，学术界并没有形成统一认识，以波特假说为代表的理论提出了相反的意见。在国际贸易造成的环境影响中，隐含碳排放、其他隐含污染转移、隐含能源与虚拟水问题成为重要问题。针对这些具体议题的研究一方面为污染避难所假说与波特假说提供了事实论据，补充拓展了已有的环境规制理论，另一方面也为国家间、地区间解决贸易环境问题的策略指引了方向。

展望未来，国际贸易与环境绩效之间的关系仍将是全球化进程中的核心议题，实现经济增长与环境可持续性之间的平衡也仍然需要全球协作和公平的国际环境政策。具体而言，发达国家应承担更大的责任，帮助发展中国家提高环境标准，并通过技术转让和经济支持来实现这一目标；同时发展中国家也需提高对环境保护的重视，确保经济增长不以牺牲生态为代价。只有通过全球合作，才能尽量避免污染避难所假说描绘的恶性局面，推动波特假说提到的双赢方案，朝着更加公正和可持续的未来迈进。

参考文献

[1] Akbostanci, E., G. I. Tunc, S. Turut-Asik, 2007. Pollution Haven Hypothesis and the Role of Dirty Industries in Turkey's Exports. *Environment and Development Economics*, Vol. 12, pp. 297-322.

[2] Allan, J. A., 1998. Virtual Water: A Strategic Resource. *Ground Water*, Vol. 36, pp. 545-547.

[3] Allan, J. A., 2001. Virtual Water: Economically Invisible and Politically Silent, a Way to Solve Strategic Water Problems. *International Water and Irrigation*, Vol. 21, pp. 39-41.

[4] Arto, I., J. M. Rueda-Cantuche, V. Andreoni, *et al.*, 2014. The Game of Trading Jobs for Emissions. *Energy Policy*, Vol. 66, pp. 517-525.

[5] Bashir, M. A., B. Sheng, M. U. Farooq, *et al.*, 2020. The Role of Macroeconomic and Institutional Factors in Foreign Direct Investment and Economic Growth: Empirical Evidence in the Context of Emerging Economies. *Global & Local Economic Review*, Vol. 24, pp. 67-97.

[6] Bashir, M. F., B. Ma, H. I. Hussain, *et al.*, 2022. Evaluating Environmental Commitments to COP21 and the Role of Economic Complexity, Renewable Energy, Financial Development, Urbanization, and Energy Innovation: Empirical Evidence from the RCEP Countries. *Renewable Energy*, Vol. 184, p. 541.

[7] Becker, R., V. Henderson, 2000. Effects of Air Quality Regulations on Polluting Industries. *Journal of political Economy*, Vol. 108, pp. 379-421.

[8] Boitier, B., 2012. *CO_2 Emissions Production-based Accounting vs Consumption: Insights from the WIOD Databases*. WIOD Conference Paper.

[9] Burniaux, J. M., M. J. Oliveira, 2012. Carbon Leakages: A General Equilibrium View. *Economic Theory*, Vol. 49, pp. 473-495.

[10] Burtraw, D., K. McCormack, 2017. Consignment Auctions of Free Emissions Allowances. *Energy Policy*, Vol. 107, pp. 337-344.

[11] Chakraborty, D., S. Mukherjee, 2013. How Do Trade and Investment Flows Affect Environmental Sustainability? Evidence from Panel Data. *Environmental Development*, Vol. 6, pp. 34-47.

[12] Chiappinelli, O., T. Gerres, K. Neuhoff, *et al.*, 2021. A Green COVID-19 Recovery of the EU Basic Materials Sector: Identifying Potentials, Barriers and Policy Solutions. *Climate Policy*, Vol. 21, pp. 1328-1346.

[13] Chouchane, H., M. S. Krol, A. Y. Hoekstra, 2018. Virtual Water Trade Patterns in Relation to Environmental and Socioeconomic Factors: A Case Study for Tunisia. *Science of the Total Environment*, Vol. 613, pp. 287-297.

[14] Cole, M. A., 2004. Trade, the Pollution Haven Hypothesis and the Environmental Kuznets Curve: Examining the Linkages. *Ecological Economics*, Vol. 48, pp. 71-81.

[15] Cole, M. A., R. J. R. Elliott, 2003. Do Environmental Regulations Influence Trade Patterns? Testing Old and New Trade Theories. *World Economy*, Vol. 26, pp. 1163-1186.

[16] Cole, M. A., P. G. Fredriksson, 2009. Institutionalized Pollution Havens. *Ecological Economics*, Vol. 68, pp. 1239-1256.

[17] Copeland, B. R., M. S. Taylor, 1994. North-South Trade and the Environment. *The Quarterly Journal of Economics*, Vol. 109, pp. 755-787.

[18] Cosbey, A., S. Droege, C. Fischer, *et al.*, 2019. Developing Guidance for Implementing

Border Carbon Adjustments: Lessons, Cautions, and Research Needs from the Literature. *Review of Environmental Economics and Policy*, Vol. 13, pp. 3-22.

[19] Da Silva, V. D. P. R., S. D. De Oliveira, A. Y. Hoekstra, *et al.*, 2016. Water Footprint and Virtual Water Trade of Brazil. *Water*, Vol. 8, p. 517.

[20] Dalin, C., M. Konar, N. Hanasaki, *et al.*, 2012. Evolution of the Global Virtual Water Trade Network. *Proceedings of the National Academy of Sciences*, Vol. 109, pp. 5989-5994.

[21] Davis, S. J., K. Caldeira, 2010. Consumption-based accounting of CO_2 Emissions. *Proceedings of the National Academy of Sciences*, Vol. 107, pp. 5687-5692.

[22] Deng, G., L. Wang, Y. Song, 2015. Effect of Variation of Water-Use Efficiency on Structure of Virtual Water Trade-Analysis Based on Input-Output Model. *Water Resources Management*, Vol. 29, pp. 2947-2965.

[23] Dietzenbacher, E., K. Mukhopadhyay, 2007. An Empirical Examination of the Pollution Haven Hypothesis for India: Towards a Green Leontief Paradox? *Environmental & Resource Economics*, Vol. 36, pp. 427-449.

[24] Ding, S., 2019. A Novel Discrete Grey Multivariable Model and Its Application in Forecasting the Output Value of China's High-Tech Industries. *Computers & Industrial Engineering*, Vol. 127, pp. 749-760.

[25] D'Odorico, P., J. Carr, C. Dalin, *et al.*, 2019. Global Virtual Water Trade and the Hydrological Cycle: Patterns, Drivers, and Socio-Environmental Impacts. *Environmental Research Letters*, Vol. 14, No. 053001.

[26] Duarte, R., V. Pinilla, A. Serrano, 2018. Factors Driving Embodied Carbon in Inter-National Trade: A Multiregional Input-Output Gravity Model. *Economic Systems Research*, Vol. 30, pp. 545-566.

[27] Duarte, R., V. Pinilla, A. Serrano, 2019. Long Term Drivers of Global Virtual Water Trade: A Trade Gravity Approach for 1965-2010. *Ecology Economy*, Vol. 156, pp. 318-326.

[28] Eliste, P., P. G. Fredriksson, 1998. The Political Economy of Environmental Regulations, Government Assistance and Foreign Trade. In Fredriksson, P. G. (Eds.), *Trade, Global Policy and the Environment*. World Bank Publications, pp. 63-402.

[29] Ertugrul, H. M., M. Cetin, F. Seker, *et al.*, 2016. The Impact of Trade Openness on Global Carbon Dioxide Emissions: Evidence from the Top Ten Emitters among Developing Countries. *Ecological Indicators*, Vol. 67, pp. 543-555.

[30] Ethier, W. J., 1982. National and International Returns to Scale in the Modern Theory of International Trade. *The American Economic Review*, Vol. 72, pp. 389-405.

[31] Fareed, Z., M. Bashir, F. Bilal, *et al.*, 2021. Investigating the Co-movement Nexus between Air Quality, Temperature, and COVID-19 in California: Implications for Public Health. *Frontiers in Public Health*, Vol. 9, No. 815248.

[32] Felder, S., T. F. Rutherford, 1993. Unilateral CO_2 Reductions and Carbon Leakage: The Consequences of International Trade in Oil and Basic Materials. *Journal of Environmental*

Economics and Management, Vol. 25, pp. 162-176.

[33] Fischer, C., A. K. Fox, 2011. The Role of Trade and Competitiveness Measures in US Climate Policy. *American Economic Review*, Vol. 101, pp. 258-262.

[34] Fracasso, A., 2014. A Gravity Model of Virtual Water Trade. *Ecology Economy*, Vol. 108, pp. 215-228.

[35] Frankel, J. A., 2003. The Environment and Globalization. *NBER Working Paper*, No.1009.

[36] Fu, J., 2017. Achievements and Challenges for the Development of China's Foreign Trade after the WTO Accession — Analysis from the Perspective of Sustainable Development. *SSRN*, No. 2993647.

[37] Geng, Y., X. Tian, J. Sarkis, *et al.*, 2017. China-USA Trade: Indicators for Equitable and Environmentally Balanced Resource Exchange. *Ecological Economics*, Vol. 132, pp. 245-254.

[38] Goulder, L. H., I. W. H. Parry, 2008. Instrument Choice in Environmental Policy. *Review of Environmental Economics and Policy*, Vol. 2, pp. 152-174.

[39] Grubb, M., N. D. Jordan, E. Hertwich, *et al.*, 2022. Carbon Leakage, Consumption, and Trade. *Annual Review of Environment and Resources*, Vol. 47, pp. 753-795.

[40] Harvey, L. D. D., A. Gadgil, D. M. Liverman, 2013. Recent Advances in Sustainable Buildings: Review of the Energy and Cost Performance of the State-of-the-Art Best Practices from around the World. *Annual Review of Environment and Resources*, Vol. 38, pp. 281-309.

[41] He, J., H. Wang, 2012. Economic Structure, Development Policy and Environmental Quality: An Empirical Analysis of Environmental Kuznets Curves with Chinese Municipal Data. *Ecological Economics*, Vol. 76, pp. 49-59.

[42] Herzig, C., T. Viere, R. Burritt, *et al.*, 2006. *Understanding and Supporting Management Decision-Making. South East Asian Case Studies on Environmental Management Accounting*. Springer Netherlands.

[43] Hoekstra, A. Y., P. Q. Hung, 2005. Globalisation of Water Resources: International Virtual Water Flows in Relation to Crop Trade. *Global Environment Change*, Vol. 15, pp. 45-56.

[44] Huimin, H., W. Jiawei, Y. Mengnan, *et al.*, 2021. Estimating the Mitigation Potential of the Chinese Service Sector Using Embodied Carbon Emissions Accounting. *Environmental Impact Assessment Review*, Vol. 86, No. 106510.

[45] Ioris, A. A. R., S. Merrett, T. Allan, 2004. Virtual Water in an Empty Glass: The Geographical Complexities behind Water Scarcity. *Water International*, Vol. 29. pp. 119-121.

[46] Iwami, T., 2001. Economic Development and Environment in Southeast Asia: An Introductory Note. *International Journal of Social Economics*, Vol. 28, pp. 605-622.

[47] Jaffe, A. B., S. R. Peterson, P. R. Portney, *et al.*, 1995. Environmental Regulation and the Competitiveness of US Manufacturing: What Does the Evidence Tell Us? *Journal of Economic Literature*, Vol. 33, pp. 132-163.

[48] Jiang, L., H. Zhou, L. Bai, *et al.*, 2018. Does Foreign Direct Investment Drive Environmental Degradation in China? An Empirical Study Based on Air Quality Index from a Spatial Perspective. *Journal of Cleaner Production*, Vol. 176, pp. 864-872.

[49] Ju, Y., 2017. Tracking the $PM_{2.5}$ Inventories Embodied in the Trade among China, Japan and Korea. *Journal of Economic Structures*, Vol. 6, p. 27.

[50] Kanemoto, K., D. Moran, M. Lenzen, *et al.*, 2014. International Trade Undermines National Emission Reduction Targets: New Evidence from Air Pollution. *Global Environmental Change*, Vol. 24, pp. 52-59.

[51] Kellenberg, D. K., 2009. An Empirical Investigation of the Pollution Haven Effect with Strategic Environment and Trade Policy. *Journal of International Economics*, Vol. 78, pp. 242-255.

[52] Kim, T. J., N. Tromp, 2021. Carbon Emissions Embodied in China-Brazil Trade: Trends and Driving Factors. *Journal of Cleaner Production*, Vol. 293, No. 126206.

[53] Leontief, W. W., 1936. Quantitative Input and Output Relations in the Economic Systems of the United States. *The Review of Economic Statistics*, pp. 105-125.

[54] Lenzen, M., 1998. Primary Energy and Greenhouse Gases Embodies in Australian Final Consumption: An Input-Output Analysis. *Energy Policy*, Vol.26, pp. 495-506.

[55] Levinson, A., M. S. Taylor, 2008. Unmasking the Pollution Haven Effect. *International Economic Review*, Vol. 49, pp. 223-254.

[56] Li, L., Y. Lei, C. He, *et al.*, 2017. Study on the CO_2 Emissions Embodied in the Trade of China's Steel Industry: Based on the Input-Output Model. *Natural Hazards*, Vol. 86, pp. 989-1005.

[57] Li, Y., Y. Wei, X. Wang, *et al.*, 2021. Substantial Nitrogen Oxide Pollution is Embodied in the Bilateral Trade between China and the European Union. *International Journal of Environmental Research and Public Health*, Vol. 2.

[58] Limmeechokchai, B., P. Suksuntorsiri, 2007. Embedded Energy and Total Greenhouse Gas Emissions in Final Consumptions within Thailand. *Renewable and Sustainable Energy Reviews*, Vol. 11, pp. 259-281.

[59] Loschel, A., S. Rexhauser, M. Schymura, 2013. Trade and the Environment: An Application of the WIOD Database. *Chinese Journal of Population Resources and Environment*, Vol. 11, pp. 51-61.

[60] Machado, G., R. Schaeffer, E. Worrell, 2001. Energy and Carbon Embodied in the International Trade of Brazil: An Input-Output Approach. *Ecological Economics*, Vol. 39, pp. 409-424.

[61] Maenpaa, I., H. Siikavirta, 2007. Greenhouse Gases Embodied in the International Trade and Final Consumption of Finland: an Input-Output Analysis. *Energy Policy*, Vol. 35, pp. 128-143.

[62] Managi, S., A. Hibiki, T. Tsurumi, 2009. Does Trade Openness Improve Environmental

Quality? *Journal of Environmental Economics and Management*, Vol. 58, pp. 346-363.

[63] Markusen, J. R., 1984. Multinationals, Multi-Plant Economies, and the Gains from Trade. *Journal of International Economics*, Vol. 16, pp. 205-226.

[64] McCollough, J., M. He, A. T. Bayramoglu, 2016. Pollution Havens and Their Relationship to the Environmental Kuznets Curve: The Case of the US Tyre Industry. *Economic Affairs*, Vol. 36, pp. 258-272.

[65] Mehling, M. A., H. Van Asselt, K. Das, *et al.*, 2019. Designing Border Carbon Adjustments for Enhanced Climate Action. *American Journal of International Law*, Vol. 113, pp. 433-481.

[66] Mongelli, I., G. Tassielli, B. Notarnicola, 2006. Global Warming Agreements, International Trade and Energy/Carbon Embodiments: An Input-Output Approach to the Italian Case. *Energy Policy*, Vol. 34, pp. 88-100.

[67] Monjon, S., P. Quirion, 2011. A Border Adjustment for the EU ETS: Reconciling WTO Rules and Capacity to Tackle Carbon Leakage. *Climate Policy*, Vol. 11, pp. 1212-1225.

[68] Moran, D., K. Kanemoto, 2016. Tracing Global Supply Chains to Air Pollution Hotspots. *Environmental Research Letters*, Vol. 11, p. 7.

[69] Mukhopadhyay, K., 2004. Impact of Liberalized Trade on Energy Use and Environment in India. *Journal of Environmental Economics and Management*, Vol. 1, pp. 75-104.

[70] Muradian, R., M. O'Connor, J. Martinez-Alier, 2002. Embodied Pollution in Trade: Estimating the Environmental Load Displacement of Industrialised Countries. *Ecological Economics*, Vol. 41, pp. 51-67.

[71] Neuhoff, K., K. K. Martinez, M. S. Sato, 2006. Allocation, Incentives and Distortions: The Impact of EU ETS Emissions Allowance Allocations to the Electricity Sector. *Climate Policy*, Vol. 6, pp. 73-91.

[72] Nilsson, L. J., F. Bauer, M. Ahman, *et al.*, 2021. An Industrial Policy Framework for Transforming Energy and Emissions Intensive Industries towards Zero Emissions. *Climate Policy*, Vol. 21, pp. 1053-1065.

[73] Nogrady, B., 2018. Waste Crisis: Where's Your Recycling Going Now. *The Guardian*, Vol. 25.

[74] Owen, T., 1982. Energy Planning in Latin America: a Brief Review of Selected Countries. *Latin American Research Review*, Vol. 82, pp. 148-172.

[75] Peng, S., W. Zhang, C. Sun, 2016. Environmental Load Displacement' from the North to the South: A Consumption-Based Perspective with a Focus on China. *Ecological Economics*, Vol. 128, pp. 147-158.

[76] Peters, G. P., E. G. Hertwich, 2006. The Importance of Imports for Household Environmental Impacts. *Journal of Industrial Ecology*, Vol. 10, pp. 89-109.

[77] Poelhekke, S., F. Van der Ploeg, 2015. Green Havens and Pollution Havens. *The World Economy*, Vol. 38, pp. 1159-1178.

[78] Pollitt, H., K. Neuhoff, X. Lin, 2020. The Impact of Implementing a Consumption Charge on Carbon-Intensive Materials in Europe. *Climate Policy*, Vol. 20, pp. S74-S89.

[79] Porter, M. E., C. Van der Linde, 1995. Toward a New Conception of the Environment-Competitiveness Relationship. *The Journal of Economic Perspectives*, Vol. 9, pp. 97-118.

[80] Porterfield, M. C., 2019. Border Adjustments for Carbon Taxes, PPMS, and the WTO. *University of Pennsylvania Journal of International Law*, Vol. 41, pp. 1-41.

[81] Qing, X., T. Guiliang, W. Zheng, 2022. Examining Embodied Carbon Emission Flow Relationships among Different Industrial Sectors in China. *Sustainable Production and Consumption*, Vol. 29, pp. 100-114.

[82] Sandu, S., B. Ciocanel, 2014. Impact of R&D and Innovation on High-Tech Export. *Procedia Economics and Finance*, Vol. 15, pp. 80-90.

[83] Sartori, M., S. Schiavo, A. Fracasso, *et al.*, 2017. Modeling the Future Evolution of the Virtual Water Trade Network: A Combination of Network and Gravity Models. *Advances in Water Resources*, Vol. 110, pp. 538-548.

[84] Schaeffer, R., A. De Sá, 1996. The Embodiment of Carbon Associated with Brazilian Imports and Exports. *Energy Conversion and Management*, Vol. 37, pp. 955-960.

[85] Schwarz, J., E. Mathijs, M. Maertens, 2019. A Dynamic View on Agricultural Trade Patterns and Virtual Water Flows in Peru. *Science of the Total Environment*, Vol. 683, pp. 719-728.

[86] Shi, J., H. Li, J. Guan, *et al.*, 2017. Evolutionary Features of Global Embodied Energy Flow Between Sectors: A Complex Network Approach. *Energy*, Vol. 140, pp. 395-405.

[87] Shui, B., R. Harriss, 2006. The Role of CO_2 Embodiment in US-China Trade. *Energy Policy*, Vol. 34, pp. 4063-4068.

[88] Simonen, J., R. Svento, A. Juutinen, 2015. Specialization and Diversity as Drivers of Economic Growth: Evidence from High-Tech Industries. *Papers in Regional Science*, Vol. 94, pp. 229-247.

[89] Song, J., Y. Yin, H. Xu, *et al.*, 2020. Drivers of Domestic Grain Virtual Water Flow: A Study for China. *Agricultural Water Management*, Vol. 239, No. 106175.

[90] Su, B., B.W. Ang, Y. Liu, 2021. Multi-Region Input-Output Analysis of Embodied Emissions and Intensities: Spatial Aggregation by Linking Regional and Global Datasets. *Journal of Cleaner Production*, Vol. 313, No. 127894.

[91] Suri, V., D. Chapman, 1998. Economic Growth, Trade and Energy: Implication for the Environmental Kuznets Curvep. *Ecological Economics*, Vol. 25, pp. 195-208.

[92] Tamea, S., J. Carr, F. Laio, *et al.*, 2014. Drivers of the Virtual Water Trade. *Water Resources Research*, Vol. 50, pp. 17-28.

[93] Tamiotti, L., 2011. The Legal Interface between Carbon Border Measures and Trade Rules. *Climate Policy*, Vol. 11, pp. 1202-1211.

[94] Tang, J., 2015. Testing the Pollution Haven Effect: Does the Type of FDI Matter? *Environmental & Resource Economics*, Vol. 60, pp. 549-578.

[95] Takeda, F., K. Matsuura, 2006. Trade and the Environment in East Asia: Examining the Linkages with Japan and the USA. *The Journal of the Korean Economy*, Vol. 7, pp. 33-56.
[96] Tobey, J. A., 1990. The Effects of Domestic Environmental Policies on Patterns of World Trade: an Empirical Test. *Kyklos*, Vol. 43, pp. 191-209.
[97] Tsurumi, T., S. Managi, 2014. The Effect of Trade Openness on Deforestation: Empirical Analysis for 142 Countries. *Environmental Economics and Policy Studies*, Vol. 16, pp. 305-324.
[98] Tukker, A., T. Bulavskaya, S. Giljum, *et al.*, 2014. The Global Resource Footprint of Nations. *Carbon, Water, Land and Materials Embodied in Trade and Final Consumption Calculated With EXIOBASE*, Vol. 2.
[99] UNEP, 2012. *Global Environment Outlook GEO5: Environment for the Future We Want.* United Nations Environment Programme.
[100] Vora, N., B. D. Fath, V. A. Khanna, 2019. Systems Approach to Assess Trade Dependencies in US Food-Energy-Water Nexus. *Environmental Science Technology*, Vol. 53, pp. 10941-10950.
[101] Vora, N., A. Shah, M. M. Bilec, *et al.*, 2017. Food-Energy-Water Nexus: Quantifying Embodied Energy and GHG Emissions from Irrigation through Virtual Water Transfers in Food Trade. *ACS Sustainable Chemistry Engineering*, Vol. 5, pp. 2119-2128.
[102] Wang, T., J. Watson, 2007. Who Owns China's Carbon Emissions? *Tyndall Briefing Note*, Vol. 23, pp. 1-7.
[103] Wiedmann, T., 2009. A Review of Recent Multi-Region Input-Output Models Used for Consumption-Based Emission and Resource Accounting. *Ecological Economics*, Vol. 69, pp. 211-222.
[104] Wiedmann, T., J. Minx, J. Barrett, *et al.*, 2005. Allocating Ecological Footprints to Final Consumption Categories with Input-Output Analysis. *Ecological Economics*, Vol. 56, pp. 28-48.
[105] Wyckoff, A.W., J. M. Roop, 1994. The Embodiment of Carbon in Imports of Manufactured Products. *Energy Policy*, Vol. 22, pp. 187-194.
[106] Xia, W., N. Apergis, M. F. Bashir, *et al.*, 2022. Investigating the Role of Globalization, and Energy Consumption for Environmental Externalities: Empirical Evidence from Developed and Developing Economies. *Renew Energy*, Vol. 183, pp. 219-228.
[107] Zhao, H. R., S. Qu, S. Guo, *et al.*, 2019. Virtual Water Scarcity Risk to Global Trade under Climate Change. *Journal of Cleaner Production*, Vol. 230, pp. 1013-1026.
[108] 陈晖、温婧、庞军等："基于 31 省 MRIO 模型的中国省际碳转移及碳公平研究"，《中国环境科学》，2020 年第 12 期，第 5540—5550 页。
[109] 邓光耀："基于多区域投入产出子系统模型的隐含碳排放关联效应研究"，《河北地质大学学报》，2020 年第 4 期，第 60—69+90 页。
[110] 冯娅、刘阳、鲁庭婷："中国出口贸易隐含碳测算及其异质性分析——来自'一带一

路’沿线国家的证据”，《统计与决策》，2022年第24期，第111—116页。
[111] 傅京燕、张春军：“国际贸易、碳泄漏与制造业 CO_2 排放”，《中国人口·资源与环境》，2014年第3期，第13—18页。
[112] 姜雪：“生命周期评价（LCA）在产品环境影响评价中的应用”（博士论文），华东师范大学，2014年。
[113] 李小平、卢现祥：“国际贸易、污染产业转移和中国工业 CO_2 排放”，《经济研究》，2010年第1期，第15—26页。
[114] 刘明达、蒙吉军、刘碧寒：“国内外碳排放核算方法研究进展”，《热带地理》，2014年第2期，第248—258页。
[115] 刘增明、黄晓勇、李梦洋：“中间产品国际贸易内涵能源的核算与国际比较”，《管理世界》，2021年第12期，第109—128页。
[116] 马远、骆佩：“中国国际贸易的隐含能源流动及隐含碳排放——以 RCEP 为例”，《价格月刊》，2021年第9期，第69—78页。
[117] 毛熙彦、贺灿飞：“‘全球-国家-地方’尺度下的国际贸易环境效应研究进展”，《地理科学进展》，2016年第8期，第1027—1038页。
[118] 彭水军、张文城、卫瑞：“碳排放的国家责任核算方案”，《经济研究》，2016年第3期，第137—150页。
[119] 苏昕、贺克斌、张强：“中美贸易间隐含的大气污染物排放估算”，《环境科学研究》，2013年第9期，第1022—1028页。
[120] 魏本勇、方修琦、王媛等：“基于投入产出分析的中国国际贸易碳排放研究”，《北京师范大学学报（自然科学版）》，2009年第4期，第413—419页。
[121] 吴明、姜国强、贾冯睿等：“基于物质流和生命周期分析的石油行业碳排放”，《资源科学》，2018年第6期，第1287—1296页。
[122] 张娟：“中国对外贸易的环境效应研究”（博士论文），华中科技大学，2013年。
[123] 张伟：“中国贸易隐含大气污染转移与环境不公平研究”（博士论文），南京大学，2018年。
[124] 邹安全、罗杏玲、全春光：“基于 EIO-LCA 的钢铁产品生命周期碳排放研究”，《管理世界》，2013年第12期，第178—179页。

第九章　中国贸易地理研究

第一节　引言

改革开放以来，中国在一系列贸易政策改革的推动下逐渐融入国际市场，贸易地位不断攀升、贸易对象不断拓展、贸易产品不断升级、贸易主体不断多元化，成为名副其实的贸易大国。通过积极参与全球贸易与全球分工，中国积极融入全球生产网络，国内不同地区逐渐建立起与国际市场的贸易联系，贸易网络逐渐形成并完善。对于中国整体经济而言，出口成为驱动经济增长的三驾马车之一；对于国内各地区而言，国际贸易在推动西部开发、中部崛起、东北老工业基地改造、沿海高质量转型发展中都发挥了重要作用。因此，中国成为全球化时代国际贸易秩序的受益者，不但积极参与国际贸易体系，而且积极维护并改进现有的国际贸易秩序。一个典型例子是中国正在积极推进的共建“一带一路”倡议，旨在深化中国与国际市场的多维度联通，吸引东中欧、西亚、中亚、南亚、东南亚等各地区在经济激励和政治激励下扩大经济贸易合作。

然而自金融危机以来，全球化进程进入深度调整期，全球需求的萎缩和增长低迷导致贸易保护主义抬头，逆全球化趋势日益明显。在此趋势下，西方发达国家通过“贸易战”和“科技战”刻意打压中国制造业，中国对外贸易面临新的复杂形势。在高质量转型发展和构建国内国际双循环的新发展格局的要求下，我们需要深入探讨中国对外贸易的现实状况与未来发展路径，思考如何调动贸易企业和地方积极性来推进国际贸易转型，如何通过全球-地方互动来拓宽出口市场，如何发挥政府和市场力量来持续推动外向型经济建设等问题。

关于国际贸易的国内研究大都来自经济学方面，然而经济学研究由于数理模型的局限性，常常将地理要素视为外生于分析模型的因素。这种静止的、外生的空间观点使地理的作用被忽视，对地理影响因素与空间效应的机制、强度的估计可能存在一定偏差。经济学贸易研究的局限性恰好彰显了地理学贸易研究的重要性，中国地理学界为改革开放以来的国际贸易研究贡献了本学科的智慧，地理学结合本学科专长，重点研究国际贸易的结构与格局、影响因素的地理差异、空间效应的地理差异等方面的内容，为国际贸易研究做出了独特的贡献。结合经济学与地理学的研究成果和贡献，本章从以下四个方面对中国的国际贸易研究进行回顾：①中国对外贸易水平；②中国对外贸易格局；③中国对外贸易的影响因素；④中国对外贸易的经济与环境效应。

第二节　中国对外贸易水平

1978 年改革开放以来，尤其是 2001 年加入 WTO 以来，中国实现了出口贸易额的高速增长，实现了“出口奇迹”，是毋庸置疑的贸易大国。然而中国出口产品仍然具有质量低、附加值低的特征，处于全球价值链的低端生产环节，因而难以被称为贸易强国。中国制造大而不强的现状与问题受到了国内外学者的关注，大量文献专注于描述中国对外贸易的水平与结构，许多研究对中国出口贸易的产品结构、生产模式进行了描述，特别注意到了中国的加工贸易特征与产品附加值问题。

一、出口产品结构

出口产品结构通常反映一个国家的生产能力与专业化模式，可以从中窥见国家经济的整体特征。一般而言，出口产品可以依据要素投入密集度分为劳动密集型、资本密集型、技术密集型等，或者依据产品技术含量分为低技术产品、中低技术产品、中等技术产品、中高技术产品、高技术产品（表 9–1）。目前已有大量研究针对中国的贸易产品结构展开分析，总体上可以确认中国的出口产品有高端化趋势。1980 年以来，一方面，中国主要出口行业逐渐从劳动密集型向资本密集型和技术密集型转变，劳动密集型行业占全国出口比重逐渐下降（文东伟等，2009）；另一方面，中国逐渐摆脱以低技术附加值出口为主的出口模式，开始向以中等技术附加值为主的出口模式转变（樊纲等，2006）。尽管中国稳步走在出口结构改善的道路上，然而中国仍然与西方发达国家存在不小差距，虽然中等技术以上产品出口有所增加，但是高技术产品还没有成为中国出口的最重要组成部分（图 9–1）（魏浩，2015）。

表 9–1　产品技术分类

产品技术等级	代表性产品
低技术商品	衣帽纺织品及原料、天然植物油脂和橡胶、可可等原料、燃柴
中低技术商品	石灰水泥和装配建筑材料、光学仪器、无线电广播接收器、蒸汽锅炉
中等技术商品	录音录像设备、通信设备、办公设备用品、纺织合成纤维、电动力机械
中高技术商品	摄影设备、纺织机械、轨道工程材料、内燃机、铁路交通工具
高技术商品	乙烯高分子材料、航空设备、造纸设备、药剂、医用设备、军火

资料来源：魏浩（2015）。

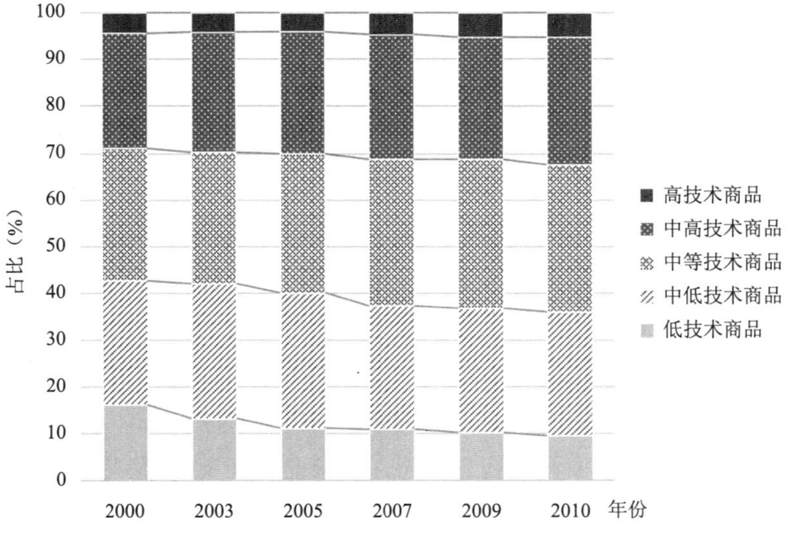

图 9–1　2000—2010 年中国出口商品的技术结构

资料来源：根据魏浩（2015）绘制。

除了简单的产品类型划分以外，部分研究还从专业化路径、进出口弹性、扩展边际和集约边际等不同方面进一步解析了中国的进出口贸易构成。首先，研究发现，中国出口产品结构的专业化趋势实际上是一条非线性的、超越所处发展阶段的渐进专业化道路，在人均收入达到一定水平后，还可能出现加速专业化趋势（高凌云等，2012）；其次，进口需求弹性的计算结果表明，中国最终产品尤其是资本品的进口需求相对缺乏弹性，而初级产品和中间产品的进口需求对价格变化则相对敏感（陈勇兵等，2014）；最后，中国的出口目的国以北美、东亚和西欧国家为主，地理扩展占据了中国出口扩展的绝大部分，但是产品扩展创造出口的能力十分强劲，具有显著的长期影响（黄先海、周俊子，2011）。

二、出口产品附加值

出口产品附加值是指出口产品价值中由国内企业创造的增加值部分，代表了中国企业在全球价值链分工下的价值创造能力。企业创造的产品附加值越高，企业的国际竞争力越强，出口产品附加值是衡量中国国际贸易水平的主要指标。既有的研究文献表明，对一国出口产品附加值的准确测算不仅能够精确反映一国参与垂直分工的程度，更是核算一国参与国际贸易过程中真实贸易利得的有效途径。张杰等（2013）对中国出口的国内附加值率进行了测算，发现中国出口的国内附加值率从 2000 年的 0.49 上升到 2006 年的 0.57，主要由一般贸易贡献，而加工贸易则阻碍了国内附加值率的提升（图 9–2），从中可以发现，中国出口产品附加值水平不高，关键原因在于大量加工贸易企业的存在。

加工贸易是指，企业首先大量进口原材料、零部件、元器件等初级产品，经加工成为制成品后再出口的经营活动（图 9–3）。由于具有“先进口再出口”“两头在外”的生产特征，加工贸易的国内附加值率通常低于一般贸易（图 9–2），并且由于技术性资本品相对短缺、产业关联度低，加工贸易的生产率通常也低于一般贸易。由于历史原因，中国拥有大量以加工贸易为主的进出口企业，因而存在产品附加值低、价值链环节低端的问题。研究发现，中国加工贸易的发展并没有带动制造业劳动就业数量的增加（曾卫锋，2006），对中国生产率增长的促进作用也并不显著（胡兵、张明，2011）。与一般贸易企业相比，加工贸易企业利润率较低、支付工资较低、资本水平较低、研发较少，生产率显著低于一般贸易企业 10%—20%（余淼杰，2013）。

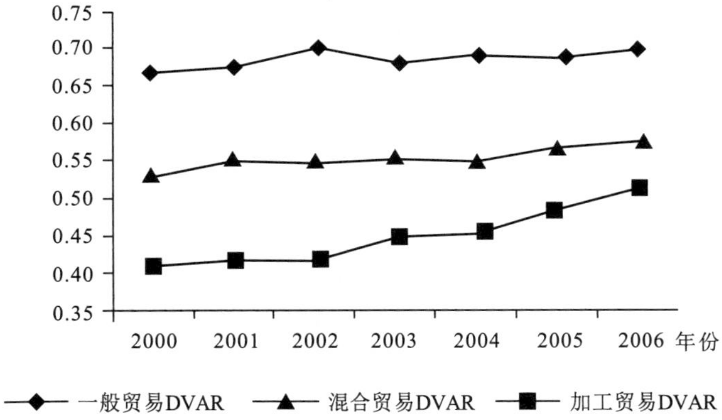

图 9-2　2000—2006 年中国不同贸易方式出口的国内附加值率（DVAR）变化趋势

资料来源：张杰等（2013）。

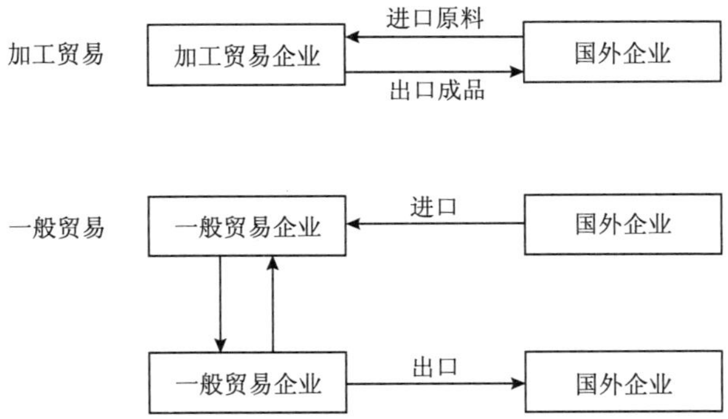

图 9-3　加工贸易与一般贸易

加工贸易的生产模式还带来了中国出口企业的“生产率悖论”，产生了新新贸易理论无法解释的中国生产率之谜。根据梅利茨（Melitz，2003）的异质性企业理论，低生产率的企业只能在国内市场上销售，较高生产率的企业可在国内市场销售并出口，然而中国的出口企业比非出口企业生产率更低（苏振东、洪玉娟，2013），由此产生了实际情况与贸易理论的分歧。这一现象可以从加工贸易和全球价值链低端锁定的角度来解释。李春顶（2010）发现，由于加工贸易企业的生产率显著低于一般贸易企业与非出口企业，大量加工贸易企业是引起悖论的主要原因；如果将加工贸易企业从研究样本中分离，其他出口企业的生产率仍然高于非出口企业，满足梅利茨的异质性企业模型。其后，国内学者在李春顶的研究基础上做了大量的拓展研究，基本认同生产率悖论的原因在于加工贸易（张杰等，2013；戴觅等，2014），所以，区分加工贸易出口与非加工贸易出口，对于理解中国企业层面的出口行为是非常重要的，剔除加工贸易企业的影响，往往能使对中国贸易水平与贸易结构的研究回到传统结论当中。

第三节 中国对外贸易格局

改革开放不但从经济层面推动了中国对外贸易的整体水平，也从空间层面深刻塑造了中国对外贸易的地理联系。通过参与全球分工与全球贸易，中国加深了与世界各国的贸易联系，逐渐融入全球贸易体系，成为世界贸易网络中不可或缺的重要一环。在40余年的对外贸易发展过程中，中国的贸易伙伴数量不断增加，出口市场与进口来源国不断多元化，中国对外贸易格局成为贸易地理学的重要研究主题之一。

贸易地理学对中国贸易格局的研究很大程度上以描述为主，并且通常会结合世界重大时事、国家重要方针政策、重要社会热点问题等进行选题，如共建“一带一路”、中欧班列等，具有强烈的时代色彩，其中既有对所有产品的总体贸易空间格局的描述，也有对部分产品贸易空间格局的描述（Yang *et al.*，2015；Yang *et al.*，2017），同时还有聚焦于区域贸易网络格局的研究。

一、商品贸易网络

中国对外贸易网络研究非常丰富，大部分研究针对不同商品的贸易网络进行研究，主要集中于两个方面：一是以农产品、矿产资源等为代表的初级产品；二是以服装、汽车、电子信息产品等为代表的工业制成品。

1. 初级产品贸易网络

农产品方面，农产品的自由贸易成为连接全球农业资源丰富地区和匮乏地区的重要纽带，国际农产品贸易网络已经发展成为一个高度异质、复杂的供应链网络（Ercsey-Ravasz *et al.*，2012）。作为人口大国，中国在全球农产品贸易体系中的角色既敏感而又复杂。一方面，中国的耕地和淡水资源匮乏，依赖进口粮、油等大宗农产品国际资源；另一方面，外部资源依赖对粮食安全保障产生了严重威胁，中国需要面对粮食需求与粮食安全的风险权衡。现阶段中国农产品贸易的整体特点是：进口方面，农产品进口来源国家集中程度较高，集中在巴西、美国、阿根廷等距离较远的美洲国家（王祥等，2018）；出口方面，农产品出口增长迅速，集约边际占据主导，贸易关系“大进大出”（图 9–4）（汤鑫等，2022）。然而，随着共建“一带一路”倡议的实施，距离较近的亚欧农业资源大国如乌克兰、俄罗斯、哈萨克斯坦等，近年来对中国农产品出口量呈现增长态势。研究表明，中国与“一带一路”共建国家间的农产品贸易表现出越来越紧密的趋势（图 9–5）（詹淼华，2018），贸易同时存在竞争性与互补性，但是互补性更为明显（何敏等，2016），与共建国家的农产品贸易合作在一定程度上缓解了中国的粮食安全问题。

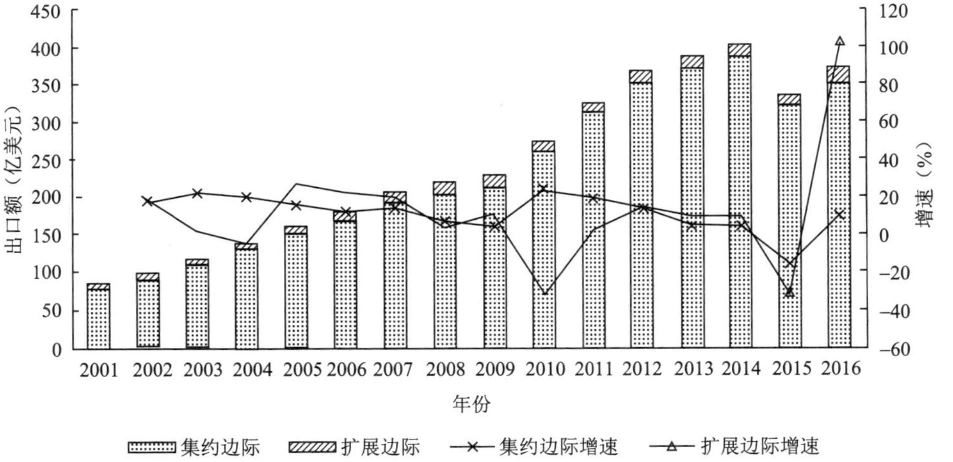

图 9–4　2001—2016 年中国农产品出口的二元边际情况

资料来源：汤鑫等（2022）。

矿产资源方面，世界矿产资源的地理分布极不均衡，各国供需存在时空差异性，导致能源矿产在全球范围内产生较强的贸易流动需求。过去几十年间，伴随着中国全球化战略和国际地位的提升，中国在世界矿产贸易网络中的地位显著提高，贸易伙伴数量不断增加，总贸易量不断提升。尤其是在稀土、多晶硅等重要商品领域，中国属于真正意义上控制国际贸易网络的核心国家：世界

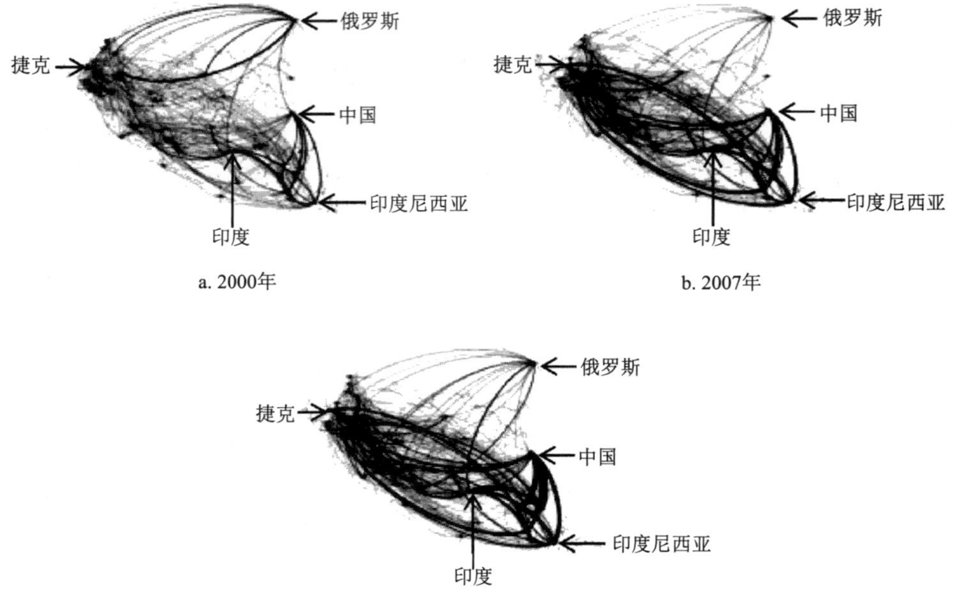

c. 2015年

图 9-5　“一带一路”共建国家农产品贸易网络格局演化

资料来源：根据詹淼华（2018）绘制。

稀土贸易呈现集团化趋势，以美国、中国、日本、德国为首的集群系数最大，对世界稀土贸易的影响最显著（Ge *et al.*，2016）；全球多晶硅贸易网络具有明显的“核心-外围”结构，美国、中国、德国和日本是多晶硅贸易网络中最强大的国家（Liu *et al.*，2019）。如图 9-6 所示，在矿产资源贸易市场上，中国也逐渐展现出分散市场的“不把鸡蛋放在一个篮子里”策略，出口市场迅速扩张，尤其是加大与空间邻近国家、友好关系国家的出口量，以降低市场过于集中所带来的能源安全风险（王文宇等，2021）。

2. 工业制成品贸易网络

制造业方面，国际制造业贸易网络呈现树状的层次结构，核心节点具有较为稳定和清晰的层次性。在全球制造业贸易网络中，中、美、德三国在全球市场细分过程中形成一种“错位竞争”关系，而亚太、中东、非洲和拉美地区成为大国之间争夺贸易市场的博弈区域，中国是一个区域领导核心，与美国和德国分别领导东南亚及太平洋、美洲、欧洲及中亚三个地理集群（图 9-7）。

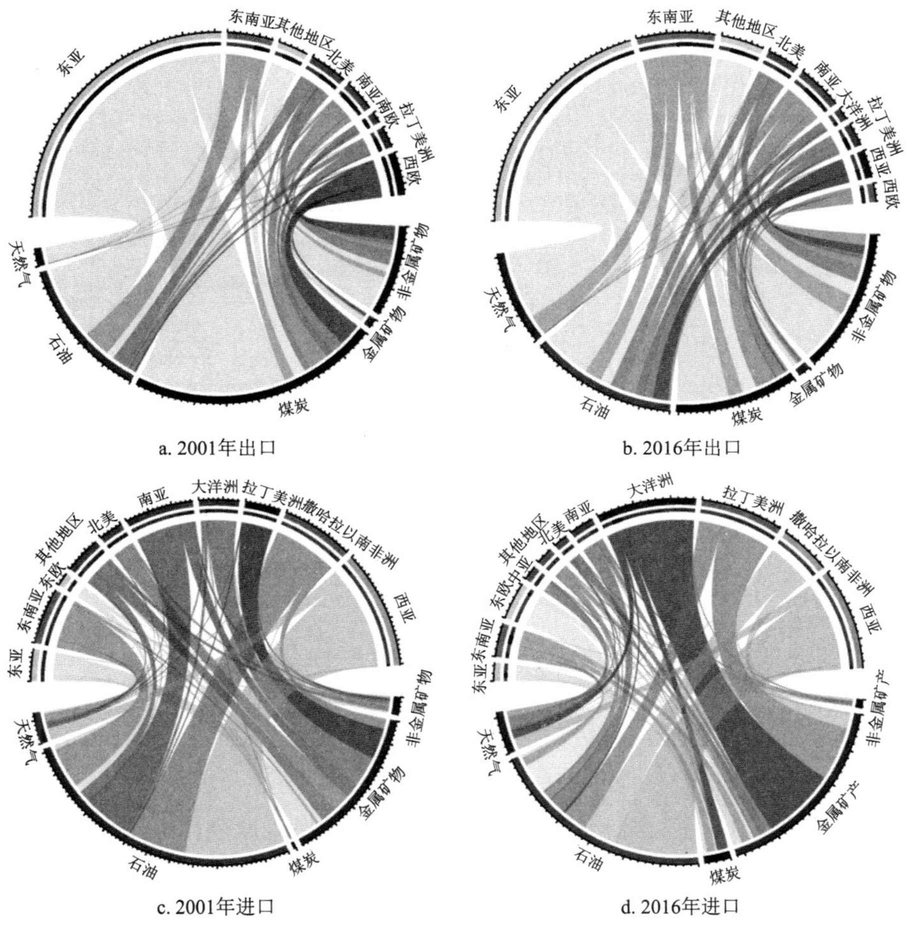

a. 2001年出口　b. 2016年出口

c. 2001年进口　d. 2016年进口

图 9-6　中国矿产资源贸易结构变化

资料来源：王文宇等（2021）。

在全球生产网络和价值链分工模式主导下，世界制造业生产组织整体上呈现低端产品向发展中国家全面转移、高端产品由发达国家主导的特征（高菠阳、李俊玮，2017；郑蕾等，2016）。因为大部分高端工业制成品的生产需要多部门合作，需要进口国外的高质量零部件与中间品，所以中国对国外制造业的进出口格局在一定程度上反映了中国与其他国家在制造业产业链上的上下游关系。以电子产品为代表的高端制造业为例，中国电子产品出口市场表现出从发达国

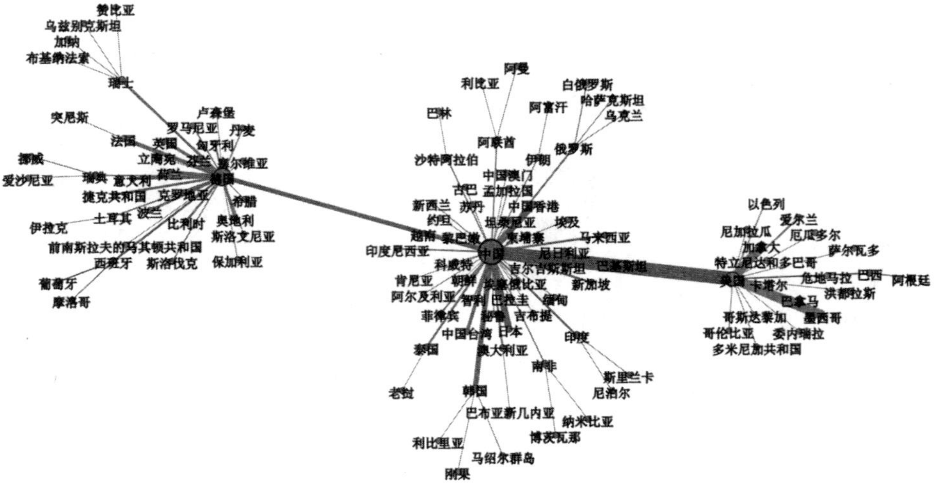

图 9–7 全球制造业贸易网络格局

注：边的宽度代表 2016 年两国（地区）间制造业贸易总额，节点大小表示节点的度中心性。

资料来源：贺灿飞（2021）。

家传统市场（如美国、日本、西欧等）向发展中国家新兴市场（如东南亚、拉美和金砖国家等）扩张的趋势，但是仍然以发达市场为主要出口目的地（李振发、贺灿飞，2021）。

随着经济全球化不断地扩展和加深，生产分工进入产品内分工阶段，中间产品贸易所占比重逐渐增加。中间产品贸易是产品内分工的主要表现形式，其分布网络很大程度上取决于各国企业在跨区域生产之前进行的区位选择。在全球贸易网络中，中国逐渐成为中间产品贸易网络的重要节点，其地位可以通过网络拓扑特征如中心度等体现。马佳卉和贺灿飞（2019）选取纺织业、运输业、电子产业分别作为劳动密集型产业、传统全球分工产业、技术密集型产业的代表，研究其中间品贸易网络结构的特征与演化趋势，结果表明，1998—2017 年，中国在全球贸易网络中的地位明显提升，这三种产业的中间产品贸易网络结构存在明显差异，电子产业网络联系紧密，而运输业和纺织业的网络结构则相对松散。

二、区域贸易网络

除商品贸易网络以外，区域贸易网络也是贸易网络研究的一个重要议题。随着中国对外贸易规模的持续扩大，以中国为核心的区域贸易网络研究逐步增多，包括“一带一路”贸易网络、东亚地区贸易网络等。

1.“一带一路”贸易网络

“一带一路”是统筹中国与共建国家、打造开放包容的国际区域经济合作的重要战略，将增强中国与世界的联系，进一步推动经济全球化和区域化合作。共建“一带一路”倡议合作区成为近期贸易网络研究的热点区域，其贸易网络的基本特征与结构变化、形成机制与影响因素以及中国在“一带一路”贸易网络中的地位，都是相关研究重点关注的内容。

（1）“一带一路”贸易网络的基本特征。“一带一路”贸易网络具有小世界和无标度性质，遵循增长性和择优选择（杨文龙等，2018），并且其网络密度逐渐增强（邹嘉龄、刘卫东，2016）。贸易网络为“混合型”结构，呈现以枢纽辐射式为主、全连通式并存的联系模式，不同中心性空间分布差异显著（杨文龙等，2018）。在特定产品如农产品、天然气等方面，部分学者还发现了其网络密度及互惠性较低、贸易分布格局符合“马太效应”、加权网络结构的异质化程度降低等特点（王璐等，2019；马远、徐俐俐，2017）。

（2）中国在“一带一路”贸易网络中的地位。研究发现，“一带一路”共建国家可以被识别为3个主组团和2个次组团，其中最大的是亚欧大组团，贸易网络核心节点就是中国（宋周莺等，2017；杨文龙等，2018）。共建“一带一路”倡议提出近十年来，中国在“一带一路”贸易网络中的地位和核心度随着时间推移逐渐上升（郑军等，2017），已经成为贸易网络中最核心的国家（邹嘉龄、刘卫东，2016），对共建国家的产业升级和经济发展具有引领及带动作用。

（3）“一带一路”贸易网络的形成机制。“一带一路”贸易网络涵盖了地理上相距有远有近、语言文化上关系有亲有疏的众多国家，而这些国家间的贸易关系主要受到地理距离与文化关系的影响。研究发现，拓展引力模型对“一带一路”贸易网络的形成具有较强的解释力，地理邻近、科研邻近、语言邻近都是重要的推动力，而文化邻近的正向作用相对较弱（杨文龙等，2018）。另外，属于同一个自由贸易协定的影响在一定程度上超越了接壤网络和邻近网络的影响，国家间贸易具有明显的正向促进作用。

2. 东亚贸易网络

随着经济一体化和贸易自由化的深入发展，东亚地区成为全球生产网络价值链分工形式表现最明显的地区之一。20 世纪 90 年代赤松要的“雁行产业发展理论”在东亚已经得到了充分验证，以韩国、新加坡、中国香港、中国台湾为代表的亚洲地区凭借全球生产网络的分工逐步实现了价值链攀升与技术进步。国内部分学者也对东亚地区的贸易网络进行了研究，着重分析东亚贸易网络的结构转换与形成机制，尤其关注中国在东亚贸易网络中的地位提升与产业升级。

（1）东亚贸易网络的结构转换。从东亚贸易产品的生产过程看，东亚生产网络经历了以日韩为中心到以中国为中心，再到多个地区发展的过程。早期中日韩“三角贸易”模式突出，但随着周边国家贸易参与度的提升，“三角贸易”存在弱化趋势，东南亚地区贸易强度也在逐渐增强（梁经伟等，2019）。从依赖度、结构同型分析等社会网络指标来看，东亚贸易网络存在明显的“核心-边缘”结构。中国是东亚贸易网络的核心国家，在劳动密集型和资本技术密集型产品贸易的参与程度上均高于周边国家，地缘经济影响力逐渐上升（戴卓，2012；潘峰华等，2015）；而东亚边缘国家趁着产业转移的新浪潮，其制造业不断地发展，基本融入了区域性生产网络。

（2）东亚贸易网络的形成机制。近年来，形式多样的生产和贸易合作助推了东亚区域生产贸易网络的形成与发展，既有来自区域内部的动力，也有来自区域外部的动力。来自区域内部的动力是东亚地区的一体化生产贸易系统，企业将产品生产分割配置到不同区域产业价值链的相应环节，由此形成了区域内贸易联系与东亚贸易网络（邓军，2011）。中国是东亚产业链的关键一环，其中间产品需求及后向关联效应带动了东亚地区的产业发展（李晓、付竞卉，2010）。来自区域外部的动力包括区域外市场的 FDI、市场需求、国际合作等。研究表明，东亚地区自身的需求仍旧无法支撑各国和地区的出口贸易与经济发展，流向东亚地区的 FDI 和来自区域外的市场需求在很大程度上推动了东亚区域生产贸易网络的形成，提高了区域贸易的效率（欧定余、陈维涛，2012；刘中伟，2014）。

第四节　中国对外贸易的影响因素

中国对外贸易的发生与演变既吸引了经济学的解释，也得到了地理学的关注。经济学解释常常基于要素禀赋、市场规模、企业生产率等静态变量，而地理学认为一些动态的原因——例如知识溢出、信息溢出等——有助于降低贸易过程中的不确定性，从而促进贸易的发生和结构升级。从经济学的研究视角出发，中国独特的劳动力要素禀赋特征、市场规模特征、技术水平特征等决定了中国长期的对外贸易结构。从地理学的研究视角出发，一方面，中国对外贸易受到多种非经济邻近性的约束，中国与贸易伙伴的地理、认知、社会等因素的邻近距离均会影响溢出效应的强度；另一方面，中国企业与国外企业的贸易、交流、合作等行为构建了信息与知识流通的"全球通道"，本地互动与全球联系同样在中国企业进出口行为中扮演了重要角色。另外，为了积极融入经济全球化，中国系统性改革了对外贸易体制，显著地提高了对外开放程度、深度和广度。因此在中国对外贸易研究上，空间政策发挥的作用可能比发达经济体更加显著，更加值得经济地理学者的关注。综上所述，经济地理学在研究中国对外贸易的影响因素方面具有综合性思维的特点。以下分本地经济因素、本地非经济因素、全球-地方互动因素、空间政策四个部分进行介绍。

一、本地经济因素

改革开放以来中国对外贸易快速增长，学术界对这一"中国奇迹"的研究与解释首先来自经济学视角。经济学试图基于国际贸易理论体系，通过中国自身劳动力资源丰富、国内市场规模巨大、技术水平相对较低等经济因素，对中国贸易发展的趋势与模式进行解释。改革开放初期，中国经济基础的整体特点是拥有庞大的受教育劳动力和消费人口，但是劳动力和企业技术水平相对较低，由此奠定了中国对外贸易的基本特征：以劳动密集型产业为主，充分发挥规模经济效应，但是往往以加工贸易模式嵌入全球价值链底端，面临产业升级压力。

首先，中国具有劳动力数量多、成本低、受教育程度高的特点，大力发展劳动密集型产业是中国经济发展的必要选择（李丽，2004）。尽管随着国内劳动力成本上升，中国劳动密集型产品出口规模扩大遇到了较为明显的阻力，国际市场份额有所下降，但是中国七大类劳动密集型产品仍在国际市场上占有 1/3 以上的市场份额，仍然具有很强的国际竞争力（龚雄军等，2021）。相关实证研究也表明，劳动力成本上升促进了中国制造业部门尤其是劳动密集型产业的技术升级，使国内产品始终保持较高的性价比（席建成、孙早，2017）。

其次，中国庞大的经济体量和人口总量造就了规模巨大的消费市场，一些学者特别强调国内市场规模对中国贸易发展的重要性。欧阳峣和汤凌霄（2017）强调了大国经济市场规模对中国技术创新的重要性；易先忠和高凌云（2018）也强调了国内需求的重要性，脱离内需融入全球价值链会抑制出口升级和生产率提高，导致价值链“低端锁定”。现有研究基于中国制造业数据发现，一方面，市场规模扩大能够显著提高产业整体生产率，拉动地区产业经济增长，从而实现产业结构升级（杨先明、马娜，2018）；另一方面，市场规模扩大能够改变价值链布局策略，对价值链上游生产阶段产生吸引力，进而推动产业结构转型调整（戴翔等，2017；谢呈阳等，2021），并且这一路径更适用于中国等新兴经济大国的产业结构升级需要（郑江淮、郑玉，2020）。

最后，中国原始落后的技术基础使其尽管有发展劳动密集型产业的适宜条件，却不得不主要以加工贸易的模式参与国际分工，面临价值链低端锁定问题。一方面，加工贸易的价值创造能力十分微弱。尽管加工贸易占据中国出口总额的半数之多，但是国内增加值率较低，单位加工贸易出口所拉动的国内增加值不及一般贸易出口的 1/2（刘遵义等，2007）。例如，虽然中国出口了全球最多的 iPhone 成机，但是来自中国本土的真实价值不足出口总额的 4%（Xing and Detert，2010）。另一方面，加工贸易面临严重的挤出效应冲击。由于加工贸易的销售市场主要集中于国外，产品的生产工艺、技术标准乃至收益分配都要受到下游全球价值链链主的把控，代工企业的自主发展空间受到严重挤压（闫国庆等，2009）。

二、本地非经济因素

除经济因素以外，经济地理学更热衷于讨论各种非经济因素在中国对外贸易发展过程中所发挥的作用，并用多维邻近性概念进行概括。在中国的贸易产品空间演化研究中，部分学者注意到了产品间的相似性与邻近性对产品演化的解释力，可以分为供给侧和需求侧两个方面。

供给侧方面的多维邻近性效应首先引起了经济地理学者的注意。宏观层面，研究发现认知邻近性、社会邻近性等多种邻近关系均对出口产品空间演化具有显著的促进作用，并且邻近性之间可能存在一定的互补效应和替代效应（贺灿飞等，2017）。万伦来和高翔（2014）以文化距离、地理距离和制度距离为解释变量，研究显示三者对中国进出口贸易均具有抑制作用，其中文化距离对进出口贸易的影响效果最大，制度距离的影响效果最小；李文宇和刘洪铎（2016）发现空间、经济、文化和制度的差异影响中国与"一带一路"共建国家的贸易关系，制度距离与贸易规模正相关；杨文龙等（2018）发现拓展引力模型对"一带一路"共建国家贸易网络具有较强的解释力，科研邻近和语言邻近是重要的推动力，制度邻近呈显著负相关，文化邻近的正向作用相对较弱。微观层面，区域的产品生产与出口同样受到企业层面邻近性的影响，具体表现为企业内与本地企业间的知识溢出效应。周等（Zhou *et al.*，2019）研究了企业内知识溢出和本地企业间知识溢出对企业出口产品升级的影响，发现这两种溢出效应均能够促进高复杂度产品的进入，但企业内知识溢出的强度更大，综合体现了认知邻近性与组织邻近性的作用。

除了供给侧的邻近关系以外，近年来需求侧的邻近关系也逐渐受到经济地理学者的重视。部分学者从出口市场相似性角度切入，发现了需求侧邻近关系的出口开拓作用：如果潜在出口市场与已有出口市场在经济水平、市场管制、消费偏好等方面关联较高，那么出口产品更容易被目标市场的消费者所接受。目的国维度溢出的出口经验是新出口企业所需的重要贸易能力，如果新出口企业能够借助区域对外贸易联系获取到丰富的目的国出口经验，那么该企业就可以借助其中隐含的产品、市场、制度信息，掌握更多有助于向该目的国出口所需的知识技能，提升出口成功概率（贺灿飞等，2019）。研究发现，中国制造业出口市场的空间演化是遵循路径依赖的，与过去出口市场相似度越高的国家被城市和企业扩展为新市场的概率越大（郭琪、朱晟君，2018）。

总体而言，引入非经济因素显著增强了对中国对外贸易格局的解释力。中国对外贸易格局在很大程度上取决于贸易对象与中国在地缘政治、文化、社会等方面的关系，其深层原因是，对外贸易是嵌入在社会文化制度环境中的社会经济过程。中国企业进入新出口市场取决于地理、文化、经济和政治上的邻近性，而企业一旦进行了出口贸易活动，将更倾向于进入与过去出口市场邻近的目的地市场。

三、全球-地方互动因素

事实上，仅关注供给侧或需求侧都只抓住了国际贸易联系的一个侧面。全球化时代的贸易联系往往受到全球-地方互动的复杂影响，不能仅仅关注供给或者需求侧因素，而需要综合性的理解框架，既需要考虑区域层面的本地供给因素、内部市场竞争，也需要考虑国际层面的市场需求和市场扩张。部分国内学者正是基于全球-地方互动视角开展研究，展现了全球力量与本地力量的独自与交互的作用，取得了一些研究成果。

通过区域对外联系导入的知识和信息可以成为新出口企业的学习来源，其中本地企业出口与外资企业进入是当前讨论最多的两种区域对外联系方式，可以分别产生“出口溢出效应”和“外资溢出效应”。首先，贸易活动将全球范围内的经济活动主体连接起来，并借助进出口关系推动知识溢出，即出口溢出效应（Borghini *et al.*，2006；Bathelt and Schuldt，2010）。出口溢出效应反映了出口全球通道对区域内其他企业的作用，如果潜在出口企业能够借助邻近企业获取丰富的目的国出口经验，那么该企业就可以借助其中隐含的产品、市场、制度信息，掌握更多向该目的国出口所需的知识技能，提升出口成功概率。实证结果表明，中国出口企业的知识溢出效应对邻近企业在出口市场上的进入和退出动态存在显著的双面性影响：邻近企业溢出为企业进入新市场创造了有利条件，但同时也加快了企业从已有市场退出（胡绪千、贺灿飞，2020）。贺灿飞等（2019）进一步探讨了出口溢出效应对不同类型新企业的作用，相比于突破型企业来说，本土跟随型企业更依赖区域和目的地的已有出口经验来实现对外出口。

其次，外商投资企业往往拥有先进的知识和技术，能够为东道国的企业进步和经济发展带来重要的“外资溢出效应”（Blomström and Kokko，1998；Ma，2006）。大量研究证实外商投资对内资企业出口存在正向溢出效应，其发生渠道可以被总结为示范效应、出口信息溢出效应和竞争效应三种方式。文东伟等（2009）通过对四位数行业数据的研究，发现外商直接投资显著增强了中国产业的出口能力；秦晓丽等（2014）基于2004—2007年的企业数据，发现外商投资企业出口对于行业内和行业间的内资企业出口具有积极的溢出效应；朱晟君等（2018）进一步将相关研究拓展到“城市-产品-目的国”尺度，发现外商投资企业的出口情况对下一年同一城市的内资企业向同一国家出口同种产品存在显著的正向溢出效应，表明外商投资企业的出口外部性在很小的尺度仍然上能够发挥作用。

除出口溢出效应和外资溢出效应以外，全球-地方互动也会通过其他形式发生。例如，研究参与全球生产网络对出口产品质量升级的影响，发现参与全球生产网络直接促进我国出口产品的质量升级（贺灿飞、陈航航，2017）；考虑区域外部联系和内部创新投入对区域打破出口路径依赖的影响，发现区域外部联系越多、区域政府的创新投入越大，越能够促进区域出口产品结构的路径突破式发展（Zhu *et al.*，2017）。

四、空间政策

贸易地理研究需要超越传统的国际贸易研究，将贸易看成一体的政治-经济过程，往往依赖于区域的制度环境，因此贸易相关的空间政策影响受到了国内学者们的关注。自改革开放以来，中国积极改革对外贸易体制，推进贸易自由化，采取了一系列空间政策来扶持进出口企业成长、鼓励企业出口，通过消除贸易壁垒为国内企业提供了更多出口机会。这些贸易空间政策主要分为两类：

（1）广泛设立出口加工区、保税区、自由贸易区等特殊贸易区。作为改革开放以来政府推行的一项重要经济政策，出口加工区、保税区等项目不仅是对外开放的前沿试验田，也是推动地区经济工业化、城市化和全球化进程的重要举措。研究发现，出口加工区对设立之初的主导产业具有扶持作用，使受扶持产业的出口额显著提高，而且对于原先具有比较优势的产业而言，这一效应更加明显（陈钊、熊瑞祥，2015）。此外，保税区在发展对外贸易和连接国内外市场方面发挥了积极作用（舒榕怀，2000），自贸区有利于通过刺激出口来实现贸易创造（康继军、郑维伟，2021）。

（2）积极参与区域一体化组织、开展自由贸易双边谈判。近年来中国通过共建“一带一路”、中国-东盟自由贸易区等倡议维护多边主义全球贸易体制，强化了区域一体化与贸易区域化过程。研究发现区域贸易一体化会提高中国的福利、产出、就业和贸易，同时其他协定成员也会获利（李春顶等，2018）。例如，关于中国-东盟自由贸易区与区域农产品贸易的研究表明，自由贸易区的建立不但能提高中国和东盟的贸易增长以及资源配置效率，提高双方福利，并且能使区域内各国比较优势发生变化，农业部门的生产资源逐渐向非农部门转移（周曙东等，2006；仇焕广等，2007）；同时，这一协定对中国不同地区、不同农产品的效应存在差异，对贸易一体化存在滞后影响，且双边关系越紧密，双边贸易总额或区域贸易份额也越大（麻昌港，2014）。

第五节　中国对外贸易的经济与环境效应

改革开放40余年来，中国逐步形成了外向型经济体系，发展成为全球最大的贸易国之一，推动了总体经济水平的提升。然而，中国总体经济进步不代表各个区域的发展水平同步提升，而是在区域和城市尺度上形成了显著的空间差异和不平等，造成了“东部领先、中西部落后”的区域发展不平衡问题。另外，参与全球生产网络也导致了隐含污染转移的环境代价问题，以中国为代表的环境规制相对宽松的发展中国家成为承接环境污染代表的重灾区。从经济地理学的区域尺度视角出发，部分学者从区域内外部联系的角度研究中国对外贸易的经济与环境效应问题，关注贸易对中国区域经济增长、创新产出、不平等发展、环境治理等方面的影响。

一、经济效应

国际贸易效应主要体现为对区域经济发展的影响，并且这些效应往往存在强烈的空间差异性，在中国这样的外向型发展经济体中表现得尤为明显。国际贸易使中国收获了整体福利提升和技术创新发展的成果，但是也对中国区域经济集聚与不平衡发展产生了一定的负面影响。

1. 经济增长与创新

国际贸易可能通过出口学习效应、进口学习效应、竞争效应等多种途径促进区域经济发展。首先，从中国整体经济表现来看，对外开放尤其是对欧、美、日的进出口贸易显著推动了中国整体经济增长。出口需求对地区经济增长具有直接拉动作用，还能通过区域间溢出效应扩散到其他地区（潘文卿，2015）；进口贸易也是推动中国区域出口产业重构的重要力量，其所带来的外部技术溢出效应能够显著促进区域产业出口优势扩展（贺灿飞等，2023）。黄新飞和舒元（2010）运用“异方差识别法”和动态面板 GMM 估计研究了贸易开放与经济增长的关系，发现贸易开放促进省级经济增长，且在东部地区这一效应最强；刘修岩和吴燕（2013）研究了出口专业化、出口多样化与地区经济增长的关系，发现出口产品的多样化对中国区域经济增长具有显著的促进作用，而且垂直多样化的效应高于水平多样化；雅罗和庞赛特（Jarreau and Poncet，2012）研究中国的出口复杂度对经济增长的影响，发现出口复杂度确实对经济增长具有显著的影响，但是这一影响仅局限于中国的本土企业。

其次，从企业或区域角度来看，对外产品出口与中间品进口是推动企业学习和区域创新的重要途径。不论是出口过程中的“干中学”，还是进口过程中的知识溢出与竞争，都能够起到传递知识和倒逼技术的作用，从而促进创新。张杰等（2009）使用 PSM 方法研究中国企业，发现出口显著地促进中国制造业企业全要素生产率的提高；易靖韬和傅佳莎（2011）发现一旦企业选择进入出口市场，其将从出口市场中积累出口学习经验，从而降低企业生产成本，提高企业最优出口供应量；简泽等（2014）以中国加入 WTO 作为自然实验，发现进口竞争促进了高生产率企业全要素生产率的增长，而降低了低生产率企业全要素生产率的增长；沈琪和周世民（2014）发现进口关税减免对全要素生产率存在促进作用，而且进口中间品关税减免所带来的效应更大。然而，有部分学者认为中间品进口自由化可能给中国企业带来两种截然相反的效应，其一是中间品进口可能降低企业创新成本而促进创新，其二也可能降低获取国外技术的成本而抑制创新。刘和邱（Liu and Qiu，2016）以中国加入 WTO 作为自然实验，发现中间品贸易自由化显著地抑制了我国企业的创新。

2. 集聚与不平衡

国际贸易存在规模经济效应与专业化效应，会放大区域产业发展的先发优势，导致经济集聚与不平衡发展。中国出口企业地理分布格局的演变一直是学者们关注的重点。从现有理论研究与实证研究来看，对中国产业地理区位分布的研究至少有三种角度：①基于新贸易理论、新经济地理学的市场规模因素；②基于新古典贸易理论的要素禀赋等因素；③基于经济地理学的区域经济政策及制度等因素。首先，根据新贸易理论、新经济地理学，本地市场规模越大，越有利于规模报酬递增的企业获得出口优势。与中西部相比，东部沿海地区的人口数量、人均收入水平支撑起了规模更大的本地市场，培育出了中国走向海外的第一支外贸力量，并且通过规模经济效应不断扩张壮大。其次，根据新古典贸易理论，劳动力、资本、技术等最重要的要素禀赋资源决定了一个地区的主导产业形态。东部地区初始拥有的庞大劳动力资源以及通过基础劳动力生产积累的资本与技术资源，提供了东部地区持续发展劳动密集型产业并不断向资本密集、技术密集型产业转变的动力。最后，根据经济地理学，经济政策及制度也是影响出口企业的区位选择与发展的重要因素，尤其在中国由封闭走向开放的历史背景下，绝大多数的外商投资企业和地方性的骨干企业都集聚在基础设施良好的各类开发区内，尤其是出口保税区、经济技术开发区，以享受包括税收、融资、土地等在内的各种优惠政策（贺灿飞等，2008；贺灿飞等，2010）。

中国对外贸易的地理分布并不均衡，而是大致呈现“东部领先、中西部落后”的区域差距状态，并且集聚在少数区域与城市。鲁齐等（2007）发现中国对外贸易活动主要集中于东南沿海地区，并且多年来东南沿海地区与其他地区对外贸易的区域差异格局没有根本改变；李伟和贺灿飞（2017）发现中国出口企业空间集聚程度较高，主要集中于东部地区主要城市群及中西部地区省会城市。其他学者基于各省份出口总额数据，运用变异系数、锡尔指数、基尼系数等研究了省份尺度的出口差异。多数研究发现，东部地区在对外贸易方面始终占据全国主导地位（He *et al.*，2012；张红霞等，2009；赵伟、何莉，2007；许雄奇、张宗益，2003）。然而，在共建“一带一路”倡议持续推进、行政资源向中西部地区倾斜、东部生产成本上升等因素的影响下，中国部分出口企业从东部向中西部地区转移，该现象近年来也成为学者们关注的重点。郑蕾等（2015）在共建“一带一路”倡议背景下从空间结构和产品结构两个维度刻画了西部地区对外贸易的格局和省际差异，认为西部地区形成了以重庆、四川为核心，以广西、云南、新疆三大边疆省份为高地的对外开放格局；许德友（2015）发现出口型产业由东部向中西部地区转移的趋势在2004年已然形成，转移的目的地主要是中部地区和西部的四川、重庆、广西；林桂军和黄灿（2013）发现2005—2011年东部地区的多数出口产业存在向中西部省份的相对转移现象。

二、环境效应

除了经济增长与不平衡发展的区域差异以外，经济地理研究还重点关注国际贸易的环境效应。国际贸易带来的区域专业化分工可能导致污染转移、能源消耗转移等问题。高污染、高耗能企业向环境规制相对宽松的发展中国家转移成为全球经济发展中的普遍现象，中国也在所难免。国内学者的研究主要探究中国对外贸易隐含的污染转移关系和能源消耗问题，评价中国在进出口贸易过程中的环境改善或恶化情况。

1. 污染转移问题

随着中国对外贸易的迅猛扩张，贸易活动引发的环境污染问题尤其是隐含碳排放问题逐渐引起了学者们的高度关注。关于中国贸易环境效应的主流观点是，中国对外贸易加剧了国内污染排放程度。根据对中国货物进出口的 CO_2 排放转移效应的分析，中国货物进出口贸易使净转移到中国的 CO_2 排放量大幅增长，而中国出口加工导向型的经济结构和基础原材料工业比例偏高的产业结构特征是中国碳排放迅速增加的主要原因（张晓平，2009；刘红光等，2011）。如图9-8、图9-9所示，中国贸易隐含碳排放净值自2001年以来快速上升，随后趋于稳定并逐渐下降，但一直保持正值（任亚楠，2022），说明中国大量承担了由他国需求引发的碳排放责任，付出了较高的环境成本。齐晔等（2008）估算了中国进出口商品中的隐含碳，结果表明1997—2006年中国通过出口贸易为国外消费者产生了大量碳排放，2006年净出口隐含碳占中国碳排放总量的10%左右；孙小羽和臧新（2009）、魏本勇等（2010）、申婧怡（2024）的研究也都表明中国是隐含碳净出口国，出口贸易带来的隐含 CO_2 排放量由2002年的3.4亿吨迅速增加至2006年的8.4亿吨，涨幅达到147.6%。

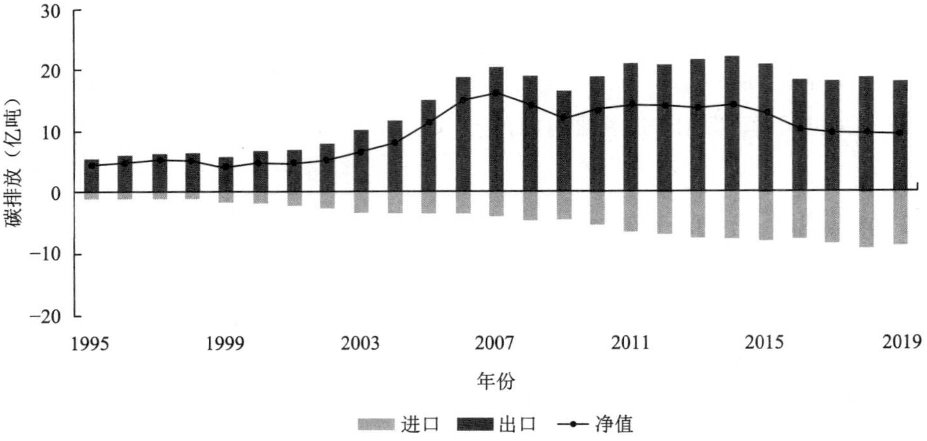

图 9-8 1995—2019 年中国对外贸易隐含碳排放

资料来源：任亚楠等（2022）。

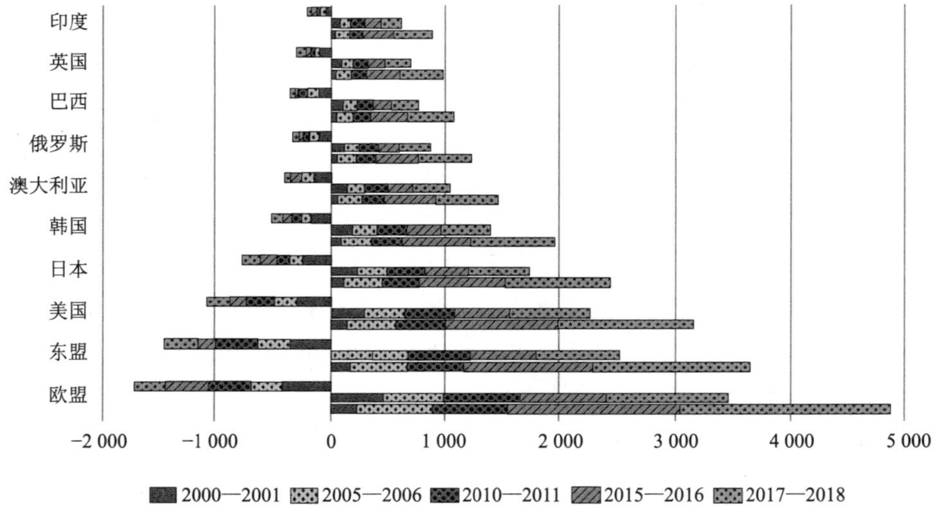

图 9-9 2000—2018 年中国对主要贸易伙伴出口隐含碳排放

资料来源：申婧怡（2024）。

但是也有另一部分学者认为，中国对外贸易的隐含污染转移效应被高估了，对外贸易甚至在一定程度上有效改善了国内环境质量。研究发现贸易开放度与中国区域二氧化硫和煤烟排放量呈负相关，说明贸易开放可能会提升环境质量，中国并未因国际贸易成为发达国家的“污染天堂”（Poon *et al.*，2006；傅京燕、张春军，2014；李小平、卢现祥，2010）。这可能是因为，资本密集型行业相对于劳动密集型产业往往污染更高，而贸易开放使得中国发挥了劳动力成本比较优势，从而促进了劳动密集型产业的发展。杜运苏、张为付（2012）利用结构分解分析法对中国出口贸易隐含碳排放的驱动因素进行了分解，研究表明出口贸易与碳排放存在复杂关系：出口规模效应是导致出口贸易隐含碳排放增长的主要动力，而直接排放系数降低和中间生产技术进步则对碳排放增长具有一定的抑制作用。整体而言，由于中国的出口品结构改善、出口品比进口品更清洁等原因，国际贸易的污染转移效应在一定程度上被抵消，参与国际贸易对中国污染减排也有有利的一面。但是随着进出口结构的调整，中国对外贸易的环境效应不断恶化，有发展成为“污染避风港”的趋势（李秀香、张婷，2004；彭水军、刘安平，2010）。

2. 能源消耗问题

部分国内学者近年来也开始关注中国进出口贸易中的能源消耗问题，主要是利用投入产出分析法定量分析中国进出口贸易中的隐含能源成本。大部分研究都表明，中国产品出口隐含能源消耗大于进口，即中国在对外贸易中承担了额外的能源消耗任务，是隐含能源的净出口国。陈迎等（2008）采用投入产出分析法测算了 2002—2006 年中国进出口产品的隐含能源，结果表明中国是隐含能源的净出口国，隐含能源进出口净值随贸易顺差的扩大呈现增长的趋势（图 9-10）；刘等（Liu X. *et al.*，2010）研究了中国和日本之间的贸易含能量，发现 1990—2000 年中国向日本净出口能源。尤其是在中美贸易中，中国长期扮演消耗国内能源、生产并出口产品的能源净出口国角色，如果美国将从中国进口的产品全部改为自己生产，则其国内的能源消耗规模与温室气体排放规模将大幅增长（Shui and Harriss，2006）。

针对中国的对外贸易含能量问题，研究者采用了不同的方法研究了中国贸易含能量变化的驱动因素。张友国（2009）分析了中国贸易对能源消费的影响，结果表明，在贸易含能量的增长贡献中，出口规模效应最大，而技术变动有效地抑制了规模效应，结构效应则很小；刘等（Liu H. *et al.*，2010）将中国出口含能量驱动因素分解为五个因子，研究表明，出口规模效应的影响最大且为正，而出口结构效应的影响虽然为正但效果相对较小，中间投入效应为正且影响逐渐变大，直接能源效率、能源消费结构效应则在不同时间段呈现出不同方向的

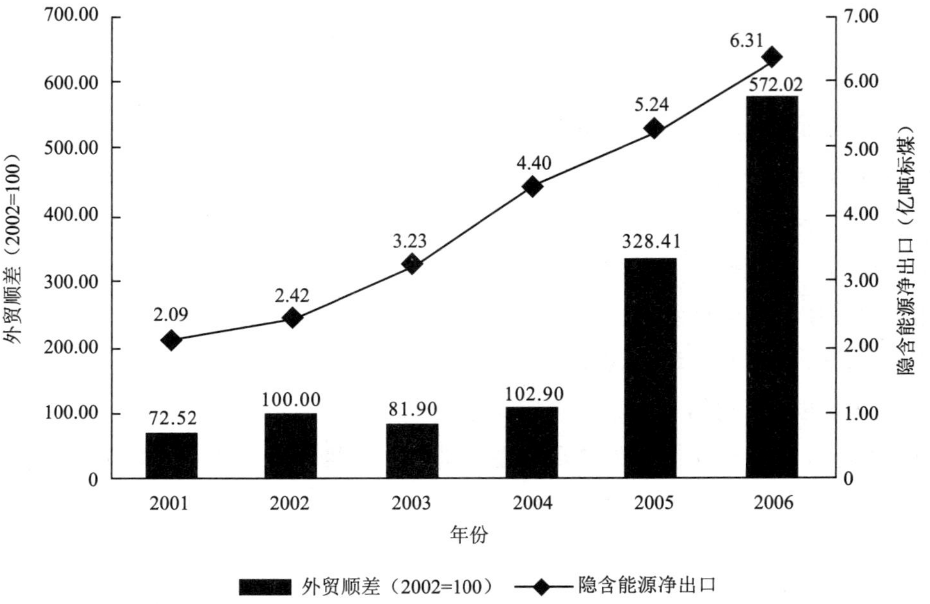

图 9-10 2001—2006 年中国对外贸易隐含能源净出口

资料来源：陈迎等（2008）。

影响效果；黄敏和刘剑锋（2011）、李艳梅和付加锋（2010）的研究也得出了相同的结论。

第六节 小结

改革开放推动中国积极融入经济全球化并成为全球重要的贸易和投资参与者，与全球几乎所有国家和地区建立了经贸往来。随着中国进出口规模和水平增长，对外贸易也成为经济学、管理学、地理学等学科的重要研究领域，产生了一批重要研究成果。作为一种空间相互作用现象，国际贸易理应是地理学者重点关注的对象，但是中国地理学者对国际贸易的研究仍显不足。可喜的是，随着共建“一带一路”倡议的不断推进，国际贸易的地理学研究逐渐增多，从宏观层面的国家间贸易格局描述和网络特性分析，到微观层面的机制探讨以及全球-地方互动，中国贸易地理研究正在不断丰富与发展。

中国贸易地理研究的关键在于发现并解释中国的特殊性。在总结现有研究基础上，我们需要关注中国贸易的经验事实是否能被国际贸易理论很好地解释，是否存在一些中国特殊性对国际贸易的独特影响。在国际贸易研究中，中国的特殊性在于以下五点：①政府特殊性。中国政府对经济的干预程度比西方国家更强，政府干预措施对贸易具有显著影响。与此同时，地方竞争、晋升锦标赛和地方保护、市场分割带来的高额国内贸易成本对国际贸易也具有显著影响。②企业特殊性。中国拥有众多的国有企业，其出口面对的信贷约束相对较低，这种优势使其可以更从容地应对国内市场扭曲的情况，进而更好地进行出口和对外直接投资。相比之下，中国的私营企业面对前所未有的国内市场扭曲，这种不公平的竞争环境促使它们"走出去"，进而形成天生具有国际化特质的企业。③贸易方式特殊性。中国存在大量的加工贸易企业，它们位于全球价值链低端生产环节。加工贸易企业"两头在外"的特征导致了中国出口生产率之谜，是出口低加成率、出口低工资等众多谜团的重要推手。④要素市场特殊性。由于特殊的户口制度和土地政策等，中国要素价格存在扭曲现象，要素市场扭曲促进了出口。另外，中国金融压抑严重，资本市场不发达导致信贷约束严重，已有研究关注产业集群商业信用对出口的促进作用，部分地解释了信贷约束与出口的不相关之谜。⑤文化特质特殊性。中国社会的差序格局可能导致移民网络对出口的促进作用更强，此外，集体主义文化特征也可能对贸易造成影响。

本章基于文献重要性和原创性等系统梳理了贸易水平、贸易格局、贸易影响因素以及贸易空间效应的文献。总体而言，中国贸易地理研究呈现如下三个特点。其一，描述性研究丰富且完善。相对于经济学的贸易研究而言，地理学的贸易研究更加关注对国际贸易的空间结构的描述，并更加注重结合时事热点、重大方针政策，空间描述手段更加精细和全面。其二，解释性研究零散且不足。虽然地理学关注各个地理变量的交互作用，然而这类研究仅展示出了"现象"，但是从未解释这种相关关系的原因。当然，也有少部分研究开始关注对贸易地理现象的解释，如部分研究从地理学的邻近性、知识溢出视角来解释贸易，但未来仍有很大的拓展空间。其三，贸易空间效应的相关研究集中于少部分议题，例如大量研究探讨贸易的环境效应，其研究方法和结论也都比较类似。

参 考 文 献

[1] Bathelt, H., N. Schuldt, 2010. International Trade Fairs and Global Buzz, Part I: Ecology of Global Buzz. *European Planning Studies*, Vol. 18, pp. 1957-1974.

[2] Blomström, M., A. Kokko, 1998. Multinational Corporations and Spillovers. *Journal of Economic Surveys*, Vol. 12, pp. 247-277.

[3] Borghini, S., F. Golfetto, D. Rinallo, 2006. *Using Anthropological Methods to Study Industrial Marketing and Purchasing: An Exploration of Professional Trade Shows.* Paper Presented at the Industrial Marketing Purchasing Conference.

[4] Ercsey-Ravasz, M., Z. Toroczkai, Z. Lakner, *et al.*, 2012. Complexity of the International Agro-Food Trade Network and Its Impact on Food Safety. *PLoS ONE*, Vol. 7, No. e37810.

[5] Ge, J., X. Wang, Q. Guan, *et al.*, 2016. World Rare Earths Trade Network: Patterns, Relations and Role Characteristics. *Resources Policy*, Vol. 5, pp. 119-130.

[6] He, C., X. Ye, J. Wang, 2012. Industrial Agglomeration and Exporting in China: What is the Link? *Regional Science Policy Practice*, Vol. 4, pp. 317-333.

[7] Jarreau, J., S. Poncet, 2012. Export Sophistication and Economic Growth: Evidence from China. *Journal of Development Economics*, Vol. 97, pp. 281-292.

[8] Liu, D., J. Liu, H. Huang, *et al.*, 2019. Analysis of the International Polysilicon Trade Network. *Resources, Conservation Recycling*, Vol. 142, pp. 122-130.

[9] Liu, H., Y. Xi, J. Guo, *et al.*, 2010. Energy Embodied in the International Trade of China: An Energy Input-Output Analysis. *Energy Policy*, Vol. 38, pp. 3957-3964.

[10] Liu, Q., L. D. Qiu, 2016. Intermediate Input Imports and Innovations: Evidence from Chinese Firms' Patent Filings. *Journal of International Economics*, Vol. 103, pp. 166-183.

[11] Liu, X., M. Ishikawa, C. Wang, *et al.*, 2010. Analyses of CO_2 Emissions Embodied in Japan China Trade. *Energy Policy*, Vol. 38, pp. 1510-1518.

[12] Ma, C., 2006. Export Spillovers to Chinese Firms: Evidence from Provincial Data. *Journal of Chinese Economic and Business Studies*, Vol. 4, pp. 127-149.

[13] Melitz, M. J., 2003. The Impact of Trade on Intra-Industry Reallocations and Aggregate Industry Productivity. *Econometrica*, Vol. 71, pp. 1695-1725.

[14] Poon, J. P., I. Casas, C. He, 2006. The Impact of Energy, Transport, and Trade on Air Pollution in China. *Eurasian Geography and Economics*, Vol. 47, pp. 568-584.

[15] Shui, B., R. Harriss, 2006. The Role of CO_2 Embodiment in US-China Trade. *Energy Policy*, Vol. 34, pp. 4063-4068.

[16] Xing, Y., N. C. Detert, 2010. How the iPhone Widens the United States Trade Deficit with the People's Republic of China. *SSRN Electronic Journal.*

[17] Yang, Y., J. P. Poon, W. Dong, 2017. East Asia and Solar Energy Trade Network Patterns. *Geographical Review*, Vol. 107, pp. 276-295.

[18] Yang, Y., J. P. Poon, Y. Liu, *et al.*, 2015. Small and Flat Worlds: A Complex Network

Analysis of International Trade in Crude Oil. *Energy*, Vol. 93, pp. 534-543.

[19] Zhou, Y., S. Zhu, C. He, 2019. Learning from Yourself or Learning from Neighbors: Knowledge Spillovers, Institutional Context and Firm Upgrading. *Regional Studies*, Vol. 53, pp. 1397-1409.

[20] Zhu, S., C. He, Y. Zhou, 2017. How to Jump Further and Catch up? Path-Breaking in an Uneven Industry Space. *Journal of Economic Geography*, Vol. 17, pp. 521-545.

[21] 曾卫锋："中国加工贸易发展机制的实证研究"，《财贸经济》，2006 年第 3 期，第 87—90 页。

[22] 陈迎、潘家华、谢来辉："中国外贸进出口商品中的内涵能源及其政策含义"，《经济研究》，2008 年第 7 期，第 11—15 页。

[23] 陈勇兵、陈小鸿、曹亮等："中国进口需求弹性的估算"，《世界经济》，2014 年第 2 期，第 28—49 页。

[24] 陈钊、熊瑞祥："比较优势与产业政策效果——来自出口加工区准实验的证据"，《管理世界》，2015 年第 8 期，第 67—80 页。

[25] 戴觅、余淼杰、M. Maitra："中国出口企业生产率之谜：加工贸易的作用"，《经济学（季刊）》，2014 年第 2 期，第 675—698 页。

[26] 戴翔、刘梦、张为付："本土市场规模扩张如何引领价值链攀升"，《世界经济》，2017 年第 9 期，第 27—50 页。

[27] 戴卓："国际贸易网络结构的决定因素及特征研究——以中国东盟自由贸易区为例"，《国际贸易问题》，2012 年第 12 期，第 72—83 页。

[28] 邓军："生产分割、空间异质性与空间依存关系——对东亚生产网络的考察"，《财贸经济》，2011 年第 3 期，第 61—66+137 页。

[29] 杜运苏、张为付："中国出口贸易隐含碳排放增长及其驱动因素研究"，《国际贸易问题》，2012 年第 3 期，第 97—107 页。

[30] 樊纲、关志雄、姚枝仲："国际贸易结构分析：贸易品的技术分布"，《经济研究》，2006 年第 8 期，第 70—80 页。

[31] 傅京燕、张春军："国际贸易、碳泄漏与制造业 CO_2 排放"，《中国人口·资源与环境》，2014 年第 3 期，第 13—18 页。

[32] 高菠阳、李俊玮："全球电子信息产业贸易网络演化特征研究"，《世界地理研究》，2017 年第 1 期，第 1—11 页。

[33] 高凌云、王洛林、苏庆义："中国出口的专业化之路及其增长效应"，《经济研究》，2012 年第 5 期，第 83—95 页。

[34] 龚雄军、崔琴、邱毅："我国劳动密集型产品出口竞争力分析与政策建议"，《国际贸易》，2021 年第 2 期，第 55—63+71 页。

[35] 郭琪、朱晟君："市场相似性与中国制造业出口市场的空间演化路径"，《地理研究》，2018 年第 7 期，第 129—142 页。

[36] 何敏、张宁宁、黄泽群："中国与'一带一路'国家农产品贸易竞争性和互补性分析"，《农业经济问题》，2016 年第 11 期，第 51—60+111 页。

[37] 贺灿飞、陈航航："参与全球生产网络与中国出口产品升级"，《地理学报》，2017 年第 8 期，第 1331—1346 页。
[38] 贺灿飞、郭佳宏、谢玉欢："基于认知邻近性的进口溢出效应对区域出口产业重构的影响"，《地理学报》，2023 年第 6 期，第 1323—1338 页。
[39] 贺灿飞、胡绪千、罗芊："全球-地方出口溢出效应对新企业进入出口市场的影响"，《地理科学进展》，2019 年第 5 期，第 731—744 页。
[40] 贺灿飞、金璐璐、刘颖："多维邻近性对中国出口产品空间演化的影响"，《地理研究》，2017 年第 9 期，第 1613—1626 页。
[41] 贺灿飞、谢秀珍、潘峰华："中国制造业省区分布及其影响因素"，《地理研究》，2008 年第 3 期，第 623—635 页。
[42] 贺灿飞、朱彦刚、朱晟君："产业特性、区域特征与中国制造业省区集聚"，《地理学报》，2010 年第 10 期，第 1218—1228 页。
[43] 贺灿飞：《高级经济地理学》，商务印书馆，2021 年。
[44] 胡兵、张明："加工贸易出口是否促进了生产率增长——基于 Malmquist 指数和动态面板模型的实证分析"，《财经科学》，2011 年第 1 期，第 82—90 页。
[45] 胡绪千、贺灿飞："沉没成本、制度环境与企业出口地理动态"，《人文地理》，2020 年第 2 期，第 75—83 页。
[46] 黄玖立、李坤望："出口开放、地区市场规模和经济增长"，《经济研究》，2006 年第 6 期，第 27—38 页。
[47] 黄敏、刘剑锋："外贸隐含碳排放变化的驱动因素研究——基于 I-OSDA 模型的分析"，《国际贸易问题》，2011 年第 4 期，第 94—103 页。
[48] 黄先海、周俊子："中国出口广化中的地理广化、产品广化及其结构优化"，《管理世界》，2011 年第 10 期，第 20—31 页。
[49] 黄新飞、舒元："中国省际贸易开放与经济增长的内生性研究"，《管理世界》，2010 年第 7 期，第 56—65 页。
[50] 简泽、张涛、伏玉林："进口自由化、竞争与本土企业的全要素生产率——基于中国加入 WTO 的一个自然实验"，《经济研究》，2014 年第 8 期，第 120—132 页。
[51] 康继军、郑维伟："中国内陆型自贸区的贸易创造效应：扩大进口还是刺激出口"，《国际贸易问题》，2021 年第 2 期，第 16—31 页。
[52] 李春顶、郭志芳、何传添："中国大型区域贸易协定谈判的潜在经济影响"，《经济研究》，2018 年第 5 期，第 132—145 页。
[53] 李春顶："中国出口企业是否存在'生产率悖论'：基于中国制造业企业数据的检验"，《世界经济》，2010 年第 7 期，第 64—81 页。
[54] 李方一、刘思佳、程莹等："出口增加值对中国区域产业结构高度化的影响"，《地理科学》，2017 年第 1 期，第 37—45 页。
[55] 李丽："对劳动密集型产业发展相关问题的思考"，《经济与管理》，2004 年第 7 期，第 34—35 页。
[56] 李伟、贺灿飞："中国出口产业的空间格局演变"，《经济地理》，2017 年第 3 期，第 96—105 页。

[57] 李文字、刘洪铎："多维距离视角下的'一带一路'构建——空间、经济、文化与制度"，《国际经贸探索》，2016 年第 6 期，第 99—112 页。
[58] 李小平、卢现祥："国际贸易、污染产业转移和中国工业 CO_2 排放"，《经济研究》，2010 年第 1 期，第 15—26 页。
[59] 李晓、付竞卉："中国作为东亚市场提供者的现状与前景"，《吉林大学社会科学学报》，2010 年第 2 期，第 17—28+159 页。
[60] 李秀香、张婷："出口增长对我国环境影响的实证分析——以 CO_2 排放量为例"，《国际贸易问题》，2004 年第 7 期，第 9—12 页。
[61] 李艳梅、付加锋："中国出口贸易中隐含碳排放增长的结构分解分析"，《中国人口资源与环境》，2010 年第 8 期，第 53—57 页。
[62] 李振发、贺灿飞："中国电子机械制造业产品内出口贸易空间布局"，《地理研究》，2021 年第 1 期，第 119—137 页。
[63] 梁经伟、文淑惠、李彦："东亚制造业生产网络的变化特征研究——基于贸易网络的分析视角"，《世界地理研究》，2019 年第 4 期，第 156—165 页。
[64] 林桂军、黄灿："出口产业向中西部地区转移了吗——基于省际面板数据的经验分析"，《国际贸易问题》，2013 年第 12 期，第 3—14 页。
[65] 刘红光、刘卫东、范晓梅："贸易对中国产业能源活动碳排放的影响"，《地理研究》，2011 年第 4 期，第 590—600 页。
[66] 刘卫东、刘红光、唐志鹏等："出口对中国区域经济增长和产业结构转型的影响分析"，《地理学报》，2010 年第 4 期，第 407—415 页。
[67] 刘修岩、吴燕："出口专业化、出口多样化与地区经济增长——来自中国省级面板数据的实证研究"，《管理世界》，2013 年第 8 期，第 30—40+187 页。
[68] 刘中伟："东亚生产网络、全球价值链整合与东亚区域合作的新走向"，《当代亚太》，2014 年第 4 期，第 126—156 页。
[69] 刘遵义、陈锡康、杨翠红等："非竞争型投入占用产出模型及其应用——中美贸易顺差透视"，《中国社会科学》，2007 年第 5 期，第 91—103 页。
[70] 卢仁祥、刘芳、孙丽江："增加值贸易视角下中国制造业贸易成本测度及其影响因素研究"，《世界经济研究》，2022 年第 11 期，第 58—71+136 页。
[71] 鲁奇、张超阳、杨春悦等："1965 年来中国对外贸易的地域差异及其格局演变"，《地理学报》，2007 年第 8 期，第 799—808 页。
[72] 麻昌港："中国-东盟经济一体化的效应、进程及影响机制分析"（博士论文），南京师范大学，2014 年。
[73] 马佳卉、贺灿飞："中间产品贸易网络结构及其演化的影响因素探究——基于贸易成本视角"，《地理科学进展》，2019 年第 10 期，第 1607—1620 页。
[74] 马远、徐俐俐："'一带一路'沿线国家天然气贸易网络结构及影响因素"，《世界经济研究》，2017 年第 3 期，第 109—122+136 页。
[75] 欧定余、陈维涛："东亚区域生产网络分工下的'FDI 贸易关联'——基于中国数据的引力模型实证分析"，《财经问题研究》，2012 年第 1 期，第 107—111 页。

[76] 欧阳峣、汤凌霄："大国创新道路的经济学解析"，《经济研究》，2017年第9期，第13—25页。
[77] 潘峰华、赖志勇、葛岳静："经贸视角下中国周边地缘环境分析——基于社会网络分析方法"，《地理研究》，2015年第4期，第775—786页。
[78] 潘文卿："中国区域经济发展：基于空间溢出效应的分析"，《世界经济》，2015年第7期，第120—142页。
[79] 彭水军、刘安平："中国对外贸易的环境影响效应：基于环境投入-产出模型的经验研究"，《世界经济》，2010年第5期，第140—160页。
[80] 齐晔、李惠民、徐明："中国进出口贸易中的隐含碳估算"，《中国人口·资源与环境》，2008年第3期，第8—13页。
[81] 秦晓丽、张艳磊、方俊森："FDI在行业内与行业间的出口溢出效应分析——基于中国微观企业面板数据的实证研究"，《宏观经济研究》，2014年第11期，第84—95页。
[82] 仇焕广、杨军、黄季焜："建立中国-东盟自由贸易区对我国农产品贸易和区域农业发展的影响"，《管理世界》，2007年第9期，第56—61+75+171—172页。
[83] 任亚楠、田金平、陈吕军："中国对外贸易的经济增加值——隐含碳排放失衡问题研究"，《中国环境管理》，2022年第5期，第49—59页。
[84] 申婧怡："增加值视角下中国对外贸易隐含碳测度研究"（博士论文），江西财经大学，2024年。
[85] 沈琪、周世民："进口关税减免与企业全要素生产率：来自中国的微观证据"，《管理世界》，2014年第9期，第174—175页。
[86] 舒榕怀："从保税区走向自由贸易区——略论我国保税区发展的趋向"，《世界经济文汇》，2000年第3期，第20—23页。
[87] 宋周莺、车姝韵、杨宇："'一带一路'贸易网络与全球贸易网络的拓扑关系"，《地理科学进展》，2017年第11期，第1340—1348页。
[88] 苏振东、洪玉娟："中国出口企业是否存在'利润率溢价'？——基于随机占优和广义倾向指数匹配方法的经验研究"，《管理世界》，2013年第5期，第12—34+46页。
[89] 孙小羽、臧新："中国出口贸易的能耗效应和环境效应的实证分析——基于混合单位投入产出模型"，《数量经济技术经济研究》，2009年第4期，第33—44页。
[90] 汤鑫、贺灿飞、王文宇："基于二元边际和贸易关系的中国农产品出口动态研究"，《中国农业资源与区划》，2022年第11期，第178—189页。
[91] 万伦来、高翔："文化、地理与制度三重距离对中国进出口贸易的影响——来自32个国家和地区进出口贸易的经验数据"，《国际经贸探索》，2014年第5期，第39—48页。
[92] 王璐、刘曙光、段佩利等："丝绸之路经济带沿线国家农产品贸易网络结构特征"，《经济地理》，2019年第9期，第198—206页。
[93] 王文宇、贺灿飞、任卓然："中国矿产资源贸易网络演化"，《自然资源学报》，2021年第7期，第1893—1908页。
[94] 王祥、强文丽、牛叔文等："全球农产品贸易网络及其演化分析"，《自然资源学报》，2018年第6期，第940—953页。

[95] 魏本勇、王媛、杨会民等："国际贸易中的隐含碳排放研究综述"，《世界地理研究》，2010 年第 2 期，第 138—147 页。
[96] 魏浩："中国出口商品结构变化的重新测算"，《国际贸易问题》，2015 年第 4 期，第 16—26 页。
[97] 文东伟、冼国明、马静："FDI、产业结构变迁与中国的出口竞争力"，《管理世界》，2009 年第 4 期，第 96—107 页。
[98] 文东伟："中国制造业出口贸易的技术结构分布及其国际比较"，《世界经济研究》，2012 年第 10 期，第 29—34+88 页。
[99] 席建成、孙早："劳动力成本上升是否推动了产业升级——基于中国工业断点回归设计的经验证据"，《山西财经大学学报》，2017 年第 5 期，第 39—53 页。
[100] 谢呈阳、刘梦、胡汉辉："消费升级、市场规模与制造业价值链攀升"，《财经论丛》，2021 年第 4 期，第 12—22 页。
[101] 许德友："中国出口型产业转移——基于时间-空间-行业的分析"，《国际经贸探索》，2015 年第 8 期，第 54—64 页。
[102] 许雄奇、张宗益："中国出口发展的地区差异实证研究：1992—2001"，《上海经济研究》，2003 年第 1 期，第 3—10 页。
[103] 闫国庆、孙琪、仲鸿生等："我国加工贸易战略转型及政策调整"，《经济研究》，2009 年第 5 期，第 66—78 页。
[104] 杨文龙、杜德斌、马亚华等："'一带一路'沿线国家贸易网络空间结构与邻近性"，《地理研究》，2018 年第 11 期，第 2218—2235 页。
[105] 杨先明、马娜："本土市场规模、市场制度与国家间生产率差异：基于跨国数据的研究"，《财经科学》，2018 年第 6 期，第 53—67 页。
[106] 易靖韬、傅佳莎："企业生产率与出口：浙江省企业层面的证据"，《世界经济》，2011 年第 5 期，第 74—92 页。
[107] 易先忠、高凌云："融入全球产品内分工为何不应脱离本土需求"，《世界经济》，2018 年第 6 期，第 55—78 页。
[108] 余淼杰：《加工贸易与中国企业生产率》，北京大学出版社，2013 年。
[109] 詹淼华："'一带一路'沿线国家农产品贸易的竞争性与互补性——基于社会网络分析方法"，《农业经济问题》，2018 年第 2 期，第 103—114 页。
[110] 张红霞、王学真、陈才："中国大陆地区对外贸易差异的演变、成因与收敛路径"，《地理科学》，2009 年第 6 期，第 802—808 页。
[111] 张杰、陈志远、刘元春："中国出口国内附加值的测算与变化机制"，《经济研究》，2013 年第 10 期，第 124—137 页。
[112] 张杰、李勇、刘志彪："出口促进中国企业生产率提高吗？——来自中国本土制造业企业的经验证据：1999—2003"，《管理世界》，2009 年第 12 期，第 11—26 页。
[113] 张晓平："中国对外贸易产生的 CO_2 排放区位转移分析"，《地理学报》，2009 年第 2 期，第 234—242 页。
[114] 张友国："中国贸易增长的能源环境代价"，《数量经济技术经济研究》，2009 年第 1

期，第 16—30 页。
[115] 赵伟、何莉：“中国对外贸易发展省际差异及其结构分解”，《经济地理》，2007 年第 2 期，第 187—190 页。
[116] 郑江淮、郑玉：“新兴经济大国中间产品创新驱动全球价值链攀升——基于中国经验的解释”，《中国工业经济》，2020 年第 5 期，第 61—79 页。
[117] 郑军、张永庆、黄霞：“2000—2014 年海上丝绸之路贸易网络结构特征演化”，《国际贸易问题》，2017 年第 3 期，第 154—165 页。
[118] 郑蕾、刘毅、刘卫东：“全球整车及其零部件贸易格局演化特征”，《地理科学》，2016 年第 5 期，第 662—670 页。
[119] 郑蕾、宋周莺、刘卫东等：“中国西部地区贸易格局与贸易结构分析”，《地理研究》，2015 年第 10 期，第 1933—1942 页。
[120] 周曙东、吴强、胡冰川等：“中国-澳大利亚自由贸易区建设的经济影响分析”，《农业技术经济》，2006 年第 6 期，第 19—23 页。
[121] 周沂、贺灿飞：“集聚类型与中国出口产品演化——基于产品技术复杂度的研究”，《财贸经济》，2018 年第 6 期，第 115—129 页。
[122] 朱晟君、胡绪千、贺灿飞：“外资企业出口溢出与内资企业的出口市场开拓”，《地理研究》，2018 年第 7 期，第 1391—1405 页。
[123] 邹嘉龄、刘卫东：“2001—2013 年中国与‘一带一路’沿线国家贸易网络分析”，《地理科学》，2016 年第 11 期，第 1629—1636 页。

第十章 国际贸易地理研究展望

第一节 引言

贸易地理学是运用地理学思维与方法研究国际贸易活动的学科，涵盖了国际贸易和贸易地理的内涵，是经济学和地理学关注的重要领域。传统贸易地理学早在殖民时代就开始了对帝国贸易体系与世界市场的研究，但是以描述性记录居多；直到20世纪以来，贸易地理学才在综合性空间思维、关系思维、演化思维等视角启发下获得新的发展，在全球贸易网络、全球-地方互动、全球价值链与全球生产网络、非经济多维邻近性等方面都取得丰富的成果。现有贸易地理学研究主要描述对外贸易的地理网络格局及其演化，注重结合时事热点和重大方针政策，空间描述方法更加精细和全面。经济地理学综合性空间思维强调超越经济视角审视经济现象，认为对外贸易嵌入在双方社会经济文化政治制度环境中，应以多维度变量解释国际贸易格局；经济地理学将国家和地区间贸易视为全球市场相互依赖的重要支撑，是全球联系中最重要的网络，应通过网络思维将地方与全球联系起来；经济地理学重视贸易主体多样化与地方异质性的互动关系，将地理与贸易联系起来，引入综合思维、空间思维、网络思维，强调多主体和地方异质性的分析范式，是国际贸易研究中的不可或缺的理论力量。

新时代的国际贸易呈现出新特征，同时也呼唤新时代的研究思维与视角。经济全球化造成了“时空压缩”，减少了地理距离对跨界经济联系的制约，但这并不意味着“地理的终结”。在经济全球化时代，地方通过资本、知识、服务、商品等与全球市场紧密联系，从而实现全球-地方互动，但是这种互动并不完全由经济因素决定，地方独特的市场、资源、文化与制度都会成为经济联系产生的动力。全球化通过强化全球-地方联系，改变了国家力量与领土边界的内涵，放大而非消弭了地方异质性，是一个尺度重构的过程。经济地理学对“全球化”的尺度重构，改变了地方的内涵：地方不再仅是“地方-国家-全球”垂直体系中的一个特定层级；相反，地方成为不同行动者实现跨尺度、跨边界联系的“场所”。本土与外来行动者共聚、协作与竞争所产生的资本、资源、知识、商品、服务与制度联系，成为影响地方发展的重要力量，构成了区域发展的全球-地方联系。国际贸易地理学基于联系视角发展了一系列具有代表性的理论分析框架，如全球生产网络、全球贸易网络、全球通道-本地蜂鸣等。

本书聚焦全球贸易网络体系、全球-地方互动等地理学研究话题，重点展现经济地理学研究的空间异质性、多主体互动、综合性思维、多尺度和跨尺度视角等特点。前四章作为总览概括的第一部分，分别介绍了国际贸易的发展历程、国际贸易理论的演进脉络、经济学和地理学视角下的国际贸易研究与地理因素的结合。后五章作为专题介绍的第二部分，分别介绍了贸易地理研究领域的几个热点话题：国际贸易网络、区域一体化、国际贸易的地方效应与环境效应以及中国贸易地理研究。总的来说，通过引入空间思维、网络思维、关系思维等，地理学研究拓展了传统国际贸易研究的范围和成果。但是当前贸易地理研究同样存在着诸多不足，例如：解释性研究零散且不足，虽然地理学关注各个地理变量的交互作用，然而这类研究仅展示“现象”，未解释这种相关关系的原因；对外贸易的空间效应研究也只集中于少部分议题，如探讨对外贸易的环境效应等。贸易地理学还处于不断探索、不断发展的过程中，随着国际贸易的进一步演化与相关理论的进一步发展，地理学视角对于国际贸易研究仍有独特的边际贡献，亟待后来学者丰富这一领域的研究。

第二节　国际贸易近期研究热点

一、贸易制裁与韧性

近年来，中美贸易战、俄乌冲突等地缘政治事件表明贸易保护主义正逐步蔓延，国际贸易制裁迅速扩张。贸易制裁是指某个国家对某类产业出台贸易保护政策，进而与贸易合作国发生贸易争端，主要形式包括反倾销、反补贴和技术性贸易措施等。而在新一轮中美贸易摩擦中，美国还实施了技术出口管制手段。目前贸易制裁研究主要集中在以下三个方面。

一是贸易制裁对东道国的影响。首先是贸易方面，当企业在某一国家遭遇贸易制裁时，市场份额将明显下降，削弱了企业的国际竞争力（Benguria *et al.*，2020）。同时企业会将贸易转向其他国家，导致贸易市场结构发生变化（Jiao *et al.*，2024）。其次是创新方面，贸易制裁对创新活动的影响存在两种观点，即抑制效应和促进效应（刘斌、李秋静，2023）。一方面，出口管制使本土企业无法从外部引入先进技术以及开展跨国联合研发，海外扩张受到阻碍，生产运营遭受打击，导致收入和利润下降，研发投入减少，进而阻碍技术创新（Kong *et al.*，2024；干越倩、王佳希，2023；余典范等，2022）。另一方面，外国技术打压和供应链中断虽在短期内对企业造成了冲击（李正卫等，2024），但长期来看本土企业自主创新意识会大幅增强，不仅会加大创新资源投入，创新能力也能得到提高（Li *et al.*，2025；蔡中华等，2023；王珊珊等，2023；余典范等，2022）。再次是外资方面，贸易制裁可能会刺激外资企业撤资，转向第三方国家进行投资，以降低出口到制裁国家的贸易成本（Liu *et al.*，2025）。最后是融资方面，被制裁企业经营风险上升，盈利能力急剧下降，严重影响企业的内部融资能力。贸易制裁导致企业资本市场的投资者会对企业未来盈利能力持悲观态度，外部融资约束会进一步加剧（首陈霄、谈振林，2024；夏芸等，2023）。

二是贸易制裁对母国的影响。对其他国家实施贸易制裁的同时也会给自身带来负面影响。从短期来看，母国企业因遵守国家贸易制裁规定不得不放弃被制裁国市场，并且容易受到其他国家的反制裁措施（Huang *et al.*，2023；Itakura，2020；田开兰等，2021）。比如，在欧盟对俄罗斯实行贸易制裁后，欧盟受反噬效应影响，面临更加紧张的供应形势，能源和大宗商品价格飙升，进口成本明显增加。多轮制裁令欧洲企业遭受巨大损失，不仅失去了俄罗斯市场，还导致民众工资严重缩水，购买力下降。

三是贸易制裁对全球价值链的影响。经济全球化背景下，各国的贸易体系、供应链体系等相互依存。出口管制等贸易制裁会扰乱自由贸易体系下形成的以优化资源配置为导向形成的全球产供链体系，加剧全球商品的供需失衡，使各国的运输和交易成本上升，同时给金融和投资带来间接的负面影响（Huang *et al.*，2023；程凯、金缀桥，2023；王珊珊、孙程九，2023；周先平等，2023）。第三国迫于大国次级制裁的压力，不得不选择退出被制裁国家市场。特别是制裁和反制裁的不断循环还会进一步破坏全球产供链的稳定，提升贸易成本。被制裁国家被迫加速构建本土供应链，提高长期抗风险的能力，但短期内面临显著的产能压力。

面对外部环境的不确定性和风险，一些经济体能够积极应对危机并依然保持逆境中发展的能力，而有些经济体则表现出不堪一击的脆弱，韧性被认为是解释这种差异的关键（Boschma，2015；Hartal *et al.*，2023；Martin，2012；Pontarollo and Serpieri，2020；Sensier and Devine，2020；李连刚等，2019）。越来越多的研究开始关注区域和企业在应对外部冲击时所表现出的出口"韧性"（贺灿飞等，2019）。区域经济韧性通常包含三种解释：强调区域可以恢复到震荡前稳态或平衡路径的工程韧性；强调区域受到冲击后产生新的均衡状态，改善其功能、结构和性能的生态韧性；强调不存在均衡态，区域受到冲击后不断调整经济社会结构、功能，适应且并抵抗冲击，最终达到最佳能力的演化韧性（Hudson，2010；Martin and Sunley，2015；Martin *et al.*，2016；贺灿飞、盛涵天，2023）。现有研究对韧性影响因素的分析集中在内部资产上，关注多样化和专业化结构在应对冲击时的恢复与抵抗作用。出口产品和市场多样化有利于分散风险，降低外部冲击的负面影响，增强区域和企业出口韧性，对区域和企业抵御风险和恢复出口的程度都具有显著的提高作用，同时也可以提供足够的缓冲和迂回发展空间（Cainelli *et al.*，2019；陈奕玮、吴维库，2021；郭将、许泽庆，2019；贺灿飞、陈韬，2019；刘慧、綦建红，2021；徐圆、张林玲，2019）。反之，产业过于专业化会增加脆弱性，不利于应对外生冲击带来的风险，尤其是如果主导产业受到冲击，其他相关行业可能受到波及。然而，尽管多元化产业结构有利于分散风险，但资源过于分散不利于冲击后的恢复，其作用取决于区域产业间的相关程度（郭将、许泽庆，2019；王文宇等，2021）。当本地产业关联程度较高时，只要能够增强地区劳动力或资本等要素的流动性，该产业在冲击后依然能很快恢复，可以作为很好的"减震器"。不过，当面临重大冲击时，相关多样化的产业结构也会传导风险。

二、贸易的环境效应

随着全球绿色转型和可持续发展目标的推进，贸易与环境的平衡、协调及可持续成为国际贸易领域亟待解决的问题。贸易的环境效应是重要研究议题，主要呈现三种观点：贸易有害论、贸易有益论及贸易环境复杂论。贸易有害论认为，由于各国环保标准存在差异，国际贸易会过度消耗资源并使环境恶化（Xu *et al.*，2020；胡艺等，2019；刘啟仁、陈恬，2020）。贸易有益论认为，对外贸易尤其是进口贸易，通过引进先进、清洁的技术，进口绿色产品和提高资源配置效率，可以达到改善环境的目的（Cherniwchan，2017；Cui and and Qian，2017；王柏杰、周斌，2018）。贸易环境复杂论认为，各国环境规制、环境防治技术、贸易结构、贸易方式等均存在差异，因此国际贸易与环境的关系是复杂的。综上，学界对贸易与环境的关系尚未达成共识（胡兆廉、石大千，2019）。

根据已有相关研究，国际贸易影响环境的理论机制可以总结为以下两个方面：一是规模-结构-技术效应。规模-结构-技术效应是国际贸易影响环境的主流分析框架。格罗斯曼等发现经济增长和环境污染之间呈倒 U 形关系，首次提出了环境库兹涅茨曲线，并开创性地将贸易对于环境的影响具体界定为规模效应、技术效应和结构效应（Grossman and Krueger，1992）。规模效应即贸易自由化可能扩大经济活动的规模，带来更多的能源消耗和污染；技术效应指贸易自由化可能会推动生产技术升级，进而降低单位产出的污染排放；结构效应指贸易自由化会进一步使得国家按照自身的比较优势进行专业化生产，如果该国进一步专业化于污染密集型行业，那么污染就会加重，反之则污染减轻。后续研究大致采取类似思路，分析贸易自由化对环境绩效的具体影响。不仅深入探讨了不同产品的污染密集度进而判断贸易的环境效应，还注意到了内生于贸易与增长的地方环境规制可能对总体效应产生异质性影响（康志勇等，2020；王洪庆、张莹，2020）。二是环境规制效应。污染避难所假说指出在贸易开放条件下，发达国家会将污染产业转移到发展中国家，从而产生跨界污染，引起发展中国家环境恶化。此外，东道国的环境规制尤其是环保标准及环境税会刺激和强迫企业加强技术创新，提高生产减排技术及出口产品环境质量，进而满足消费者对绿色产品和企业出口的需求，实现企业绿色全要素生产率的提高，最终改善环境质量。

此外，学者们尝试测算生产不同产品所需的能源资源和污染排放，据此分析国际贸易流中暗含的各种能源资源和污染排放流动（Fernández-Amador *et al.*，2023）。其中，研究重点关注了贸易流中隐含的碳排放和虚拟水。在全球变暖的背景下，碳排放的全球空间转移是研究重点关注的内容。国内外学者对贸易隐含碳的概念内涵、排放规模、流动足迹、影响因素等进行了大量理论和实证研究（Assogbavi and Dées，2023；Duan *et al.*，2022；Tukker *et al.*，2020；Wang *et al.*，2018；李晖等，2021；吕延方等，2019；吕越、吕云龙，2019；阳立高等，2024；姚秋蕙等，2018）。在使用方法上，多区域投入产出模型和产品生命周期法等被用于测算贸易隐含碳排放规模及碳足迹，结构分解法和指数分解法等被用于锚定贸易隐含碳排放的影响因素。在宏观层面，一些学者以全球、国家联盟等为对象，研究国际贸易引发的碳排放空间转移对世界碳排放格局的影响。贸易隐含碳规模和方向在很大程度上由国际技术差异决定，总体而言，发达国家为“净进口”碳排放国家，发展中国家为“净出口”碳排放国家，碳排放沿全球价值链从发达国家转移到发展中国家。发达国家在生产外包的同时也实现了“碳排放外包”，进而实现了经济增长和碳排放的脱钩（Banerjee，2021；潘安，2018）。在微观方面，也有学者以单一的国家或地区为案例，对碳排放跨区域转移量进行核算。其结论均证明了区域间贸易引起的碳排放迁移量在区域碳排放总量中占据着不可忽视的比重，对单个国家和地区的碳排放总量及构成具有显著影响（肖雁飞等，2014）。

虚拟水的概念最早由艾伦（Allan）提出，指生产商品或服务所需的水资源。在全球气候变化的背景下，虚拟水贸易为解决区域水资源安全和粮食安全问题提供了新思路（洪思扬等，2022；于晓华等，2021）。虚拟水贸易主要通过农产品及其他商品的国际贸易，将水资源隐含地从水资源丰富的国家或地区“转移”至水资源短缺的区域。这种资源的隐性转移对于缓解因人口增长和消费模式变化等带来的水资源压力具有重要意义，在水资源分布不均的地区尤为关键。近年来，越来越多的研究在不同空间尺度上探讨了与农作物贸易可持续性相关的水足迹，以评估农作物贸易对水资源可持续利用的影响。目前，国内外学者已采用多种方法核算虚拟水贸易及其可持续性评估，包括 CropWat 模型、GEPIC 模型和多区域投入产出模型等（曹涛等，2018；孙思奥等，2019）。

三、全球化与区域性贸易

自由贸易体系下，各国企业在全球范围内优化生产流程和资源配置，以提高生产效率降低生产成本，进而形成了全球生产网络。得益于交通通信技术普及所带来的红利，全球专业化分工加深，全球价值链快速发展（Antràs *et al.*，2012；Johnson and Noguera，2012）。全球价值链研究普遍采用基于投入产出表的增加值核算方法，主要包括前向分解（出口视角）和后向分解（最终需求视角）两种技术路径（Antràs and Chor，2017；Chor *et al.*，2021；Koopman *et al.*，2014；Wang *et al.*，2017；祝坤福等，2022）。全球价值链为欠发达国家和地区提供了参与贸易的机会，有助于消除全球贫困和提高国家生产率。全球价值链向东转移，中国逐渐成为全球价值链新的核心国家。虽然发达国家和发展中国家在全球价值链中获得的福利存在差异，部分研究发现发展中国家的进口竞争导致发达国家制造业就业流失，从而引发了对全球化的悲观情绪。然而，其并未考虑到发达国家服务业专业化在全球生产中创造了更多的就业机会，抵消了制造业的下降。

一些学者发现全球贸易多是区域性的，全球价值链具有区域集中分布特征（葛阳琴、谢建国，2017），由此延伸出区域价值链这一概念，更加强调区域分工下的价值创造过程（高敬峰、王彬，2020；魏龙、王磊，2016）。WTO 根据贸易增加值空间分布的密集程度将全球价值链划分为东亚区域价值链、北美区域价值链和欧洲区域价值链。世界贸易网络的结构变得去中心化，区域内密度大于区域间密度，区域内联系强于区域间联系。传统的区域核心国家因其较为完整的产业结构和市场韧性得以寻求价值链的本土化，并通过自身的技术优势和规模优势进一步向价值链上游靠近；区域内其他国家则依附于这些核心国家，嵌入核心国家主导的产业分工。最为典型的国家即越南和墨西哥，二者分别嵌入中国和美国主导的区域价值链，对核心国家市场高度依赖。而对于远离核心国家的后发国家而言，通过参与全球价值链实现工业化的难度加大。近年来，贸易摩擦的频发、地缘冲突的加剧以及公共卫生事件的爆发对全球供应链的冲击凸显了各国间经济的相互依存关系，促使各国开始采取措施调整产业链布局，寻求产业链布局的本土化和近邻化，进一步加速了全球价值链的重构进程，贸易的区域化现象凸显。后疫情时代，以美国为首的西方发达国家开始调整战略产业布局，通过“友岸外包”“近岸外包”和“回流”实行所谓“去风险化”战略（张建平、董建业，2024）。通过将关键产业链转移至“友好国家”，保护重要原材料和零部件的获取渠道，巩固自身在全球价值链上的地位。这些行为对中国在某些关键领域产生了挤出效应，以期将中国边缘化。

四、复杂网络与国际贸易

流空间理论强调侧重于单边或双边贸易视角，较难全面把握全球贸易关系，国际贸易的网络化研究日益涌现。贸易网络研究将国际贸易看作一个相互依存的复杂网络，用节点表示国家，用边表示贸易流，采用复杂网络分析来探索贸易网络的性质和结构。贸易网络研究主要包括三个方面：

一是针对国际贸易全局的描述，理解世界贸易网络的性质。主要是采用社会网络分析方法理解世界贸易网络结构和性质，同时验证传统复杂网络分析在贸易网络研究的适用性（Chaney，2014；De Benedictis and Tajoli，2011；王文宇、贺灿飞，2022）。早期研究主要关注世界范围内各个贸易节点及其贸易联系的相关网络指标随时间变化的规律，旨在描绘贸易网络的形态特征。研究通过网络平均最短距离、集聚度、节点度分布等指标来测度国家间贸易网络的拓扑特征，其中“核心-边缘”结构是最早在研究中发现的性质。国际贸易网络通常表现出典型的复杂网络特征，包括幂律分布、无标度分布、小世界属性、马太效应、负向匹配网络和不同节点间的度相关性等（Fagiolo *et al.*，2010；Ward *et al.*，2013；任亚文等，2023；杨文龙等，2018）。除了研究世界贸易网络的性质外，相关研究还涉及其结构和性质的动态演化过程。随着世界贸易网络的逐渐密集，国家在贸易网络中的位置决定其在世界生产分工体系中的功能，同时影响了其在全球价值链中的地位。

二是深入到子网络，探讨特定贸易网络的性质和特征，如特定产品和特定地区的贸易网络。贸易网络研究将视角深入到世界贸易网络的内部，探究子网络的属性和情况，即区域贸易网络和产品贸易网络。学者们研究不同产品和区域贸易网络中的相关指标，并与包含全产品的世界贸易网络进行比较，试图发现和解释世界贸易网络出现的特征，如高连通性和高密度、社群特征，多核心的复杂网络结构（Akerman and Seim，2014；Yang *et al.*，2017；Yang *et al.*，2015；丛海彬等，2021；管靖等，2022；李光勤等，2022；任亚文等，2023；王念等，2022；夏启繁等，2022；郑蕾等，2016）。产品贸易网络研究发现世界贸易网络的高连通性与特定产品直接相关，不能通过简单叠加产品网络来解释整个贸易网络（陈韬、贺灿飞，2020）。贸易网络的"社群结构"与地理空间高度相关。对子网络的研究丰富了学者对网络的理解和分析视角，使研究逐渐关注网络中的权力结构（庄德林等，2022）。贸易大国间贸易强度大、集聚性强，表现出一定的贸易"富人俱乐部"现象（王文宇、贺灿飞，2022）。

三是与其他贸易研究主题相结合，并与实际问题紧密联系。此阶段，经济地理、国际贸易学者开始积极参与，关注网络中国家节点与传统主题的结合研究，并逐渐与一些实际问题进行联系，融入各学科领域的主流研究中。大量的实证研究证实了复杂网络分析不仅可以展示贸易网络的结构和性质，还可以从新的角度来讨论传统贸易研究中的相关问题，如区域化与全球化、贸易协定、贸易政策、贸易与收入、风险与冲击等。

五、数字经济与贸易

随着数字经济的快速发展，数字贸易在全球范围内迅速发展。数字贸易被认为是数字经济发展到一定程度而产生的新型贸易形式，是在传统贸易模式基础上，借助互联网等数字化技术的应用以及全球化进程的推动而兴起的（Ma *et al.*，2019；Meltzer，2019）。数字贸易早期被认为是跨境电商，而随着数字技术的不断发展以及在贸易中的广泛运用，跨境电商的内涵不断地延伸与拓展，最终形成了数字贸易这一概念。尽管国际上对于数字贸易尚无明确定义，但目前已有共识认为，传统的货物贸易和服务贸易借助数字技术已转变为数字贸易，如通过电商平台进行的跨境货物贸易，通过软件平台进行的跨境服务贸易等；此外，某些数据贸易形式也借助数字技术成为可能，如搜索引擎、云服务提供的数据和数据的跨境流动等（孙杰，2020；余淼杰、郭兰滨，2022）。

已有研究从不同角度探讨了数字贸易的积极影响（吴伟华，2019）。一是数字贸易对贸易成本和效率的影响。数字贸易能够通过大数据、云计算等技术降低贸易成本，提高效率（Meltzer，2019；鞠雪楠等，2020；张洪胜、潘钢健，

2021）。数字技术将众多商家和差异化的商品汇集于一个平台，有效缓解信息摩擦与不对称问题，提高搜寻效率，促进供需匹配（Dinerstein *et al.*，2018；Jolivet and Turon，2018；孙浦阳等，2017）。企业通过跨境电商平台可直接接触最终客户，简化交易环节和流程，实现去中介化，降低贸易企业的市场信息和沟通成本（González and Jouanjean，2017）。数字化运输能够整合物流企业和提供一体化物流解决方案，实现运输规模和资源的效应最优化，降低商品物流成本。二是数字贸易的规模经济与范围经济优势更加明显。与仅通过追求产品数量从而达到规模经济的传统贸易模式不同，数字经济时代下通过全网搜索、大数据技术等方式使得企业享受到规模经济和范围经济带来的优势。规模经济和范围经济的优势可相互转化，进而提高抵御风险的能力，降低贸易成本。三是对全球价值链的影响。在数字贸易有所发展之前，发达经济体和发展中国家的小企业与全球价值链是脱节的。在大数据、区块链、云计算等技术加持下，传统的比较优势如基础设施的重要性相对降低，内陆或偏远地区以及基础设施欠发达的经济体也在不断地融入全球价值链。数字贸易使得大量低生产率的中小企业进入国际市场成为可能，挑战了新新贸易理论中“异质性主要体现为生产率差异”这一假设。

跨境电商作为主要的数字贸易形态，正广泛而深刻地影响全球贸易格局，一些研究聚焦跨境电商展开讨论。一是探究跨境电商对企业出口能力的影响。跨境电商能够通过降低信息成本和强化规模经济促进出口沿着扩展边际与集约边际实现增长（马述忠、房超，2021）。跨境电商显著提高了出口和进口产品质量（张洪胜、潘钢健，2021），通过简化贸易流程、增加可贸易商品和服务种类以及改善贸易条件，有效降低了中小企业和规模较小国家进入国际市场的门槛。二是跨境电商是否会导致“距离的死亡”以及是否会衍生出新型贸易成本（Martens，2013）。与传统贸易相比，跨境电商最大优势在于其能够依托互联网等信息技术突破时空局限，为买卖双方提供更便捷的沟通与交易渠道（Kim *et al.*，2017），地理距离的阻碍作用大幅降低（Alaveras and Martens，2015；Gomez-Herrera *et al.*，2014；马述忠等，2019）。虽然地理距离对跨境电商的阻碍程度不及传统贸易，但仍然是货物贸易的显著阻碍因素，同时跨境电商也存在显著的“本地偏好效应”（Lendle *et al.*，2012）。此外，也有激进的学者认为地理距离对跨境电商已经没有显著阻碍作用，而文化距离却发挥更加重要的作用。跨境电商小型包裹运输相比于线下大型规模经济货物运输的平均运输成本往往更高，多批次的小型包裹运输费用成为跨境电商交易中额外增加的新贸易成本（Gomez-Herrera *et al.*，2014；Lendle *et al.*，2012）。

第三节 国际贸易地理未来研究展望

虽然地理对国际贸易具有重要影响，但是经济地理学对国际贸易却并未给予特别关注，对国际贸易研究的贡献相对分散，尚未提出有助于理解贸易地理的综合理论框架。实际上，经济地理学曾有国际贸易研究的传统，但由于国际贸易研究与经济地理学的区域化思想背道而驰，直到近年来，经济地理学才逐渐重视国际贸易作为全球通道对区域发展的深远影响。未来经济地理学可以从贸易的风险化、绿色化、区域化、网络化以及数字化等方面展开研究，为国际贸易研究提供地理学者的智慧和贡献。

在贸易的风险化方面，随着中国综合实力的不断提升，以美国为代表的西方国家的贸易制裁在短时间内难以完全停止，甚至可能愈演愈烈。学者在开展贸易制裁与韧性相关研究时可将研究视角进一步扩展，拓宽现有研究边界。首先，贸易制裁是否以及如何影响企业创新，这一问题仍存在分歧。当前研究多是从创新投入、创新产出单一视角出发考察贸易摩擦与企业创新的关系。而企业创新不仅仅是投入和产出，还要考虑创新速度、创新质量、创新效率、创新模式等方面。其次，贸易制裁如何影响全球生产分工，重塑全球贸易网络结构。贸易制裁导致的原材料、中间品与设备的断供会波及哪些第三方国家和企业，第三方国家和企业会采取什么方式降低贸易风险以及增强韧性。最后，贸易制裁可能对目标国不同行业和企业产生差异化影响，表现为韧性水平的差异。例如，制裁可能导致某些行业或企业受到更大的负面影响，而其他行业和企业则可能因适应制裁环境而受益。未来研究需要讨论行业和企业的哪些特征能够降低贸易制裁的破坏性，在较短时间内形成恢复力，以增强韧性。

在贸易的绿色化方面，现有研究尚未建立统一的分析框架，因而对贸易和环境的相关问题缺乏连续、系统的研究，研究深度和广度也有待提高。目前隐含碳排放转移研究成果多以国际贸易碳转移为主，缺乏国家内部的省际贸易碳转移研究，缺乏碳转移动态驱动机制的探索。未来研究一方面需要重视国际、省际碳排放转移间的协同研究，通过建立统一的评估核算体系整合省际贸易和国际贸易，分析其互动关系与互动作用，为更科学准确地评估和优化区际碳转移提供更精确的分析基础。另一方面，需要揭示区际碳排放转移的动态驱动力及驱动机理，即将驱动力本身的动态变化以及多种驱动力的动态相互作用机制纳入研究中。分析碳转移时空演变过程背后驱动力的种类、规模及多种驱动因素间的相互作用是如何进行动态变化的，这种动态变化对碳转移时空格局的影响过程、影响结果又是怎样的，这对于更加科学、完善、准确地揭示区际碳转移形成和演化动力机理具有重要创新意义。此外，在全球价值链不断变迁的视角下，贸易隐含碳足迹和流动方向均有待继续跟踪考察，而云计算、大数据技术结合实地调研抽样可提供更加完备和详尽的数据。从微观角度考察企业绿色化转型、数字化转型对贸易隐含碳的影响也是未来重要研究方向之一。

在贸易的区域化方面，需要重点关注中美贸易战、俄乌冲突等地缘政治事件对贸易区域化的多维影响。例如，在中美经贸博弈过程中，全球价值链将受何影响，发生何种重构？“区域化”和“逆全球化”如何度量？“区域化”和“逆全球化”对中美经济以及世界经济有何影响？美欧等西方发达国家通过推行“友岸外包”“近岸外包”和“本土回流”措施，是否能够有效促进全球价值链中高端环节回流？与此同时，随着我国劳动力成本大幅度上升，资源环境约束趋近，叠加西方发达国家脱钩断链的压力，“中国制造”是否会向越南等成本更低的发展中国家转移？中国应该如何应对全球价值链的变化，是否应该以及如何巩固国内价值链、打造自己主导的区域价值链？这些研究将为我国应对全球价值链的变化，实现我国产业升级和全球价值链上的地位攀升，保障经济稳定增长以及就业稳定奠定重要的研究基础。

在贸易的网络化方面，经济地理学持续从网络科学中寻求灵感，直接推动了经济地理学的网络转向。网络研究的拓扑空间思想丰富了经济地理学对距离和规模的理解，孕育出经济地理学对多维邻近性和关系的关注。然而，关系经济地理学作为主要承接经济地理网络范式的主要理论思潮，对现阶段网络科学的研究方法与思维应用仍然比较有限，而且较少与贸易网络研究进行理论对话。未来研究需要深入分析现阶段关系经济地理学的网络思潮与贸易网络的区别，重新思考经济地理学在关系视角下应该以何种方式参与到贸易网络的讨论中以及未来经济地理贸易研究中的理论发展侧重方向。一方面，重视机制探索、网络概念的经济地理学解释和多维网络的相互耦合关系研究。为了兼顾关系经济地理学的理论基础和网络方法的运用，集群尺度是经济地理学贸易网络研究的合适尺度，需要重视全球集群网络理论的运用；另一方面，社会网络分析方法和理论的引入，需要重新认识关系经济地理学的现有理论。如临时性集群可以看作社会网络的“结构洞”，而“全球通道”可以看作集群间的“弱关联”，以此利用新方法来加强学科的理论解释力。结合学科的优势，经济地理学者应该发展空间多维关联与贸易网络演化的理论，将贸易作为社会经济活动的一部分，研究其不同维度和类型的网络协同演化机制。

在贸易的数字化方面，数字贸易研究具有较大的拓展空间，目前对数字贸易的相关理论与实证研究还处在不断探索之中。首先，传统贸易理论与数字贸易深度融合的研究仍处于初步阶段，需要建立一个统一的、内在自洽的以及包含数字经济与国际贸易在内的统一理论框架来解释数字贸易现象以及数字贸易与传统贸易的区别和联系；其次，需要结合静态和动态模型对数字贸易领域的实证发现给出理论解释；最后，目前数字贸易研究相对较少，一个很重要的原因是跨境电商交易数据难以获取，缺乏公开的客观数据，现有研究的数据来源主要是网上消费者调查问卷、调研访谈数据、某平台或网站的内部交易数据，而这些数据获取途径非常有限且可能具有较大主观性。随着大数据技术的发展，未来研究利用网络爬虫技术获取跨境线上交易数据具有现实可行性，或者是创新研究方法如使用计算机仿真模型以解决跨境电商数据获取的难题。

参 考 文 献

[1] Akerman, A., A. L. Seim, 2014. The Global Arms Trade Network 1950-2007. *Journal of Comparative Economics,* Vol. 42, pp. 535-551.

[2] Alaveras, G., B. Martens, 2015. International Trade in Online Services. *SSRN Electronic Journal.*

[3] Antràs, P., D. Chor, 2017. On the Measurement of Upstreamness and Downstreamness in Global Value Chains. *Econometric Modeling: Macroeconomics eJournal.*

[4] Antràs, P., D. Chor, T. Fally, *et al.*, 2012. Measuring the Upstreamness of Production and Trade Flows. *American Economic Review*, Vol. 102, pp. 412-416.

[5] Assogbavi, K. K. E., S. Dées, 2023. Environmental Policy and the CO_2 Emissions Embodied in International Trade. *Environmental and Resource Economics*, Vol. 84, pp. 507-527.

[6] Banerjee, S., 2021. Addressing the Carbon Emissions Embodied in India's Bilateral Trade with Two Eminent Annex-Ⅱ Parties: With Input-Output and Spatial Decomposition Analysis. *Environment, Development and Sustainability*, Vol. 23, pp. 5430-5464.

[7] Benguria, F., J. Choi, D. Swenson, *et al.*, 2020. *Anxiety or Pain? The Impact of Tariffs and Uncertainty on Chinese Firms in the Trade War*. NBER Working Papers.

[8] Boschma, R., 2015. Towards an Evolutionary Perspective on Regional Resilience. *Regional Studies*, Vol. 49, pp. 733-751.

[9] Cainelli, G., R. Ganau, M. Modica, 2019. Industrial Relatedness and Regional Resilience in the European Union. *Papers in Regional Science*, Vol. 98, pp. 755-779.

[10] Chaney, T., 2014. The Network Structure of International Trade. *American Economic Review*, Vol. 104, pp. 3600-3634.

[11] Cherniwchan, J., 2017. Trade Liberalization and the Environment: Evidence from NAFTA and US Manufacturing. *Journal of International Economics*, Vol. 105, pp. 130-149.

[12] Chor, D., K. Manova, Z. Yu, 2021. Growing like China: Firm Performance and Global Production Line Position. *Journal of International Economics*, Vol. 130, No. 103445.

[13] Cui, J., H. Qian, 2017. The Effects of Exports on Facility Environmental Performance: Evidence from a Matching Approach. *The Journal of International Trade & Economic Development*, Vol. 26, pp. 759-776.

[14] De Benedictis, L., L. Tajoli, 2011. The World Trade Network. *The World Economy*, Vol. 34, pp. 1417-1454.

[15] Dinerstein, M., L. Einav, J. Levin, *et al.*, 2018. Consumer Price Search and Platform Design in Internet Commerce. *American Economic Review*, Vol. 108, pp. 1820-1859.

[16] Duan, C., W. Zhu, S. Wang, *et al.*, 2022. Drivers of Global Carbon Emissions 1990-2014. *Journal of Cleaner Production*, Vol. 37, No. 133371.

[17] Fagiolo, G., J. Reyes, S. Schiavo, 2010. The Evolution of the World Trade Web: A Weighted-Network Analysis. *Journal of Evolutionary Economics*, Vol. 20, pp. 479-514.

[18] Fernández-Amador, O., J. F. Francois, D. A. Oberdabernig, *et al.*, 2023. Energy Footprints and the International Trade Network: A New Dataset. Is the European Union Doing It Better? *Ecological Economics*, Vol. 20, No. 107635.

[19] Gomez-Herrera, E., B. Martens, G. Turlea, 2014. The Drivers and Impediments for Cross-Border E-Commerce in the EU. *Information Economics and Policy*, Vol. 28, pp. 83-96.

[20] González, J. L., M. A. Jouanjean. 2017. *Digital Trade: Developing a Framework for Analysis*. OECD Trade Policy Papers.

[21] Grossman, G. M., A. B. Krueger, 1992. Environmental Impacts of a North American Free Trade Agreement. *CEPR Discussion Papers*, Vol. 82, pp. 223-250.

[22] Hartal, S., K. Kourtit, G. C. Pascariu, 2023. Spatial Labour Markets and Resilience of Cities and Regions: A Critical Review. *Regional Studies*, Vol. 57, pp. 2359-2372.

[23] Huang, Y., C. Lin, S. Liu, *et al.*, 2023. Trade Networks and Firm Value: Evidence from the US-China Trade War. *Journal of International Economics*, Vol. 14, No. 103811.

[24] Hudson, R., 2010. Resilient Regions in an Uncertain World: Wishful Thinking or a Practical Reality? *Cambridge Journal of Regions, Economy and Society*, Vol. 31, pp. 11-25.

[25] Itakura, K., 2020. Evaluating the Impact of the US-China Trade War. *Asian Economic Policy Review*, Vol. 15, pp. 77-93.

[26] Jiao, Y., Z. Liu, Z. Tian, *et al.*, 2024. The Impacts of the US Trade War on Chinese Exporters. *The Review of Economics and Statistics*, Vol. 106, pp. 1576-1587.

[27] Johnson, R. C., G. Noguera, 2012. Accounting for Intermediates: Production Sharing and Trade in Value Added. *Journal of International Economics*, Vol. 86, pp. 224-236.

[28] Jolivet, G., H. Turon, 2018. Consumer Search Costs and Preferences on the Internet. *The Review of Economic Studies*, Vol. 86, pp. 1258-1300.

[29] Kim, T. Y., D. Rommert, C. Heij, 2017. Cross-Border Electronic Commerce: Distance Effects and Express Delivery in European Union Markets. *International Journal of Electronic Commerce*, Vol. 21, pp. 184-218.

[30] Kong, D., C. Liu, P. K. Narayan, *et al.*, 2024. The US-China Trade War and Corporate Innovation: Evidence from China. *Financial Management*, Vol. 53, pp. 501-541.

[31] Koopman, R., Z. Wang, S. Wei, 2014. Tracing Value-Added and Double Counting in Gross Exports. *American Economic Review*, Vol. 104, pp. 459-494.

[32] Lendle, A., M. Olarreaga, S. Schropp, *et al.*, 2012. *There Goes Gravity: How eBay Reduces Trade Costs.*

[33] Li, L. S., Y. Liu, J. Yuan, 2025. *The Effect of the US China Trade War on Chinese Corporate Innovation: a Curse or a Blessing*? The World Economy.

[34] Liu, L., G. Gozgor, M. K. Mahalik, *et al.*, 2025. *The Impact of the US-China Tensions on FDI Dynamics in Emerging Economies*. Finance Research Letters.

[35] Ma, S., J. Guo, H. Zhang, 2019. Policy Analysis and Development Evaluation of Digital Trade: an International Comparison. *China & World Economy*, Vol. 27, pp. 49-75.

[36] Martens, B., 2013. What Does Economic Research Tell Us about Cross-Border E-Commerce in the EU Digital Single Market? *Global Business Issues eJournal.*

[37] Martin, R., 2012. Regional Economic Resilience, Hysteresis and Recessionary Shocks. *Journal of Economic Geography*, Vol. 12, pp. 1-32.

[38] Martin, R., P. Sunley, 2015. On the Notion of Regional Economic Resilience: Conceptualization and Explanation. *Journal of Economic Geography*, Vol. 15, pp. 1-42.

[39] Martin, R., P. Sunley, B. Gardiner, *et al.*, 2016. How Regions React to Recessions: Resilience and the Role of Economic Structure. *Regional Studies*, Vol. 50, pp. 561-585.

[40] Meltzer, J. P., 2019. Governing Digital Trade. *World Trade Review*, Vol. 18, pp. S23-S48.

[41] Pontarollo, N., C. Serpieri, 2020. Towards Regional Renewal: A Multilevel Perspective for the EU. *Regional Studies*, Vol. 54, pp. 754-764.

[42] Sensier, M., F. Devine, 2020. Understanding Regional Economic Performance and Resilience in the UK: Trends Since the Global Financial Crisis. *National Institute Economic Review*, Vol. 253, pp. R18-R28.

[43] Tukker, A., H. Pollitt, M. Henkemans, 2020. Consumption-Based Carbon Accounting: Sense and Sensibility. *Climate Policy*, Vol. 20, pp. S1-S13.

[44] Wang, Z., J. Meng, H. Zheng, *et al*., 2018. Temporal Change in India's Imbalance of Carbon Emissions Embodied in International Trade. *Applied Energy*, Vol. 231, pp. 914-925.

[45] Wang, Z., S.-J. Wei, X. Yu, *et al*., 2017. *Measures of Participation in Global Value Chains and Global Business Cycles*. Macroeconomics: Prices.

[46] Ward, M. D., J. S. Ahlquist, A. Rozenas, 2013. Gravity's Rainbow: A Dynamic Latent Space Model for the World Trade Network. *Network Science*, Vol. 1, pp. 95-118.

[47] Xu, Y., E. Dietzenbacher, B. Los, 2020. International Trade and Air Pollution Damages in the United States. *Ecological Economics*, Vol. 171, No. 106599.

[48] Yang, Y., J. P. Poon, W. Dong, 2017. East Asia and Solar Energy Trade Network Patterns. *Geographical Review*, Vol. 107, pp. 276-295.

[49] Yang, Y., J. P. H. Poon, Y. Liu, *et al*., 2015. Small and Flat Worlds: A Complex Network Analysis of International Trade in Crude Oil. *Energy*, Vol. 93, pp. 534-543.

[50] 蔡中华、车翔宇、何浩东：“中美贸易战对企业研发投资影响的实证研究”，《科学学研究》，2023 年第 3 期，第 472—480 页。

[51] 曹涛、王赛鸽、陈彬：“基于多区域投入产出分析的京津冀地区虚拟水核算”，《生态学报》，2018 年第 3 期，第 788—799 页。

[52] 陈韬、贺灿飞：“国际贸易地理研究进展”，《地理科学进展》，2020 年第 10 期，第 1732—1746 页。

[53] 陈奕玮、吴维库：“产业集聚、产业多样化与城市经济韧性关系研究”，《科技进步与对策》，2021 年第 18 期，第 64—73 页。

[54] 程凯、金缀桥：“美国对华出口管制与中国企业全球价值链升级”，《经济经纬》，2023 年第 5 期，第 61—72 页。

[55] 丛海彬、邹德玲、高博等：“‘一带一路’沿线国家新能源汽车贸易网络格局及其影响因素”，《经济地理》，2021 年第 7 期，第 109—118 页。

[56] 干越倩、王佳希：“美国对华出口管制对中国企业创新的影响与应对——基于全球创新网络的视角”，《南方经济》，2023 年第 9 期，第 140—160 页。

[57] 高敬峰、王彬：“国内区域价值链、全球价值链与地区经济增长”，《经济评论》，2020 年第 2 期，第 20—35 页。

[58] 葛阳琴、谢建国：“全球化还是区域化——中国制造业全球价值链分工及演变”，《国际经贸探索》，2017 年第 1 期，第 17—31 页。

[59] 管靖、宋周莺、刘卫东：“全球粮食贸易网络演变及其驱动因素解析”，《地理科学进展》，2022 年第 5 期，第 755—769 页。

[60] 郭将、许泽庆：“产业相关多样性对区域经济韧性的影响——地区创新水平的门槛效

应”，《科技进步与对策》，2019 年第 13 期，第 39—47 页。
[61] 贺灿飞、陈韬：“外部需求冲击、相关多样化与出口韧性”，《中国工业经济》，2019 年第 7 期，第 61—80 页。
[62] 贺灿飞、盛涵天：“区域经济韧性：研究综述与展望”，《人文地理》，2023 年第 1 期，第 1—10 页。
[63] 贺灿飞、夏昕鸣、黎明：“中国出口贸易韧性空间差异性研究”，《地理科学进展》，2019 年第 10 期，第 1558—1570 页。
[64] 洪思扬、王红瑞、程涛等：“国际及省际贸易视角下的中国虚拟水和隐含能源流通规律分析”，《地理科学》，2022 年第 10 期，第 1735—1746 页。
[65] 胡艺、张晓卫、李静：“出口贸易、地理特征与空气污染”，《中国工业经济》，2019 年第 9 期，第 98—116 页。
[66] 胡兆廉、石大千：“‘溢出效应’抑或‘污染效应’？——贸易自由化对工业二氧化硫排放的新视角与再测算”，《统计研究》，2019 年第 12 期，第 94—105 页。
[67] 鞠雪楠、赵宣凯、孙宝文：“跨境电商平台克服了哪些贸易成本？——来自‘敦煌网’数据的经验证据”，《经济研究》，2020 年第 2 期，第 181—196 页。
[68] 康志勇、汤学良、刘馨：“环境规制、企业创新与中国企业出口研究——基于‘波特假说’的再检验”，《国际贸易问题》，2020 年第 2 期，第 125—141 页。
[69] 李光勤、金玉萍、何仁伟：“基于社会网络分析的 ICT 出口贸易网络结构特征及影响因素”，《地理科学》，2022 年第 3 期，第 446—455 页。
[70] 李晖、刘卫东、唐志鹏：“全球贸易隐含碳净转移的空间关联网络特征”，《资源科学》，2021 年第 4 期，第 682—692 页。
[71] 李连刚、张平宇、谭俊涛等：“韧性概念演变与区域经济韧性研究进展”，《人文地理》，2019 年第 2 期，第 1—7 页。
[72] 李正卫、李巧丽、李文馨：“美国实体清单制裁对我国企业自主创新的影响——基于 A 股计算机、通信行业上市公司的实证研究”，《科学学研究》，2024 年第 4 期，第 863—872 页。
[73] 刘斌、李秋静：“美国对华出口管制与中国企业创新”，《财经研究》，2023 年第 12 期，第 19—33 页。
[74] 刘慧、綦建红：“外需冲击下多元化策略如何影响企业出口韧性”，《国际经贸探索》，2021 年第 12 期，第 4—19 页。
[75] 刘啟仁、陈恬：“出口行为如何影响企业环境绩效”，《中国工业经济》，2020 年第 1 期，第 99—117 页。
[76] 吕延方、崔兴华、王冬：“全球价值链参与度与贸易隐含碳”，《数量经济技术经济研究》，2019 年第 2 期，第 45—65 页。
[77] 吕越、吕云龙：“中国参与全球价值链的环境效应分析”，《中国人口·资源与环境》，2019 年第 7 期，第 91—100 页。
[78] 马述忠、房超：“跨境电商与中国出口新增长——基于信息成本和规模经济的双重视角”，《经济研究》，2021 年第 6 期，第 159—176 页。

[79] 马述忠、房超、张洪胜：“跨境电商能否突破地理距离的限制”，《财贸经济》，2019年第8期，第116—131页。

[80] 潘安：“全球价值链视角下的中美贸易隐含碳研究”，《统计研究》，2018年第1期，第53—64页。

[81] 任亚文、杨宇、王云等：“全球半导体贸易结构演化及其依赖关系”，《地理学报》，2023年第2期，第371—385页。

[82] 首陈霄、谈振林：“出口管制政策对企业投资的影响——来自美国实体清单政策的证据”，《财经论丛》，2024年第4期，第16—26页。

[83] 孙杰：“从数字经济到数字贸易：内涵、特征、规则与影响”，《国际经贸探索》，2020年第5期，第87—98页。

[84] 孙浦阳、张靖佳、姜小雨：“电子商务、搜寻成本与消费价格变化”，《经济研究》，2017年第7期，第139—154页。

[85] 孙思奥、郑翔益、刘海猛：“京津冀城市群虚拟水贸易的近远程分析”，《地理学报》，2019年第12期，第2631—2645页。

[86] 田开兰、杨翠红、祝坤福等：“两败俱伤：美中贸易关税战对经济和就业的冲击”，《管理科学学报》，2021年第2期，第14—27页。

[87] 王柏杰、周斌：“货物出口贸易、对外直接投资加剧了母国的环境污染吗？——基于‘污染天堂假说’的逆向考察”，《产业经济研究》，2018年第3期，第77—89页。

[88] 王洪庆、张莹：“贸易结构升级、环境规制与我国不同区域绿色技术创新”，《中国软科学》，2020年第2期，第174—181页。

[89] 王念、程昌秀、林耿：“中国农产品贸易结构演化及对粮食安全的影响”，《地理学报》，2022年第10期，第2599—2615页。

[90] 王珊珊、蔡礼辉、李月：“经济制裁、技术引进与自主研发”，《南开经济研究》，2023年第6期，第21—39页。

[91] 王珊珊、孙程九：“经济制裁是否破坏了增加值贸易网络——基于全球制裁数据的社会网络分析”，《国际贸易问题》，2023年第2期，第74—91页。

[92] 王文宇、贺灿飞：“关系经济地理学与贸易网络研究进展”，《地理科学进展》，2022年第3期，第461—476页。

[93] 王文宇、任卓然、李伟等：“贸易壁垒、市场相关多样化与城市出口韧性”，《地理研究》，2021年第12期，第3287—3301页。

[94] 魏龙、王磊：“从嵌入全球价值链到主导区域价值链——‘一带一路’战略的经济可行性分析”，《国际贸易问题》，2016年第5期，第104—115页。

[95] 吴伟华：“我国参与制定全球数字贸易规则的形势与对策”，《国际贸易》，2019年第6期，第55—60页。

[96] 夏启繁、杜德斌、段德忠等：“中国稀土对外贸易格局演化及影响因素”，《地理学报》，2022年第4期，第976—995页。

[97] 夏芸、魏浩林、张茂：“百年未有之大变局：大国博弈与企业技术创新——基于融资的影响机制视角”，《工业技术经济》，2023年第1期，第3—12页。

[98] 肖雁飞、万子捷、刘红光："我国区域产业转移中'碳排放转移'及'碳泄漏'实证研究——基于 2002 年、2007 年区域间投入产出模型的分析"，《财经研究》，2014 年第 2 期，第 75—84 页。

[99] 徐圆、张林玲："中国城市的经济韧性及由来：产业结构多样化视角"，《财贸经济》，2019 年第 7 期，第 110—126 页。

[100] 阳立高、周佩文、谢锐等："数字经济视角下中国对外贸易隐含碳排放的测算及驱动因素研究"，《经济学动态》，2024 年第 10 期，第 92—108 页。

[101] 杨文龙、杜德斌、马亚华："'一带一路'沿线国家贸易网络空间结构与邻近性"，《地理研究》，2018 年第 11 期，第 2218—2235 页。

[102] 姚秋蕙、韩梦瑶、刘卫东："'一带一路'沿线地区隐含碳流动研究"，《地理学报》，2018 年第 11 期，第 2210—2222 页。

[103] 于晓华、刘畅、张国政："国际粮食贸易背景下的市场整合与虚拟资源流动——以中国巴基斯坦大米市场为例"，《自然资源学报》，2021 年第 6 期，第 1505—1520 页。

[104] 余典范、王佳希、张家才："出口管制对中国企业创新的影响研究——以美国对华实体清单为例"，《经济学动态》，2022 年第 2 期，第 51—67 页。

[105] 余淼杰、郭兰滨："数字贸易推动中国贸易高质量发展"，《华南师范大学学报社会科学版》，2022 年第 1 期，第 93—103+206 页。

[106] 张洪胜、潘钢健："跨境电子商务与双边贸易成本：基于跨境电商政策的经验研究"，《经济研究》，2021 年第 9 期，第 141—157 页。

[107] 张建平、董建业："全球价值链区域化发展的演变方向和趋势研究"，《宏观经济研究》，2024 年第 9 期，第 75—86+127 页。

[108] 郑蕾、刘毅、刘卫东："全球整车及其零部件贸易格局演化特征"，《地理科学》，2016 年第 5 期，第 662—670 页。

[109] 周先平、罗瑞丰、皮永娟："地缘政治风险对全球价值链参与的影响——来自全球 39 个国家及地区的经验证据"，《经济问题探索》，2023 年第 8 期，第 147—166 页。

[110] 祝坤福、余心玎、魏尚进："全球价值链中跨国公司活动测度及其增加值溯源"，《经济研究》，2022 年第 3 期，第 136—154 页。

[111] 庄德林、李嘉豪、陈紫若："全球稀土贸易网络的动态演变与影响机制——基于产业链的视角"，《地理科学》，2022 年第 11 期，第 1900—1911 页。